인도 한 접시

라다크

참무
카슈미르

히마찰
프라데시

펀자브

우트라칸드

하리아나

라자스탄

우타르프라데시

비하르

아루나찰
프라데시

시킴

아삼

메갈라야

마니푸르

구자라트

마디아프라데시

자르칸드

웨스트벵골

차티스가르

마하라슈트리

오디사

텔랑가나

카르나타카

안드라프라데시

타밀나두

케랄라

● 암리차르

● 루디아나

펀자브

인도 한 접시

펀자브에서 먹고 얻은 것

이민희 · 카잘 샤르마

산디

1. 이 책에 나오는 외국어 어휘는 국립국어원 외래어 표기법을 기준으로 표기했습니다.

2. 이 책에 나오는 힌디어와 펀자브어, 기타 인도의 지역 언어 어휘는 인도 사회에서 통용되는 방식인 '알파벳으로 음차한 표기'를 기준으로 삼고, 이를 국립국어원 외래어 표기법에 따라 표기하되 일부 단어는 원어의 소리에 가까운 자모로 표기했습니다.

3. 인도의 인구가 언급됩니다. 전체 인구는 2018년 기준 세계은행과 미국 인구조사국의 통계를 따랐고(약 13.53억), 지역 인구와 종교 인구 등 세부적인 인구는 출처 표기를 생략하고 인도 정부가 주관하는 인도 인구 조사의 2011년 정보(census2011.co.in)를 따랐습니다.

4. 음식의 단가, 식재료의 가격, 임금 및 세금 등의 금액 정보가 언급됩니다. 원화로 설명할 때 기준에 대한 설명을 생략하고 2020년 4월 8일 하나은행이 제공한 환율 정보를 반영해 1루피를 약 16원으로 계산했습니다.

안산에서 펀자브까지
내 친구의 밥상을 따라서

기가 막히게 떡볶이를 만드는 친구가 있어 방법을 물으니 미원이라 하길래 하나 샀다. 또 다른 친구 집 오븐에서 나온 쿠키와 파이를 먹은 뒤로는 계량을 외울 때까지 했다. 스페인에 가서 요리를 공부한 친구한테선 파에야와 토르티야를 배웠다. 나는 거의 매일 집에서 밥을 차린다. 어제와 다른 밥상에 관심이 많다. 망하는 날이면 좀 울적해지지만 어쩌다 성공하는 기쁨을 아는 내게 친구의 노하우와 짬 날 때마다 챙겨 보는 세계인의 유튜브 레시피는 내일의 밥상을 위한 유용한 지식이 된다.

2015년 카잘을 만난 뒤로는 그동안 몰랐던 것이 주방에 왔다. 렌틸과 병아리콩에 이어 차차 몇 가지 향신료를 샀다.

카잘이 쓰는 재료는 그것만이 아니고 내가 좀 따라 한다고 해서 카잘이 내는 맛과 같지도 않지만, 기름에 볶은 커민 향이 주방에 꽉 찰 때면 그게 나를 인도로 데려가는 것만 같다. 언제부턴가는 아침마다 냄비에 우유와 찻잎을 올려 차이를 만드는 것으로 하루를 열게 되었다. 카잘을 만나지 않았다면 몰랐을 일과다. 무엇보다도 나는 카잘의 안산 집에 놀러 갈 때마다 낯선 음식을 앞에 두고 카잘이 들려주는 이야기에 강하게 이끌렸다. 카잘은 애정과 환멸을 섞어서 고향의 문화와 밥상을 설명하곤 했고, 그건 책으로 묶을 수 있을 만큼 흥미진진하고 풍성한 글감이자 언젠가는 내가 인도에 가서 확인해야 할 진실이라고 생각하곤 했다.

카잘은 몇 해 전 일을 하면서 만난 동료다. 일이 끝난 뒤에 우리는 친구가 되었다. 친구가 되고 나서부턴 카잘의 집에 자주 드나들었고, 그러다 다시 함께 할 수 있는 일을 찾게 됐다. 책이다. 이 책은 내 친구가 밥상 위에서 들려주는 인도 음식 이야기로 초안을 만들고, 친구의 고향에 직접 찾아가서 살을 붙이고, 밥상에서 책상으로 이동해 여러 가지 기록과 데이터를 참고해 마무리한 결과다.

이 책을 함께 만든 나는 직업으로 글을 쓰고, 완성도와는 무관하게 주방에서 소란을 피우는 것을 좋아하는 요리 열정가다. 이 책을 함께 만든 카잘 샤르마는 북인도 펀자브 루디아나에서 살다가 10여 년 전 경기도 안산에 정착했고, 거의 매일 고향의 음식을 만들어 먹는데 일부는 한국 시내 인도 식당에서 하는 것과 비슷하고 일부는 다르다. 그런 음식으로 현재는 가족을 챙기고 나 같은 친구를 기쁘게 하며 요리가 직업이 될 날을 꿈꾸는 뛰어난 가정 요리사다. 우리는 이런 배경에서 책을 시작했다. 이 책은 인노 음식의 일부를 다룬다. 대부분 내가 카잘의 안산 집에서 경험하고 시간이 흘러 인도에 직접 찾아가서 확인한 것이다.

우리가 나눈 인도는 펀자브에 한정된다. 그 넓은 인도의 음식 문화 전반을 다룬 훌륭한 결과물도 있지만, 우리는 인도 전체 면적의 약 1.5%, 2011년 기준 전체 인구의 2.3%를 차지하는 펀자브에만 집중하기로 했다. 그 펀자브가 결코 작지 않다고 판단했기 때문이다. 탄두리 치킨부터 라씨까지 전 세계에서 사랑받는 인도 음식 대부분이 뿌리를 펀자브에 두고 있고, 펀자브에서 나고 자란 내 친구 카잘은 그 음식을 깊숙하게 알고 있다. 그 밖에 무엇이 있고 왜 전 세계로 확산되었는지는 차차 확인할 수 있을 것이다.

. . . .

이 책에는 카잘 말고도 여러 내외국인 친구가 나온다. 카잘과 약 20년 전 결혼한 야시는 인도와 한국을 바쁘게 오가는 사업가다. 카잘과 야시 사이에는 한국 나이로 열아홉 살인 야시카와 열세 살인 하빈이가 있다. 부모와 마찬가지로 펀자브에서 태어난 야시카는 부모의 이주 결정을 따라 한국에서 초등학교와 중학교를 다녔고, 지금은 펀자브에서 고등학교를 다닌다. 하빈이는 한국 병원에서 태어났다. 결혼 뒤 한국에 정착한 카잘과 야시의 입맛은 여전히 펀자브에 가깝다. 한국에서 성장한 아이들의 입맛은 펀자브와 멀다. 야시카는 떡볶이와 삼겹살을 그리워하고, 하빈이는 인도 카레는 안 먹지만 오뚜기 카레는 잘 먹는다. 카잘을 제외한 식구 셋은 한국인이다. 한국 국적을 취득했다는 뜻이다. 카잘은 물론 카잘이 이룬 가족과 내가 한국어로 소통하는 데 아무런 지장이 없다. 우리가 한국에서 만나 한국어로 인도 음식 책을 만들 용기를 얻은 데는 이런 배경이 있다.

시크샤도 자주 등장할 것이다. 야시의 어머니이자 카잘의 시모다. 시크샤는 펀자브에 있다. 안산에 사는 야시가 거래차 인도에 갈 때마다 들르는 집, 그러다 내가 인도에 갔을 때 방 하나를 내준 집에 산다. 힌디어와 펀자브어를 쓰는 시크샤와는 만국의 언어인 보디랭귀지로 모든 것이 통했다. 한편 시크샤에겐 야시 말고도 아시시가 있다. 야시의 동생이다. 아시시도 한국을 경험했고 카잘만큼 한국어를 잘한다. 내가 이런 언어 능력자 집안과 인연을 맺은 것은 행운이나 다름없다는 것을 안다.

펀자브는 연방 국가인 인도에서 주(state)와 연방 직할지(union territory)로 구성되는 서른다섯 개의 행정구역 가운데 하나다(인도 행정구역의 수는 통계 주체와 통계 연도에 따라 달라질 수 있는데, 여기서는 인도 정부가 주관해 10년에 한 번씩 결과를 내는 인도 인구 조사의 2011년 기준을 따른 것이다). 그리고 펀자브에는 열 개의 주요 도시가 있다. 가장 인구가 많은 도시는 루디아나다. 야시의 고향이자 카잘이 결혼을 계기로 이주한 곳, 시크샤가 사는 곳이다. 다음으로 인구가 많은 도시는 암리차르다. 둘 다 내가 다녀온 곳이고, 루디아나에선 시크샤 집에서 카잘 가족과 함께했다면 암리차르에선 산주와 차란지트 부부를 만났다. 둘은 내가 머문 숙소를 운영하는 사람으로, 일반적인 여행자와 달리 지역 식당 순회 정도로 여정의 폭이 좁았던 내게 펀자브 문화를 나누려 애쓴 따뜻한 인연이다. 그들은 나를 두고 살면서 처음 만난 한국 사람이라 말했다.

그리고 이 책의 시작과 끝을 함께한 한국인 친구가 있다. 내 배우자이자 동료인 이범학이다. 그는 내가 책의 내용을 구성하는 일에만 집중할 수 있게끔 그 바깥의 모든 것을 설계했다. 이를테면 책의 목차는 카잘과 내가 상의한 결과다. 그 목차를 현장에서 경험할 수 있게끔 여행 일정을 섬세하게 짜고, 현지 식당을 조사하고, 식당주에게 양해를 구해 사진을 촬영하고, 이 모든 일에 필요한 예산을 관리하는 등 굉장히 많은 일을 했다. 카잘을 만나기 전부터 인도라는 세계에 큰 호기심을 가지고 종교와 음식 문화 등을 다룬 필수적인 책을 잔뜩 사둔 것도, 펀자브에서든 서울에서든 일이 막히면 나가서 놀자고 환기를 권한 것도 그의 중요한 역할이다. 내가 벌이는 모든 일을 반기고 지지하는 그를 나는 동료로서 신뢰하고 인간으로서 사랑한다.

그 모든 고마운 인연을 통해 어제와 다른 밥상에서 얻은 것을 책으로 옮기는 데는 꽤 긴 시간이 필요했다. 안산에서 카잘과 펀자브 음식을 맛과 말로 나눈 시간은 1년이다. 내가 인도에 머문 기간은 한 달이다. 여행을 마치고, 모든 일정을 내려놓고 여러 가지 자료를 재검토하면서 마무리에 쓴 시간은 세 달이다. 본문을 다 마치고 머리말을 쓰는 지금까지도 끝나지 않은 느낌이다. 나는 여전히 인도에서 벗어나지 못했다. 일부는 두려움이다. 지역과 문화의 범위를 좁혀서 펀자브의 밥상에만 시간을 들였다 해도 인도는 감히 다 알 수 있는 세계가 아니다. 더 큰 것은 그리움이다. 그건 인도를 경험한 모든 이들과 반드시 나누게 될 감정이라 생각한다.

2020년 4월

카잘과 함께

이민희

차례

Chapter 2
채식 바깥에서

Chapter 3

끼니와 끼니 사이

Chapter 1
웰컴 투 펀자브

펀자브의 아침

로티 & 파라타
roti & paratha

북 인 도 의 밀 전 병

◎◎◎ 인도의 면적은 대한민국의 열 배가 넘는다. 인구는 2018년 세계은행 통계 기준 13억이 넘는다. 한국 사람인 나 혼자서 그 넓은 땅과 인구를 아우르면서 음식 문화를 논하는 것은 가능하지 않다. 내게는 그 넓은 인도 가운데 고향의 음식 문화 이야기를 깊이 있게 들려줄 수 있는 소중한 친구가 있다. 이름은 카잘 샤르마, 북인도 펀자브주 말레르코틀라Malerkotla에서 태어났다. 결혼한 뒤에는 같은 주의 대도시 루디아나Ludhiana로 갔다가 배우자 야시의 사업을 따라 경기도 안산에 정착했다. 야시는 루디아나에서 태어났다.

10년 넘게 안산에서 살고 있는 카잘과 야시 부부는 한국말을 잘한다. 한국어로 하는 농담으로 나를 꽤 자주 웃기기까지 한다. 카잘의 두 아이, 한국 초등학생 하빈이와 중학교 시절까지 한국에 있다가 지금은 루디아나에서 고등학교를 다니는 야시카는 더 잘한다. 그 언어로 카잘과 그 가족은 인도의 음식 문화를 이해하려 애쓰는 나를 돕는다. 나는 앞으로 카잘과 그 가족이 들려준 음식 이야기를 쓰고, 이어서 내가 인도에 찾아가 확인하고 경험한 것과 조사한 것을 쓰려 한다. 일단 주식부터 시작하려 한다.

웰컴 투 펀자브

"감자와 펀자비는 세상 어디에나 있다." 인도의 유명한 속담이라면서 카잘이 알려줬다. 펀자비Punjabi는 펀자브Punjab의 형용사형으로, 여기서는 펀자브 사람을 뜻한다.

펀자비는 펀자브의 언어를 뜻할 수도 있다. 카잘은 가족과 대화할 때 펀자브어·힌디어·영어·한국어를 섞어서 쓴다. 인도에는 세분화하자면 백여 개의 지역 언어와 천여 개의 방언이 있지만, 인도 헌법 제8장 제344조 1항이 규정한 연합의 공식 언어는 데바나가리 문자로 쓰는 힌디어이고,[1] 인도 정부 산하의 공식언어청(Department of Official Language)에서는 힌디어와 펀자브어를 포함하는 스물두 개의 지정 언어

(scheduled languages)를 명시하고 있으며,[2] 헌법부터 지정 언어까지 이 같은 공식적인 사실은 모두 영어로 문서화되어 있다. 그 밖에 40여 개의 지정 언어 추가 요청이 따르고 있는 가운데 인도 사람들이 공식적으로든 비공식적으로든 가장 많이 사용하는 언어는 힌디어와 영어다. 인도만의 표기 문자가 있지만 인도 사람들은 힌디어 및 각 지역의 언어를 알파벳의 음을 빌려서 쓰는 일에 매우 익숙하다. 앞으로도 음식과 식재료의 이름은 힌디어와 펀자브어로, 그리고 인도에서 많이 사용하는 영어 표현으로 조금씩 소개할 것이다.

카잘이 알려준 속담처럼 펀자브 사람은 감자처럼 세상 어디에나 있다. 나도 실감한다. 내가 한국에서 만난 인도인 친구가 딱 펀자브 사람이다. 그건 카잘이 탄두리 치킨부터 라씨와 로티까지, 인도는 물론 인도 바깥에서도 유명한 인도 음식 대부분을 깊숙하게 안다는 뜻이다. 그게 다 펀자브 음식이다. 만약 카잘의 고향이 중동부 웨스트벵골이거나 남부 타밀나두라면 이 책의 방향은 많이 달라졌을 것이다. 앞으로 다른 지방의 음식과 문화를 언급할 수는 있지만 이 책의 공동 저자인 나와 카잘은 펀자브에 집중할 예정이다.

한국어로 펀자브를 검색하면 객관적인 지리 정보 이상으로 펀자브라는 이름을 간판에 달아놓은 인도 음식점의 목록과 후기가 파주부터 부산까지 지역별로 이어진다. 런던에도 펀자브라는 이름의 식당이 있다. 영국에서 가장 오래된 북인도 식당으로, 1946년 문을 열어 4대째 운영 중이다.[3] 인도에서도 마찬가지다. 펀자브 안에서든 밖에서든 펀자브 방식으로 요리한다는 것을 강조하는 수많은 간판을 마주친다. 이처럼 인도 음식을 사업화할 때 펀자브를 부각하는 건 그 맛이 유명하거나 믿을 만하며 그 맛을 만드는 사람들이 여기저기 퍼졌다는 의미로 해석할 수 있는데, 지역 인구의 이동과 지역 음식의 전파는 쉬운 일이 아니다. 시간이 걸리는 일이기도 하거니와 이유가 있어야 하는 일이다. 더군다나 펀자브는 인도에 호기심을 느끼는 외국인 여행객조차 좀처럼 들르지 않는 지역이다. 그런 펀자브에서 어떤 이유로 음식이 세계적인 명성을 얻게 된 것일까. 카잘과 긴 이야기를 나누고 자료를 검토한 결과 여기에는 몇 가지 배경이 있음을 알게 되었다.

카잘은 인도에 살던 시절이나 안산에 사는 지금이나 일주일에 한두 번 정도 밥을 먹고 있다. 다른 많은 날은 로티나 파라타를 먹는다. 둘 다 난naan과 계열이 같은 밀전병이다. 이렇게 먹는다는 건 카잘이 전형적인 펀자브 사람이라는 것을 보여준다. 북인도와 남인도 식단은 주식부터 다르다. 남인도는 쌀을 많이 먹고, 펀자브를 포함하는 북인도는 밀을 많이 먹는다. 연방 국가인 인도에서 2011~2012년 주별 1인당 월평균 주식 소비량을 보면 펀자브는 쌀은 1kg, 밀은 7.6kg이다. 인도 최남단 타밀나두는 정반대다. 쌀 7.9kg, 밀 0.6kg이다.[4] 남부에서 많이 안 먹어도 밀은 인도에서, 특히 중북부에서 엄청나게 생산되고 90% 이상이 자국에서 소비된다. 미국 농무부에 따르면 2019년 세계 밀 생산량은 유럽연합 27개국(1.5억 톤)과 중국(1.3억 톤)의 뒤를 인도가 잇는다(1억 톤).[5] 2015~2016년 인도에서 가장 많은 밀을 생산한 지역은 우타르프라데시·마디아프라데시·펀자브·하리아나 순으로 이어지는데,[6] 상위 두 지역은 펀자브 면적의 5~6배 정도로 땅덩어리가 크다. 단위 면적당 밀 생산량이 가장 많은 지역은 펀자브(1위 우타르프라데시의 세 배), 다음이 지리적으로 펀자브 바로 아래 있는 하리아나다. 국제연합식량농업기구에 따르면 인도 전역은 농작물이 자랄 수 있는 환경이지만 평지의 70%는 북부, 20%는 남부에 있고,[7] 인도 농가 공식품수출청에 따르면 예나 지금이나 펀자브와 하리아나의 평원은 밀의 주요 경작지다.[8] 카잘도 자신이 나고 자란 지역을 산이 없는 평평한 땅으로 기억하고, 그 땅에서 나온 밀이 가장 맛있다는 믿음이 있다. 펀자브는 인도의 곡창 지대

(Granary of India), 인도의 빵 바구니(India's bread basket)로 표현될 만큼 비옥한 땅이다. 인더스 문명(기원전 3300~1300 추정)도 오늘날의 펀자브를 포함한다. 누구에게나 탐나는 땅이라서 알렉산더 대왕부터 고대 이란(페르시아)·아프가니스탄·몽골의 제왕까지 여길 다녀간 정복자를 파고들기 시작하면 두툼한 역사책을 쓸 수 있다. 이처럼 펀자브는 식량 자원이 풍부한 지역이고, 동시에 그 땅을 노린 침략자의 일부 문화를 받아들인 개방적인 지역이다.

북부와 남부는 기후도 다르다. 중남부는 더운 날이 더 많지만 북부는 겨울이면 파카를 입어야 할 만큼 꽤 추워 철마다 다른 것을 먹는다. 삶의 질도 다르다. 카잘의 관찰에 따르면 전 세계에 널리 퍼져 있는 IT 업계 엘리트는 대부분 중남부 출신이고, 그들 대다수는 삶을 바꾸기 위해 공부한다. 반면 역사적으로 농경에 유리한 땅에서 살아온 덕에 북인도 펀자브 사람들은 형편이 상대적으로 나은 편이다. 살기 위해서 먹는 게 아니라 먹기 위해서 산다고 말할 수 있을 만큼 풍요롭고 다채롭게 먹어왔기에 맛에 까다롭고,[9] 그런 미각으로 환대 문화를 형성해 인도의 그룹형 외식 전문 기업과 고급 호텔의 주방을 점령하고 있으며,[10] 그런 여유를 바탕으로 더러는 인도를 떠난다. 야시카 말로는 한 반의 10% 이상이 영국·미국·호주 대학에 갈 준비를 하고 있고, 카잘 말로는 동네도 마찬가지라 여섯 집 중 한 집 꼴로 나갔거나 나갈 준비를 하고 있다(펀자브 대도시 시내엔 어학원과 유학원이 정말 많다). 이주하지 않는다면 땅과 자본을 토대로 농장·공장·상점 등 사업체를 운영하고 세습하며 일자리를 찾아 펀자브로 온 이주민을 고용한다. 인도 바깥에 살고, 작은 회사를 운영하면서 한국 시장에서 매입한 물건을 인도 거래처에 파는 카잘의 배우자 야시는 펀자브 사람들의 경제 활동을 잘 보여주는 좋은 모델이다. 그런 펀자브 사업가 중에는 야시처럼 거래차 비행기를 타야 하는 사람도 있지만 인도 아대륙(인도는 물론 파키스탄·방글라데시·네팔·부탄·스리랑카까지 남아시아 전반을 포괄하는 개념이다)을 바쁘게 이동하는 경우도 많은데, 그런 이유에서 펀자브는 다바dhaba가 발달한 지역이다.

다바는 두 가지 의미를 갖는다. 하나는 길가의 식당(roadside restaurant)이다. 한국의 고속도로 휴게소와 똑같은 것이라 '하이웨이 다바'라고 부르기도 한다. 2천 년간 인도 아대륙과 중앙아시아를 연결해온 아시아 최대 규모의 육로인 그랜드 트렁크 로드Grand Trunk Road를 재건하면서 발생한 일련의 식당이다. 델리를 중심으로 암리차르Amritsar(인도 펀자브)·라호르Lahore(현 파키스탄 펀자브)·페샤와르Peshawar(현 파키스탄 펀자브) 등지를 연결하는 도로를 닦자 주유소가 들어서고 장거리 운전자와 이동 인구를 위한 쉼터가 생겼는데, 그게 각종 펀자브 음식을 메뉴로 내놓은 다바였다.[11] 인도는 1947년 영국으로부터 독립한 직후 파키스탄과 분리되는데, 이때 펀자브 인구가 대대적인 이동을 하면서 다바는 생계형 사업이 되어 고속도로 바깥으로 가지를 쳤다.[12] 그것이 두 번째 의미의 다바다. 전형적인 펀자브 음식을 하는 평범한 식당도 다바라고 부른다. 시내의 대중음식점인데 펀자브 음식으로 메뉴판을 채웠다고 보면 되겠다. 이런 유형의 유서 깊은 다바가 달 마카니와 파라타로 유명한 케사르 다 다바Kesar Da Dhaba로, 홈페이지의 소개에 따르면 인도에서 가장 오래된 다바다.[13] 1916년 시크후푸라Sheikhupura(현 파키스탄 펀자브)에서 문을 열었다가 1947년 암리차르(현 인도 펀자브)로 이전해 지금도 문전성시를 이루는 곳이다. 그런 다바는 펀자브는 물론 대도시인 델리 시내에 많고 이민자가 많은 캘리포니아에도 있다.[14] 펀자브 사람들이 감자처럼 어디에서나 보일 만큼 여기저기 퍼진 결과다. 내가 펀자브에서 만난 친구 차란지트는 그렇게 의미가 확대된 다바를 별로 좋아하지 않았다. 어디에나 다바가 있지만 펀자브 바깥에 있으면 다 가짜라고 했다. 펀자브 사람이 펀자브에서 운영해야 제대로 맛이 난다는

케사르 다 다바Kesar Da Dhaba

다바는 펀자브에서 식당을 뜻하는 말로, 두 가지 유형이 있다. 하나는 펀자브 주변 고속도로 휴게소고, 다른 하나는 펀자브의 전통적인 음식을 메뉴로 구성한 시내의 평범한 식당이다. 케사르 다 다바는 지금의 파키스탄 땅에 있었다가 1947년 인도의 분할을 계기로 인도 펀자브 암리차르로 이전했다. 홈페이지의 소개에 따르면 인도에서 가장 오래된 다바다. 달 마카니와 파라타가 유명하다.

식당정보 Kesar Da Dhaba | Chowk Passian, near Telephone Exchange, Amritsar, Punjab 143001

것이다. 카잘이 생각하는 다바는 그보다 보수적이다. 펀자브 음식을 한다고 다 다바가 아니다. 다바란 무조건 고속도로 휴게소고 그건 펀자브 고유의 문화다. "펀자브에서 델리까진 진짜 많죠. 델리에서 아그라Agra까지 가는 길엔 별로 없어요."

다바에서 취급하는 전형적인 펀자브 음식이란 무엇일까. 이 책의 목차는 고속도로 및 시내 다바의 메뉴판과 비슷한데, 여기선 스무 가지 주요 펀자브 음식을 다루지만 대부분의 다바에선 훨씬 많은 음식을 한다. 카잘과 상의해 만든 목차의 25%는 육류와 생선을 사용하는 요리들이고, 남은 75%는 식물성 재료로 만들며 이 모든 음식에는 유제품 사용이 포함된다. 펀자브 면적은 대한민국의 절반, 인구는 2011년 센서스 기준 2천7백만 이상이고, 시크교도(57.69%)와 힌두교도(38.49%)가 주류다. 인도에서 두 종교 신자들은 육류 소비가 적은 편인데 펀자브에선 더 적다. 한 달간 평균적으로 쌀은 1kg, 밀은 7.6kg씩 먹는 펀자브 사람들이 치킨은 100g 소비하고 머튼은 더 적게 먹는다.[15] 이는 고기를 조금 먹는다는 뜻이지 안 먹는다는 뜻은 아니다. 탄두리 치킨과 버터 치킨은 펀자브의 상징적인 음식이자 펀자브 바깥에서 대단히 사랑받는 음식이다. 펀자브 음식의 특징은 도구로 설명될 수도 있다. 그들은 펀자브의 전통적인 점토 오븐으로 고기(탄두리 치킨과 치킨 티카 등)와 밀전병(난과 로티 등)을 굽는다. 거의 모든 다바가 갖추고 있는 이 오븐을 탄두르tandoor라고 부르고, 여기서 나온 밀전병을 카레에 찍어 먹는다. 넷플릭스 다큐멘터리 「어글리 딜리셔스」에서 남인도 케랄라 출신 파드마 락슈미는 그 카레를 이렇게 설명한다. "제 생각엔 인도를 잘 알지 못하는 사람들, 혹은 호텔에만 묵은 사람들은 북서부 음식만 접했을 것 같아요. 펀자브 음식요. 항상 갈색이나 주황색, 붉은색 소스에 채소나 단백질이 떠다니는."[16] 노랗거나 붉지 않은 펀자브 카레도 있지만 상대적으로 적으니 수긍할 만한 말이다. 이러한 펀자브 음식이 인도 바깥에서 인도의 얼굴로 통한다는 점도 맞다. 한 빅 데이터에 의하면 2019년 전 세계에서 가장 많이 검색된 인도 요리는 비르야니biryani·버터 치킨·사모사·치킨 티카 마살라·도사dosa·탄두리 치킨 순이고, 여기서 남인도 전통 음식은 도사뿐이다. 이를 보도한 언론은 전 세계인이 펀자브 음식을 인도 음식과 동일시한다는 결론을 내렸다.[17]

펀자브 음식이 널리 퍼진 결정적인 계기가 있다. 1947년 7월 18일 영국 식민지 역사의 종말을 알리는 인도 독립법이 통과된 뒤 곧바로 이어진 인도의 분할이다. 이는 20세기 초반부터 구체화된, 언어나 민족이 아닌 종교로 인간의 정체성을 구분하는 인도 아대륙의 이데올로기인 2국 이론(two-nation theory)을 토대로 1947년 8월 14일 힌두스탄(인도)과 파키스탄이 별도의 국가로 선언된 역사를 말한다(이어서 1971년 방글라데시가 파키스탄으로부터 독립했다). 독립 직후 이루어진 이념에 따른 영토 분할을 한국에서 분단이라 부른다면 인도에선 파티션(Partition of India)이라 부른다. 파티션으로 어마어마한 인구가 이동했다. 이 디아스포라의 배경에는 힌두교와 이슬람교라는 종교가 있고, 둘을 분리한 정책의 결과는 단순한 이주가 아니라 폭동을 동반한 참혹한 피난이었다. 국가와 지역 사회의 주류 종교가 달라지면서 많은 사람이 인민재판으로 고향에서 쫓겨나거나 죽기 전에 도망쳤고, 그들 모두가 집과 땅을 포함한 재산을 잃었다. 문헌으로만 봐도 지옥이 따로 없다. 파티션 이후 4년간 지금의 인도 땅으로 약 1,450만 명이 유입됐고 약 1,790만 명이 빠져나갔으며 약 340만 명이 실종됐다.[18] 인구가 가장 많이 빠져나간 지역은 구 펀자브다. 구 펀자브란 영국령 인도 펀자브(1876~1947)를 말하는데, 오늘날의 인도 펀자브는 물론 하리아나·히마찰프라데시·델리·파키스탄 북동부(파키스탄에도 펀자브가 있어 '파키스탄 펀자브'라고 부르는 지역이며, 이 책에서 별도의 구분 없이 언급되는 펀자브는 인도 펀자브를 말한다)까지 포함한다. 파티션 이후 파키스탄 펀자브에선 4년간 인구의 20.92%가, 인도 펀자브에선 29.78%가 이주했다.[19] 사람이 이동하면 음식도 길 위에 남는다. 누군가는 삶의 기반을 만들기 위해 고향의 음식을 나눈다. 그런 음식을 누군가는 필요로 한다. 그늘 각각이 생존을 위해 인도 전역으로, 나아가 세계로 흩어지면서 펀자브의 식문화 또한 널리 확산되었다.

로티 먹었어? = 밥 먹었어?

여러 아시아 호텔의 책임자로 일한 프랜시스 짐머만은 인도의 모든 식사는 밥이나 빵이 중심에 있고, 카레와 프리카세fricassée(스튜 혹은 소스를 프랑스에서 부르는 말) 형태로 야채와 고기가 주변적인 위치를 차지하고 있다고 정리했다.[20] 이를 북인도로 좁히면 중심은 빵이고 주변부는 야채나 콩으로 만든 카레다. 북인도 식단의 중심이 되는 주식이 서구에서는 빵(브레드 혹은 플랫브레드)으로 쉽게 이해되지만 이 책에선 '한국적인' 의미의 빵과 구분하기 위해 밀전병이라고 부르려고 한다. 피자 도우처럼, 혹은 팬케이크처럼 밀가루 반죽을 납작한 원 모양으로 만들어 구운 것을 말한다.

인도의 여러 가지 밀 가운데 북부 지방에서 가장 많이 먹는 알곡을 카낙knack이라고 부른다. 4월에 북인도의 각 가정으로 쏟아지는 토종 밀이다. 카낙을 빻고 갈아서 만든 통밀가루를 아타atta라고 부른다. 카낙과 아타의 색깔은 호밀처럼 옅은 갈색이다. 카잘에 따르면 이것이 펀자브와 그 아래 하리아나, 그리고 라자스탄까지 포함하는 북인도의 주식이다.

갈색빛이 도는 아타 말고 한국의 중력분과 같은 하얀 밀가루도 물론 많이 사용된다. 카낙을 아타보다 곱게 빻아 정제하고 표백한 것이다. 그 하얀 밀가루의 이름은 메다maida다. 메다로 만드는 유명한 밀전병을 한국 사람들도 알고 있다. 난이다. 밀가루 반죽에 소를 넣고 튀긴 사모사도 메다로 만든다. 그 밖에도 메다로 만드는 여러 가지 음식이 있는데 대부분 밖에서 먹는 것이거나 공산품이다. 인도 음식에 뒤늦게 눈을 뜬 한국인과 마찬가지로 인도 사람들도 난을 좋아한다. 하지만 카잘과 같은 펀자브 가정 요리사에게 난은 일주일에 한 번 정도만 밖에서 먹는 것이 권장된다. 다른 세계와 마찬가지로 인도에서도 하얀 것은 더 맛있지만 건강에 좋지 않은 것으로 통한다. 카잘이 만드는 로티를 자주 먹었다. 색도 맛도 난과 다르다. 그야말로 건강한 맛이다. "한국 사람들이 백미보다 현미를 건강한 재료라고 생각하는 거랑 똑같아요. 영양가도 더 높고 소화도 잘돼요." 이는 북인도에서 식빵과 라면을 먹으면서도 깨닫게 되는 것이다. 봉지에 아타를 강조한 제품이 많다. 메다로 만든 것이 아니니 보다 건강한 음식이라는 뜻이고 카잘이 선호하는 것이며 색은 갈색이다. 중동부 웨스트벵골의 콜카타에 갔더니 그런 건강한 식빵은 좀처럼 눈에 띄지 않았다. 다 흰색이었고 브랜드와 패키지도 펀자브와 다른 것이 많았다. 인도는 넓고 지역마다 먹는 것이 다르다. 쓰는 재료까지도 다르다.

카잘은 원가족과 살던 시절에 어마어마한 양의 카낙이 집에 들어오던 매년 4월을 기억하고 있다. 이웃집도, 그때는 몰랐던 야시의 집도 천장까지 닿도록 카낙을 포대로 잔뜩 샀다. 1년 치다. 열 식구가 살던 카잘 집에선 늘 한 달도 못 가 20kg짜리 포대가 동이 나곤 했다. 그런 날이 오기 전에 카잘의 식구들은 잘 씻어서 햇볕에 말린 카낙을 들고 방앗간에 갔다. 갓 도정한 쌀이 더 맛있는 것처럼 필요할 때 아타로 만들어야 더 맛있기도 하거니와 싸게 먹힌다. 오늘날 도시에 사는 젊은 세대가 소비하는 방식은 다를 수 있다. 카잘이 생각하기에 그들에겐 카낙보다 조금 더 비싸고 덜 번거로운 마트용 아타가 선호될 것이며 한 달에 5~10kg이면 충분할 것이다.

북인도에서 아타로 가장 많이 만드는 것은 로티다. 효모 없이 밀가루와 물만 넣고 반죽해 구운 전병이다. 차파티chapati라고 부르는 경우도 많은데 그건 힌디어고, 로티는 펀자브어 표현이다. 로티는 펀자브에서 매 끼니 밥상에 오른다. 아침 식사라라면 요구르트에 찍어 먹거나 인도의 밀크티인 차이와 함께 가볍게 먹을 수 있고, 점심과 저녁에는 카레와 먹는다. 카잘도 로티가 모든 끼니의 중심이라 생각한다. "로티가 있어야 다른 음식을 먹죠." 로티는 펀자브에서 인사로 통하기도 한다. 한국 사람들이 "밥 먹었어?"로 서로의 안부를 확인할 때 펀자브 사람들은 "로티 칼리Roti khali?" 한다. 로티를 먹었느냐는 뜻이다. 관계 사이에 언어 장벽이 있어도 우리는 따뜻한 마음으로 서로의 끼니를 물을 수 있다. 나중에 만난 카잘의 가족이 내게 그런 의미로 전한 몸의 언어는 손을 입이나 배에 대는 게 아니라 양손으로 반죽을 하는 시늉이었다. 당장 로티를 만들어주겠다는 뜻이다.

로티는 보통 집에서 먹는다. 물론 다바에서도 먹을 수는 있다. 보통 10루피 전후로(약 160원) 굉장히 저렴한 편이지만, 외식을 한다면 조금 더 비싼 난(더 맛있는 밀가루)이나 파라타(더 많은 기름)를 먹지 굳이 로티를 나가서 먹어야 할 음식으로 여기지 않는다. 어디서 먹느냐에 따라 반죽을 익히는 방식이 다를 수 있다. 다바라면 탄두르에 굽고, 조리 공간이 좁은 노점에선 팬이나 그릴에 굽는 경우가 있다. 가정에서는 대체로 팬을 쓴다. 카잘이 만드는 과정을 살펴보니 밀가루를 반죽한 뒤에 10~30분쯤 휴지를 하고, 적당히 부풀면 조금씩 떼어서 차클라chakla(반죽판) 위에 탁구공만 한 반죽을 올려놓고 벨나belna(밀대)로 얇게 편 뒤에 팬에 굽는다. 반쯤 익으면 팬을 치우고 반죽을 불 바로 위에 올리는데, 그렇게 하면 납작하던 로티가 풍선처럼 부푼다. 뜨거운 공기가 차기 때문에 훨씬 부드러워진다. 로티를 굽는 주물 팬의 이름은 타바tava라서 이렇게 만드는 로티를 타바 로티라고 부르기도 한다. 로티를 만들 때 기름은 쓰지 않고, 토스트에 버터 바르듯 굽고 나서 기ghee나 마칸makhan 같은 품질 좋은 기름을 올려서 먹을 때가 많다. 둘은 공정이 다르지만 둘 다 유지방으로 만든다. 반죽이 남으면 밀폐 용기에 보관했다가 다음 끼니에 쓰면 된다. 로티가 남았다면 문을 열고 나가 소에게 주면 된다.

로티는 카잘의 표현에 따르면 "1947년에서 멈춘 사람"인 자신의 할머니가 매일 만들던 아침 식사였다. 파티션으로 인도의 문화가 변하기 전의 방식으로, 즉 전통적인 방식으로 밥상을 차린다는 뜻인데, 이는 인도 사람들이 구세대를 설

로티 | roti

한국 사람들이 "밥 먹었어?"로 서로의 안부를 확인할 때 펀자브 사람들은 "로티 칼리?"
한다. 로티를 먹었느냐는 뜻이다. 로티는 매 끼니 밥상의 중심이 된다. 아침 식사라면 요구
르트에 찍어 먹거나 차이와 함께 가볍게 먹을 수 있고, 점심과 저녁에는 카레와 먹는다.
카잘의 집

명하는 방식이다. "우리 식구는 매일 아침마다 로티나 파라타를 먹었어요. 할머니가 늦게 일어나는 날에도 늘 반죽을 하면서 하루를 시작했어요. 난은 매일 먹으면 안 된다고 생각해요. 하지만 로티는 안 먹으면 살 수가 없어요." 카잘이 할머니와 살던 시절만 해도 아침을 밖에서 먹는 인도 사람은 매우 드물었다. 모두들 집에서 전통적인 식사를 하고 집을 나섰다.

안산에 사는 카잘은 야시와 밥을 먹을 때면 여전히 로티를 하지만 삶이 변하면서 밥상도 좀 변했다. 인도에 있을 땐 아침마다 서너 장을 먹었지만 요샌 한 장 반이면 충분하다. 대여섯 장을 먹던 야시는 이제 서너 장이면 된다. "요만큼 먹는 인도 사람은 없어요. 우리가 그렇게 먹으면 인도 사람들은 '뭐야, 새야?' 하고 말해요." 로티는 보통 아타로 만들지 흰 밀가루인 메다는 쓰지 않는다. 하지만 카잘은 한때 하얀 로티를 먹었다. 10여 년 전 한국에 막 왔을 때 시중에서 아타를 구할 수가 없어서 중력분으로 만든 것인데, 어쩔 수 없어서 한 것이지 좋아하진 않는다. "너무 쫀득해서 별로예요. 로티는 그보다 거칠어야 돼요."

카잘은 로티 없는 삶을 이제는 생각할 수 없지만, 결혼 전까지 열 식구와 살았던 시절에는 그렇지 않았다. "이 많은 식구가 외식을 하면 당연히 돈이 많이 들죠. 할머니는 매일 똑같은 음식만 했어요. 그땐 지겨웠어요. 맨날 맨밥에 김치만 먹으면 누가 좋아해요?" 그래서 로티는 변형된다. 가장 대표적인 것은 파라타다. 집에서 먹을 수도 있지만 밖에서도 많이 파는 것이다.

파라타는 로티와 비슷한 방식으로 만들지만 기름을 두른 팬에 굽는다. 다바라면 튀길 수도 있다. 파라타의 또 다른 특징은 밀가루 반죽에 다른 여러 가지 재료를 섞는다는 것이다. 가장 많이 먹는 건 알루 파라타aloo paratha다. 알루는 감자다. 카잘 말로 감자는 펀자브 사람들이 365일 먹는 것이다. 철에 따라 재료가 달라지기도 한다. 펀자브에선 겨울이면 무를 많이 먹는다. 채 썰어 볶은 무를 밀가루 반죽과 섞으면 물리 파라타mooli paratha가 된다. 물리는 무다. 고기를 먹는 사람이라면 반죽에 다진 치킨이나 머튼을 섞을 수 있다. 이처럼 파라타는 야채부터 기름까지 로티보다 재료가 많이 들어가니 로티보다 훨씬 든든한 끼니가 된다.

카잘은 결혼한 뒤부터 밀전병을 만들기 시작했다. 집에

파라타paratha

파라타는 로티와 비슷한 방식으로 만들지만 기름을 두른 팬에 굽는다. 다바라면 튀길 수
있다. 파라타의 또 다른 특징은 밀가루 반죽에 다른 여러 가지 재료를 섞는다는 것이다. 가
장 많이 먹는 건 알루 파라타다. 알루는 감자다. 플레인 파라타 장당 40루피.

식당정보 Kesar Da Dhaba | Chowk Passian, near Telephone Exchange, Amritsar,
Punjab 143001

서 할머니가 하던 방식을 어깨너머로 보고 직접 해본 것인데, 로티는 수월했지만 파라타는 시행착오가 따랐다. 파라타는 여러 가지 방식으로 만든다. 감자 같은 부가 재료를 만두처럼 혹은 샌드위치처럼 밀가루 반죽으로 덮어 팬에 부칠 수도 있지만, 펀자브에서는 밀가루 반죽과 으깬 감자를 따로따로 준비해두고 먹기 직전에 하나로 섞어서 굽는 경우가 더 많다. 처음엔 두 가지 반죽을 섞어 밀대로 밀면 감자가 반죽 사이로 다 튀어나왔다. 반죽 상태가 각각 달라서였다. 이젠 잘한다. 두 반죽의 점성을 비슷하게 만들어야 둘을 섞었을 때 밀대로 잘 밀린다.

밀전병을 기름에 튀길 수도 있다. 그러면 푸리puri가 된다. 로티 반죽을 할 땐 반죽이 여기저기 들러붙지 않도록 덧밀가루를 뿌린다면, 푸리에는 기름칠을 한다. 그런 뒤에 기름솥에 넣고 튀긴다. 파라타처럼 반죽 사이에 야채를 넣을 수도, 치킨을 넣을 수도 있다. 기름 흥건한 푸리는 카잘의 가족 모두가 좋아하는 음식이다. 한국에서 나고 자라 인도 음식을 썩 좋아하지 않는 막내 하빈이도 푸리는 제법 먹는다. 그런 유혹의 음식을 집에서 매일 하기는 부담스러우니 손님이 오는 날에 하거나 밖에서 먹는다. 주로 감자나 병아리콩으로 만든 카레와 함께. 한편 마키 키 로티makki ki roti도 있다.

옥수숫가루로 만드는 로티인데(마키가 옥수수다), 맛으로나 영양으로나 푸리의 정반대다. 옥수숫가루엔 글루텐이 없어 반죽을 해도 푸석푸석하다. 마키 키 로티는 갓으로 만든 카레인 사르손 카 삭과 함께 먹는 펀자브의 겨울 별미다.

쿨차kulcha도 있다. 흰 밀가루인 메다로 반죽을 만들고, 이스트나 베이킹 소다를 쓰며 물 대신 우유나 요구르트를 섞을 수 있다. 이런 재료를 넣고 숙성하기 때문에 다른 밀전병보다 도톰하고 부드럽고, 파라타와 마찬가지로 여러 가지 야채를 넣을 수 있으며 기름이나 버터를 매우 많이 쓴다. 쿨차는 과연 이것을 같은 음식이라고 부르는 게 마땅한가 싶을 정도로 지역마다, 요리사의 종교마다, 혹은 사장의 취향마다 맛과 모양이 다르다. 반죽에 칼집을 내 먹음직스러운 모양을 낼 수도 있고, 넓적한 타원형으로 만들 수도 있고, 로티보다 작되 두껍게 만들 수도 있고, 팬에 부칠 수도 탄두르에 구울 수도 있다. 빵처럼 부드럽고 푹신한 쿨차는 펀자브 암리차르에서 유명해 암리차리 쿨차Amritsari kulcha라고 부르기도 한다. 비슷한 것이 있다. 바투라bhatura다. 메다와 이스트를 써서 쿨차와 비슷한 방식으로 반죽하지만, 항상 기름에 굽거나 튀기는 밀전병이다. 바투레bhature라고 더 많이 부르는데 이는 복수다. 바투라를 한 장만 먹는 사람은 드물 것이다. 쿨차 또한 두 장 이상이라면 쿨체kulche가 된다. 둘은 촐레chole와 궁합이 좋다고 인식돼 촐레 쿨차, 촐레 바투레라고 묶어서 부른다. 촐레는 펀자브어로 병아리콩이자 병아리콩으로 만든 카레를 부르는 이름이다. 펀자브를 벗어나면 찬나chana가 된다.

쿨차와 바투레와 마찬가지로 메다로 만드는 가장 대표적인 하얀 밀전병은 난이다. 탄두르에 구워 담백하게 먹는 것이 보편적이지만, 버터·감자·허브 등 추가 재료가 잔뜩 들어가는 변형도 있다. 처르 처르 난chur chur naan이라고 부른다. 인도에서 먹는 난의 기본형은 한국의 인도 식당에서 먹는 것과 똑같다. 순수하게 하얀 밀가루 반죽을 숙성해 굽고, 취향에 따라 구운 뒤에 버터를 올리는 것이다. 이 유명한 것을 언제부터 먹기 시작했는지는 역사를 추적한 사람들마다 의견이 갈리지만, 메소포타미아 문명에서 시작해 고대 이란을 거쳐 인도에 전해진 것이라고 보는 시각이 가장 일반적이다.[21] 중동 사람들이 물물교환(6세기)과 영토 확장(7세기) 등의 명분으로 활동 범위를 넓히기 시작했을 때, 인도 아대륙 가운데 지리적으로 인접한 펀자브에 도착해 음식도 전파했다는 추론이다. 난 말고도 로티와 쿨차 등 오늘날 인도에서 먹는 대부분의 밀전병이 인도의 이슬람 왕조인 무굴 제국

푸리|puri

로티 반죽을 할 땐 반죽이 여기저기 들러붙지 않도록 덧밀가루를 뿌린다면, 푸리에는 기름칠을 한다. 그런 뒤에 기름 솥에 넣고 튀긴다. 유혹의 음식이지만 가정에서 매일 튀김을 하기는 부담스럽다. 인도에서도 손님이 오는 날에 하거나 밖에서 먹는다. 탈리 70루피.

식당정보 Pt Pirati Di Hatti | Near Dandi Swami Chowk, Near Dhandi Swami Chowk, Dandi Swami Mandir, Civil Lines, Ludhiana, Punjab 141001

(1526~1857)에서 나온 여러 왕실 문서에 기록되어 있다. 그보다 빨랐을 것이라고 봐도 이 역사는 7세기부터 이교도 정복을 시작한 이슬람 세력의 이동 경로 안에 있고, 이러한 기원이 적용되는 펀자브 음식이 많다. 꽤 많은 펀자브 음식의 뿌리가 이슬람 문화에 있다.

남인도에서도 전병을 먹지만 아래로 내려갈수록 밀 의존도가 낮다. 대신 쌀이 다채롭게 활용된다. 가장 대표적인 것은 도사다. 쌀가루와 병아리콩 가루로 만든 반죽을 크레이프처럼 얇고 바삭하게 부친 것이다. 쌀가루 대신 수지sooji라고 부르는 밀가루(세몰리나)를 쓸 수도 있는데 그러면 라바 도사rava dosa가 된다. 도사는 남부 타밀족의 전통적인 끼니지만 인도 전역에서 인기가 많아 카잘은 시내에 나갈 때면 간식으로 먹곤 했다. 도사와 비슷한 반죽을 조금 더 도톰하게 부쳐 야채까지 올리는 우타팜uttapam도 있고, 바삭한 도사와 달리 촉촉하고 부드러운 이들리idli도 있다. 쌀가루와 콩가루로 만든 반죽을 찌는 것이다. 이 모든 것을 북인도에서 먹을 수는 있지만 남인도 음식을 한다고 간판에 써둔 식당을 찾아야 한다. 펀자브 바깥에서 먹는 펀자브 음식을 신뢰할 수 없다는 내 친구들의 주장과 마찬가지로 그 맛이 남인도 현지에서 먹는 것과 반드시 같지는 않을 것이다.

한국인의 눈에 빵으로 보이는 것도 먹는다. 중부 마하라슈트라에서 많이 먹는 파브pav다(카잘은 '파으'에 가깝게 발음한다). 한국 빵집 어디에나 있는 모닝롤과 모양도 맛도 비슷하다. 으깬 감자와 토마토, 양파로 촉촉하게 만드는 바지bhaji와 같이 먹기도 하고(파브 바지라고 부른다), 빵 사이에 감자 패티와 소스를 넣고 햄버서처럼 먹기도 한다. 파브 바지는 뭄바이 길거리 음식의 대명사로 통하지만 카잘에 따르면 매일 먹을 수 있는 끼니는 아니다. 마하라슈트라는 중부 지방이라 가정의 주식도 중립이다. 북인도처럼 밀전병도 먹고 남인도처럼 쌀도 먹는다.

뉴델리의 속도

2020년 1월 17일 금요일 오후 여덟 시, 뉴델리 파하르간지Paharganj에 도착해 짐을 풀었다. 숙소가 많아 내외국인 상관없이 각자의 이유로 집을 떠난 이들이 거쳐 가는 곳이다. 여러 국제선이 오가는 수도 뉴델리에서 인도 여행을 시작하는 사람이 많지만 대부분은 하루 이틀 만에 여길 떠나 각자 계획한 목적지로 향한다. 나는 대다수가 잠깐 스쳐 가는 여기서 일주일을 보내는 계획을 세웠다. 펀자브 사람은 감자처럼 어디에나 있고, 따라서 여기서도 펀자브 음식을 먹을 수 있으니 가볍게 간을 보고 카잘의 고향이자 가족의 일부가 있는 펀자브로 가서 원조 음식을 만나는 것이다. 그때만 해도 나는 인도 대도시의 속도를 잘 몰랐다. 계획대로 밥을 먹기 전에 유심을 사러 갔다가 두 시간이나 대기를 하면서도 어리석게도 깨닫지 못했다. 머무는 곳에서 고작 2.5km 떨어진 식당에 찾아가 이 책의 첫 번째 음식인 파라타를 먹고 돌아오기까지 네 시간이나 걸릴 줄은 정말로 몰랐다.

파하르간지처럼 여행객이 많은 구역에서라면 100m를 걷는 동안 백 마디가 쏟아진다. 먼저 다가와 매우 빠른 속도로 끊임없이 말을 쏟아내면서 이방인의 정신을 쏙 빼놓는 이들이 있는데, 겪어보니 공식이 있다. 그들은 딱 이 순서로 말한다. "헤이, 어디 가? 어디서 왔어? 오우, 사우스 코리아? '안녕하세요!' 인도 처음이지? 근데 어디 간댔지? 거기 문 닫았어. 그리고 거긴 이쪽이 아니라 저쪽으로 가야 돼. 잠깐, 지도 좀 보자. 투어 생각 있어?" 그런 사람을 몇 시간 사이에 열 명쯤 만나고 나니 "문 닫았어" 시점에 웃을 수 있는 여유가 생겼다(다른 버전으로는 "거기 위험해" "폭동이 있었어" 등이 있다). '어이없는 거 너도 알지?' 하는 의미를 담아서 웃어줘야 각자의 길을 갈 수 있다. 모든 사람이 그렇지는 않다.

그런 사람을 열 명쯤 겪는다면 그 사이사이 다가와 가방 단속하라고 조언해주는 따뜻한 사람도 여럿 만난다. 휴대폰을 택시에 흘린 날이 있다. 잃어버렸다는 것도 모른 띨띨한 인간 앞에 기사가 핸들을 돌려서 나타났다.

미리 찾아둔 파라타 맛집은 머물던 곳에서 델리 지하철(Delhi Metro)로 세 구간 떨어져 있는 곳인데, 저런 질문을 쏟아내면서 잘못된 방향으로 안내하는 사람 여덟 명쯤을 따라 좌회전 우회전, 앞으로 뒤로를 여러 번 반복한 끝에 겨우 지하철 출구를 찾았다가 엄청난 인파로 정신이 혼미해졌다. 테러 예방 때문일 텐데, 델리 지하철에는 보안 검색 과정이 있다. 지하철을 타고자 줄을 선 사람은 수백 명이지만 역무원은 열 명이 안 된다. 그 과정을 통과해야 승차권을 살 수 있는데 여자 줄과 남자 줄이 따로 있다. 여자 줄은 짧다. 남자 줄은 끝이 안 보인다. 인도 시내에서 보이는 주류 인간은 성인 남성이다. 사회에서나 가정에서나 한쪽 성별에 경제적 책임과 권력이 쏠린다는 건 공정하지 않으니 몇 없는 여자라서 티켓 빨리 살 수 있다고 좋아할 일은 아니고, 내겐 이 여정을 함께하는 남자 일행이 있다. 이럴 때면 그냥 포기하고 걸어가자고 말하는 사람으로, 나의 배우자이자 동료인 이범학이다. 그는 식당을 찾고 밥을 먹고 사진을 찍으며 예산을 관리한다. 돈은 그가 가지고 있다. 그는 좀 많이 짠다. 심히 피곤하지 않을 때면 나도 그의 결정을 따른다. 툭툭(바퀴 세 개짜리 작은 택시로, 인도에서는 릭샤 혹은 오토 릭샤라고 더 많이 부른다)이 다니는 여러 아시아 대도시에서 터무니없는 금액을 부르는 기사와 요금을 흥정할 때 겪는 피로를 아는 사람으로서.

그렇게 해서 걸어서 찬드니 초크Chandni Chowk로 향했다. 17 세기에 설계된 인도 최대 도매 시장으로, 올드 델리의 노른 자로 통한다. 지금의 올드 델리는 한때 아그라에 있던 인도 이슬람 왕조 무굴 제국의 왕실이 이동해 구축한 땅이다. 뉴 델리는 무굴 제국을 엎어버린 영국이 그 근처를 재설계하고 붙인 이름이다.[22] 각각 구시가지와 신시가지로 보면 되겠다. 찬드니 초크는 여느 구시가지가 그렇듯 거미줄처럼 얽힌 어 지러운 골목 사이사이에 빽빽하게 점포가 밀집해 있다. 점 포 수는 약 1,500개라 하는데, 그 미로를 뚫고 사전에 검색 해둔 델리의 명소를 찾는 것이 목표다. 그 명소는 100년 넘 은 파라타 골목이다. 파라테왈리 갈리Parathewali Gali라고 한다. 파라테는 파라타의 복수고, 왈리는 무엇을 하는 사람을 뜻 하는 왈라의 복수고, 갈리는 작은 길(샛길)이라는 뜻이니 파 라타를 파는 사람들의 골목으로 보면 되겠다. 1960년대까지만 해도 스무 개가 넘는 파라타 전문점이 있었지만 지금은 몇 개 안 남았다고 한다. 이젠 전과 같지 않다 해도 여전히 유명한 곳이고 내겐 지도가 있으며 머무는 곳에서 멀지 않으니 그저 근방의 맛집을 찾아가는 흔한 여정 정도로 여기고 출발했지만, 그게 그렇게 어려운 일이 될 줄 몰랐다. 시장이라 물사의 이동이 많으니 어딜 가나 길이 막힌다. 사람 때문에 막히고 릭샤와 차와 오토바이 때문에 막히고 더러는 소와 말 때문에 막힌다. 하필이면 움직인 날이 주말이라 더 막히고, 누구든 미끄러지지 않으려면 바닥을 살펴야 하니 그 때문에 또 막힌다. 이 아수라장에서 인도와 차도의 경계는 당연히 없고, 아무리 구글 지도가 정확하다 해도 실타래 같은 골목길에서 초행자는 자꾸 길을 헤맨다. 고작 2km를 걸었을 뿐인데 내가 누구고 여긴 어디이며 허기라는 감각이 무엇인지도 까먹었을 때 갑자기 파라타 골목이 나타났다. 신기루가 아닐까 의심했다. 사전에 확인한 대로 서너 개의 파라타 전문점이 보였다. 그런데 서너 개가 과연 맞을까. 혹시 열 개가 넘는데 내가 기억을 못 하는 것일까. 기억은 선명하지 않고 다시 찾아갈 엄두는 나지 않는다. 나도 잘하고 싶다. 그런데 인도의 대도시에선 많은 것이 잘 되지 않는다. 그리고 서너 개가 맞다.

인파의 숲을 뚫고 마침내 도착한 식당의 이름은 파라테 왈리 갈리Paranthe Wali Gali다. 그 골목의 이름이 곧 식당 이름이고, 근처 몇 개의 파라타 집 가운데 가장 사람이 많은 곳이다. 대기하는 동안 식당 안을 살펴보니 여행객으로 보이는 외국인은 단 한 명도 없을뿐더러 마침 어느 방송국의 촬영 팀까지 각종 장비를 들고 와 있다. 제대로 된 곳을 찾았다고 확신하면서 기쁜 마음으로 파라타 두 개를 주문했다. 알루 파라타와 치즈 롤 파라타다. 알루 파라타는 카잘이 언젠가 내게 만들어줬던 것과 비슷하게 으깬 감자를 넣고 만든 밀전병이 나왔지만, 치즈 롤은 먹어본 적이 없어서 좀 두근거렸고 곧 기대에 준하는 만족스러운 음식이 나왔다. 모양은 만두를 닮았다. 소를 잔뜩 넣고 여며서 튀긴 것인데, 안에 들어 있는 건 각종 견과류와 인도의 코티지치즈인 파니르paneer다. 이탈리아의 리코타 치즈처럼 숙성 과정 없이 우유를 끓여서 단단하게 굳힌 것이다.

감자와 치즈 롤 말고도 파라타 옵션은 굉장히 많았다. 메뉴판을 보니 캐슈넛·아몬드·당근·무·완두·고추까지 여기서 만드는 파라타는 세상 모든 식물성 재료를 다 흡수할 수 있는 것 같다. 소는 식당마다 다를 것이다. 소 말고도 식당마다 반죽의 재료도 조금씩 다를 것이고, 익히는 방식뿐 아니라 완성된 파라타의 크기와 모양과 색깔도 조금씩 다를 것이다. 내가 먹은 것은 아타로 반죽해 기름 솥에 튀긴 것이다. 가정 요리사인 카잘은 파라타를 할 때 똑같이 아타를 쓰되 팬에 기름을 두르고 굽는다. 파라타라는 첫 번째 미션을 마친 뒤에 자랑하듯 카잘에게 사진을 찍어서 보냈더니 "이거 푸리 아니에요?" 한다. 카잘은 내가 먹은 게 튀김이라는 것을 한눈에 알아봤지만, 사진만 가지고는 이것이 푸리인지 파라타인지 인도 사람도 못 알아볼 만큼 만드는 사람의 성향과 기준에 따라 다채롭게 응용이 가능한 것이다. 밀전병만 그런 것이 아니다. 다른 많은 음식이 그렇다. 명확한 이름도 있고 재료와 조리법의 기준도 있지만 객의 입장에서는 약간 혼란스럽게도 언제든 변주가 가능하다는 뜻이다.

주문한 파라타는 탈리thali에 나왔다. 탈리는 인도의 전통적인 은쟁반의 이름이자 그 은쟁반 위에 여러 가지 음식을 올려 먹는 방식을 뜻한다. 카잘과 야시는 탈리를 '장르'로 즐기려면 구자라트나 라자스탄에 가야 한다고 말한다. 거기선 한 사람이 도저히 다 먹을 수 없을 만큼 다양한 사이드메뉴가 한 아름쯤 되는 큰 접시 위에 주어지는데, 남도 한정식과 비슷한 스케일이지만 인심은 더 좋아서 직원이 수시로 오가면서 고객이 요청하기 전에 빈 그릇을 채워준다고 한다. 반

파라타 | paratha

올드 델리 찬드니 초크에는 파라타 골목이 있다. 근처 몇 개의 파라타 전문점 가운데 가장
사람이 많은 곳에 다녀왔다. 감자 · 치즈 · 캐슈넛 · 아몬드 · 당근 · 무 · 완두 · 고추까지
여기서 만드는 파라타는 세상 모든 식물성 재료를 다 흡수할 수 있는 것 같다. 알루 파라
타 60루피, 치즈 롤 파라타 80루피.

식당정보 Parathe Wali Gali | 235/1, 12th Cross Rd, Lakkasandra, Lakkasandra
Extension, Wilson Garden, Bengaluru, Karnataka 560027

면 펀자브와 주변 지역에서 접하는 탈리의 크기는 급식판보다 작은 편이다. 쟁반 위에 여러 개의 종지를 올릴 수도 있지만 급식판처럼 여러 개의 홈이 나 있는 것을 쓸 수도 있는데, 각각의 홈이나 그릇에 카레와 밀전병, 아차르achar(피클)와 처트니chutney(소스)까지 다양한 음식이 놓인다. 접시의 소재는 대체로 금속이지만 스티로폼으로 만든 일회용 딜리를 쓰는 곳도 많다.

파라타를 정말 맛있게 먹긴 했지만 탈리를 깨끗하게 비우는 데는 실패했다. 부끄럽게도 이 실패는 인도 일정이 끝날 때까지 계속됐다. 언제나 음식과 식당에 정중한 사람이고 싶은데 내가 이제 막 인도의 정통 카레에 다가가기 시작한 촌스러운 외국인이라서 그런 것인지, 아니면 인도 사람들의 위장이 평균적으로 나보다 훨씬 큰 것인지 늘 카레와 처트니가 과하게 많이 나온다고 느꼈다. 꽤 많은 식당이 여러 가지 카레에 '풀'과 '하프'라는 친절한 선택지를 주긴 하지만 풀을 상상하는 게 두려울 만큼 하프도 양이 적지 않다. 탈리에 오르는 밀전병은 일반적으로 두 장이다. 한 끼로 충분한 양이다. 그런데 어디서나 카레는 모든 인도 요리사가 밀전병을 얼마나 줬는지를 까먹고 산더미처럼 퍼 주는 것 같았다. 이 방인의 편견이자 착각일 수도 있다. 한식은 균형적인가? 밥

한 공기의 양과 찌개·볶음·무침 같은 주변 음식의 양이 절대로 같지 않은데.

평소와 다른 음식을 먹으면 생각이 많아진다. 호기심과 만족감이 전부라면 참 좋겠지만 남긴 음식에 대한 죄책감이 따라오고 미래에 대한 불안까지 꼬리를 문다. 나의 밥상과 당신의 밥상은 무엇이 같고 무엇이 다른지를, 나는 앞으로 맑은 정신을 유지하면서 글로 옮길 수 있을 것인가. 당장이 더 두려웠다. 이 탈리를 비우고 나면 나는 인파의 숲인 시장 한복판에 다시 뛰어들어야 한다. 결과적으로 머무는 곳에서 2.5km 떨어진 곳으로 밥을 먹으러 나가서 돌아오기까지 총 네 시간을 썼는데, 이 책이 인도 음식 책이 아니라면 나는 그 여정만 가지고 상당한 분량을 벌었을 것이다. 인도에 도착한 지 24시간도 지나지 않았을 때였다. 물론 카잘과 내가 책을 목적으로 안산에서 나눈 첫 번째 음식을 마침내 인도에서 경험했다는 안도감이 있기는 했다. 하지만 그보다는 미래에 대한 두려움이 더 컸다. 나는 앞으로 이 속도와 혼란에 적응해야 한다. 한 달을 머무르면서 새로운 음식을 찾아 먹을 시간과 먹은 것을 돌아볼 시간을 계산해야 한다.

안녕 델리, 안녕 루디아나

첫날만 힘들었을 뿐이다. 남은 날은 아직 많았다. 차차 길을 익혔고 샛길까지 파악하면서 밥을 찾아 이동하는 일과에 적응했다. 시간이 날 때면 공원을 찾아가 산책을 하고 번화가에 가서 쇼핑을 했으며 이른바 관광객 요금을 부르는 상인과 흥정까지 했냐(반값으로 샀냐). 그런 여유가 생겼냐는 건 떠날 시간이 되었다는 신호다.

다음 목적지는 루디아나다. 안산에 정착하기 전까지 내 친구 카잘이 살던 곳이다. 현재는 카잘의 배우자인 야시가 사업차 한 달에 두어 번씩 드나드는 곳이고, 카잘의 시어머니인 시크샤가 살고 있는 곳이다. 객관적인 지리 정보를 말하자면 델리에서 300km 이상 떨어진 곳이다. 펀자브에서 가장 인구가 많고(160만 이상), 공업이 발달해 섬유와 옷이 유명한 지역이다. 델리에서 스친 인연들에게 다음 일정을 말할 때면 의류 사업을 하느냐는 질문이 돌아왔다.

델리에서 루디아나로 이동하는 방법은 기차부터 버스까지 여러 가지가 있지만 나는 카잘의 조언을 따라 택시를 타기로 했다. 택시를 타야 고속도로 다바를 승객의 입맛대로 골라서 체험할 수 있다. 버스를 타도 가능한 체험이지만 당국의 보건 정책을 따라야 하니 다바 선택권이 제한된다. 집단 식중독 같은 사고를 예방하고 기사와 다바 간의 불공정한 거래를 통제하기 위해 지정된 곳에서 밥을 먹어야 하는 것이다. 택시는 카잘이 예약해줬다. 루디아나 택시를 타야 가격이 상대적으로 저렴한데, 외국인이 델리에서 그런 기사를 찾기는 어렵다고 카잘 가족이 판단했기 때문이다. 정말 그랬다. 여행사에 내가 문의한 택시비는 약 10만 원(델리 택시), 카잘이 잡아준 택시비는 약 5만 원(루디아나 택시). 카잘 가족이 이 어리바리 외국인들을 중간에 어느 다바에 데려가라고 사전에 신신당부한 택시였다. 고맙다는 말 이상은 없을까. 그게 진심이라 해도 너무 많이 하면 의미가 사라지진 않을까. 그때부터 자동차의 번호판을 읽기 시작했다. 인도의 차량 번호는 9~10자리로, 지역 정보가 표기되어 있다. 델리라면 DL, 펀자브라면 PB로 시작된다. 각 주에 속한 도시에도 일련번호가 있다. PB10로 시작한다면 루디아나, PB02라면 암리차르인 식이다.

그렇게 해서 자그지반이라는 이름의 택시 기사와 함께 44번 국도를 탔다. 델리에서 펀자브로 이어지는 길이다. 그는 한 다바 앞에 차를 세우더니 옆 다바 사진을 찍고 친구한테 보내라 한다. 그게 네 친구가 데려가라 요청한 다바라면서. 카잘 가족의 당부를 외면하고 그냥 자기가 가고 싶은 곳에 데려간 것이다. 고속도로 다바에서 기사는 밥값을 내지 않아도 된다. 고객을 데려온 사람에게 부여되는 특전이다. 왜 가라는 데 안 가고 여기 세워주느냐 묻기엔 자그지반이 선택한 다바도 아주 훌륭했다. 모든 다바가 규모가 있고 화려하진 않지만 카잘 가족과 자그지반은 '럭셔리'를 택했다. 한국의 고속도로 휴게소와 거의 똑같은 구조였지만 고를 수 있는 음식은 더 많았다. 알루 파라타를 주문했다. 지역을 옮기니 여행이 다시 시작되는 것 같아서 책의 머리로 택한 음식을 먹고 싶어졌다. 일전에 먹은 파라타와 마찬가지로 아타로 반죽했지만 이번엔 기름 없이 탄두르에 구워 마칸을 올린 것이다. 잘 먹긴 했는데 델리의 파라타 골목에서 먹은 것과 달리 기름지진 않았다. 건강한 음식, 필요하다. 하지만 보다 짜릿한 음식은 그런 음식이 아니다.

여섯 시간을 달린 끝에 '집'에 마침내 도착했다. 카잘의 시어머니인 시크샤가 사는 곳이고 기숙학교에 다니는 카잘의 딸 야시카가 가끔 찾아오는 곳이다. 그리고 내가 2주간 머물게 될 집이다. 짐을 풀고 야시카에게 빨래는 어떻게 하는지, 주방은 필요할 때 써도 되는지를 물었다. 야시카는 먼저 보일러를 켜고는 나를 욕실로 데려갔다. 뜨거운 물을 양동이에 받고 바가지를 쥐여주고는 눈을 찡긋한다. "인도에 온 지

일주일 됐으니까 어떻게 씻는지 다 알죠?" 카잘 가족은 이렇게 나를 한국어로 웃길 줄 안다. 그럴 수 없는 가족도 물론 있다. 카잘의 시어머니인 시크샤다. 앞으로 우리의 소통은 생각보다 잘 통하는 보디랭귀지가 맡을 것이다. 착하고 의젓한 야시카는 나를 맞아주고 통역이라는 중요한 임무를 마친 뒤 오토바이를 몰고 기숙사로 돌아갔다. 다음 날도 일과는 별 탈 없이 잘 흘러갔다. 그런데 그날 밤 아홉 시에 문자가 왔다. 야시카였다. "엄마랑 하빈이 한 시에 집에 온대요. 할머니가 벨 소리 못 들을 수도 있으니까 문 좀 열어줄래요?"

홈 스위트 홈

인도에 다녀오면 누구나 긴 무용담을 얻게 된다. 짧게 머물렀다 해도 할 말이 많을 것이다. 가만있어도 보고 겪게 되는 일이 많다. 나도 델리에 있을 땐 그렇게 생각했다. 웃기거나 좋은 기억으로 남은 일도 있긴 했지만 긴장을 하고 한숨을 쉴 때도 있었다. 많았다. 여행은 삶에 적절한 자극을 주는 좋은 경험이다. 나아가 필요한 경험이다. 그리고 그 자극을 극대화하려면 인도로 가야 한다. 인도에 다녀온 사람들이 각종 고생 후일담을 털어놓으면서도 결국 왜 또 가는지 이제는 나도 안다. 그건 시간이 어느 정도 흘러서야 깨닫게 되는 것이다. 결코 순조롭지 않은 하루를 몇 차례 경험한 뒤에야 돌아오는 것이다.

카잘의 집이 있는 루디아나는 그렇지 않다. 여긴 관광 인구가 없다. 따라서 관광객을 유인하는 사람도 없다. 2주 머무는 동안 영업을 하는 릭샤 기사를 딱 한 번 봤다. 그리 적극적이지도 않았다. 여길 떠나 암리차르로 이동했을 땐 스쳐 간 친구가 "거기 관광지 없는데 왜 갔어?" 하고 물었을 정도다. 루디아나도 대도시라 교통은 복잡하지만 델리에 비할 바는 아니라서 밥 한 번 먹으러 외출하는 데 네 시간씩 쓰지 않아도 된다. 델리의 빈부격차는 잔혹할 정도로 명백하게 보이는데, 여기도 부와 빈은 있지만 중간 계급이 더 많이 보인다. 공기도 더 맑고 시내의 환경도 보다 정돈된 편이다. 델리에 있으면 1km쯤 걷기만 해도 모험이 된다. 루디아나에선 모험을 찾아서 해야 한다. 음식과 책이라는 목적을 가지고 인도에 찾아온 나로서는 최적의 환경을 만났다고 생각했다. 내가 무언가를 스스로 찾아다니고 깨우치는 한편 추가로 필요한 정보를 조사하는 고요한 시간을 기대했다.

그런데 안산에 사는 카잘 가족이 갑자기 여기로 왔다. 나는 안산에서 카잘을 1년간 지속적으로 만나면서 인도 음식을 학습했다. 몇 가지 음식의 특징을 익혔고 용어를 외웠다. 그 공부를 마친 뒤 인도에 스스로 찾아가 그간 익힌 것을 체험할 계획이었다. 인도에 도착한 뒤로 매일매일 무엇을 먹었는지, 사고는 없었는지 카잘에게 카톡으로 보고했다. 말로 듣고 문서로만 접한 것을 현장에서 확인하니 질문도 늘었다. 그렇게 자주 소통했지만 카잘은 내가 거는 말에 응답만 할 뿐 자기 일정에 대해선 일언반구도 안 하더니 프러포즈하듯 갑자기 내 앞에 나타난 것이다. 나중에 카잘에게 물었더니 "비행기 표가 엄청 쌌어요" 같은 말로 답을 피한다. 실은 부담을 느낄까 봐 걱정해서 말을 안 했다고 한다. 나는 또 심하게 미안해지고 고마워진다.

카잘이 찾아온 뒤로 북인도 음식을 현장에서 조사하겠다는 내 계획은 상당히 많이 변했다. 생각지도 못한 방식으로, 그리고 이상적인 방식으로 변했다. 일단 미리 찾아놓은 지역 식당 리스트와 그에 따른 일별 스케줄의 일부가 불필요한 것이 되었다. 나는 카잘이 루디아나에 머문 일주일간 펀자브의 외식이 아닌 가정의 음식을 체험했다. 주방은 물론 인도 가정의 문화 전반을 관찰했다. 안산에서도 매일 밥하고 루디아나에 와서도 매일 밥만 한 카잘은 내가 나가서 밥을 먹는 걸 언제나 걱정했다. "어떻게 매일 사 먹어요? 그럼 물려요. 몸에도 나빠요."

　나는 일주일간 카잘과 한집에서 시간을 보내면서 그들이 매 끼니마다 로티를 만든다는 걸 눈으로 확인했다. 시크샤의 이웃인 미스터 싱의 집에 초대를 받았을 때는 로티 맛은 어느 집이나 비슷하다는 걸 알았다(식당에선 여러 가지 밀가루를 섞어서 쓸 수 있고 팬이 아닌 탄두르에 구울 수 있으니 맛이 달라질 수 있다). 매일 최소 세 번 먹는 것이라서 밀대와 반죽판은 닦아 쓰지 않아도 된다는 것도 알았다. 문화라고는 하지만 복잡한 의문이 따르는 식사 패턴도 발견했다. 저녁이면 술을 마시는 사람들이 있다. 집안 남자들의 문화인데, 그들은 충분히 술상을 즐긴 뒤에 밥을 찾는다. 그게 로티와 카레다. 그들이 만들지 않는다. 그리고 집안에는 그들이 술을 다 마실 때까지 기다려야 하는 사람이 있다.

　카잘 가족의 루디아나 집은 기차역·터미널·번화가가 있는 시내에서 10km쯤 떨어져 있다. 시내로 나가면 맥도널드·KFC·피자헛·도미노피자가 금방 눈에 띄지만, 시내버스도 다니지 않는 카잘의 집 근처에선 다바 찾기도 어렵다. 방문객인 나에게 방을 하나 내주었으니 시어머니와 한방을 쓰게 될 카잘에게 불편하지 않느냐 물었을 때 카잘은 "그건 인도 문화예요" 하고 답했고, 지켜보니 옆집에도 앞집에도 아이들에겐 항상 친할머니가 있었다. 카잘의 집 옥상으로 올라가면 소작이긴 하지만 과연 인도의 곡창 지대답게 집과 집 사이에 펼쳐진 푸른 밀밭이 한눈에 들어온다. 4월에 수확이 끝나면 바로 쌀을 심는 땅이다. 이러면 시골이 아닐까 생각했지만 카잘의 식구들은 대로가 있고 택시가 다니면 도시라고 한다. 관점에 따라 도시일 수도 아닐 수도 있는 곳에서 나는 2주를 보냈다. 일주일은 카잘과 함께 북인도의 가정 문화를 체험했고 남은 일주일은 시내로 나가 펀자브의 식당 문화를 살폈다. 도착한 날부터 느꼈던 예감은 적중했다. 나는 여길 몹시 그리워하게 될 것이다.

감자는 야채의 왕이야

알루 사브지
aloo sabzi

감 자 가 들 어 간 어 떤 카 레

◎◎◎ 카레가 인도 음식이라는 것을 모르는 사람은 드물다. 여기서 조금 더 나아가면 정작 인도에는 카레가 없다는 것을 알게 된다. 우리가 카레라고 생각하는 음식의 이름이 인도에선 다 다르기 때문이다.

이방인의 눈에는 비슷해 보이는 것에 저마다 다른 이름을 붙여주고 있으니 하나하나 이해하고 인지하는 게 어려울 수는 있겠다. 그러니 카레는 인도의 다채롭고 복잡한 음식 문화에 대한 별 존중 없이, 한 방에 쉽게 정리하려는 이방인의 성급한 태도가 만든 불완전한 표현일 수 있다. 단순해서 부르기 편할 수는 있어도 정확하지는 않다는 것이다. 방콕에서 활동하는 콜카타 출신의 유명한 셰프 가간 아난드도 인도의 카레를 허상이라 생각한다. "저는 카레와 같은 것이 세상에 없다는 것을 보여주고 싶습니다. 카레는 매우 영국적인 개념입니다."[23]

복잡하다고 해서 한 가지 이름으로 일괄하는 게 올바른 결정이었을까 하는 의문이 따르기는 하지만, 때에 따라서는 그 모든 음식을 묶어서 구분할 필요도 있다. 딱 한 번 카레라는 표현을 직접적으로 쓰는 곳을 봤다. 관광 인구가 없는 루디아나에서 어느 다바의 메뉴판이 밀전병·고기·음료·디저트 같은 갈래와 성격을 구분하기 위해 촉촉한 여러 가지 음식을 카레라는 항목에 모아두고 있었다. 이런 경우는 매우 드물다. 인도 사람들도 카레가 세계에서 어떻게 이해되는지 잘 알고 있으니 상식 범위에서 편의상 사용할 때가 있는 것뿐이다. 용어는 필요하다. 외국인이라면 인도의 밥상을 대강이나마 이해하기 위해서라도, 인도 사람이라면 식당의 메뉴판을 구성하기 위해서라도. 하지만 그들은 카레라고 거의 말하지 않는다. 그들에게 보다 가까운 표현은 따로 있다. 그레이비gravy다.

그레이비와 카레

그레이비는 중세 프랑스 요리책에서 나온 표현(gravé)이 영어로 변형된 것이다.[24] 고기가 익을 때 나오는 육즙으로 만드는 소스다.[25] 수분과 지방이 포함된다.[26] 밀가루를 섞어서 점성을 만들 수도 있다.[27] 덩어리 없이 매끄러운[28] 이 소스는 고기·감자·쌀로 만드는 요리에 동반된다.[29] 서구 사회의 여러 유명한 사전과 백과사전이 이렇게 정의하는 그레이비는 중심에 항상 고기가 있지만, 인도로 오면 고기 외 야채·콩·향신료·유제품·기름·물 등을 넣고 끓여 밥이나 밀전병과 먹기 좋게 만든 촉촉한 상태를 가리키는 말이 된다. 딱 우리가 생각하는 카레의 개념이다.

만약 북인도에서 고기로 그레이비를 만들어 요리를 완성한다면, 서양식 식단 관점에서 그건 그레이비소스를 끼얹은 스테이크가 아니라 고기를 넣고 푹 끓인 스튜에 가깝다. 머튼이 들어간 카레를 대개 이렇게 만든다. 그와 다르게 고기만 따로 탄두르에 구웠다가 나중에 얹는 경우도 있다. 물·식물성 재료·유제품 등으로 그레이비를 완성한 뒤에 구운 고기를 섞는 것이다. 대표적인 것은 버터 치킨이다. 그러나 북인도에는 고기 없는 그레이비가 훨씬 많다.

루디아나의 한 식당에서 치킨 티카와 난을 주문했을 때였다. 치킨 티카는 조각으로 자른 치킨과 야채를 꼬치에 끼워 점토 오븐에 구운 것이다. 주문이 끝나기가 무섭게 식당 직원이 무엇이라 되물었다. 힌디어로 혹은 펀자브어로, 무엇이든 내가 알아들을 수 없는 언어로 말했지만 카잘을 통해 북인도 주방에서 쓰는 몇 가지 용어를 익힌 덕분에 가장 중요한 단어 두 개가 들렸다. 하나는 수키sukhi였다. 건조하다는 뜻이다. 다른 하나는 그레이비였다. 내가 주문한 건 건조한 음식이니 그레이비가 있는 촉촉한 것을 더 시켜야 하지 않겠느냐고 뭘 모르는 외국인을 돕기 위해 물은 것이다. 이로써 카잘이 없는 환경에서 그 불완전한 소통으로 그레이비의 인도식 용례를 제대로 접했고, 북인도 사람들은 밀전병을 구운 고기처럼 건조한 음식과 먹지 않는다는 사실도 확인했다. 이처럼 그레이비는 인도 밥상 위에서 굉장히 많이 쓰는 표현이다. 그러나 그레이비는 카레와 같은 음식의 이름이 아니다. 음식의 상태를 가리킬 때 쓴다.

외국인들이 카레라고 여기는 인도 음식, 그러니까 인도 사람의 관점에서 그레이비가 있는 음식의 갈래는 실로 방대하다. 북인도로만 범위를 좁혀 봐도 콩을 많이 먹는 이 세계에서 강낭콩(라즈마)·완두(머터르)·병아리콩(촐레 혹은 찬나)·렌틸(달)로 만드는 카레의 이름이 각각 다르다. 이 경우 재료의 이름이 곧 음식의 이름이 된다. 사브지도 마찬가지다(인도 사람들은 사브지를 sabji 혹은 sabzi로 표기하는데, 카잘이 발음하는 것을 들어보면 '삽지'에 가깝다). 사브지는 야채이자 야채로 만드는 카레다. 그러나 야채로 만들지만 다른 이름으로 부르는 카레도 있다. 갓·무청·시금치 등 잎채소로 푸른 그레이비를 만들면 삭saag이라고 부른다. 요구르트 같은 산 성분과 콩가루를 섞어 그레이비를 만든 것은 카디kadhi라고 부른다. 카잘은 이 모든 음식을 다 구분하고 각각의 이름을 불러주면서 살아왔지만, 내 앞에서는 카레라는 표현을 자주 쓴다. 그것이 정확한 음식 이름이라서가 아니라 자신이 먹어온 음식을 내가 이해하는 걸 돕기 위해서만 쓰는 것이다. 나도 가급적 그런 용도로 카레라는 용어를 사용하고자 한다.

어쩌다 인도 바깥에 있는 사람들은 이 모든 것을 카레라고 퉁치게 됐을까. 이름이 알려지지 않은 네덜란드 모험가는 일찍이 동인도와 서인도를 여행한 뒤 1598년 영어로 기록을 남겼다. "국물이 있는 생선(fish)을 밥에 얹어 먹었다. 시큼했지만 좋은 맛이었고 그걸 카리엘carriel이라고 불렀다. 그들이 매일 먹는 고기(meat)였다." 그게 무엇이었는지 알 길은 없지만, 생선 요리이면서 고기 요리이기도 한 카리엘이 유럽 사회에 어느 정도 스며들어 귀에 익었기 때문인지 영국 동인도

회사(1600~1874) 관계자들이 남인도의 타밀족 상인과 거래하기 시작했을 때 그와 발음이 비슷한 음식을 인지했다. 카리kari다. 타밀족은 밥 위에 저마다 이름이 다른 "드레싱"을 얹어 먹었지만, 이방인의 눈에는 다 똑같이 보였는지 '카리'만 취했다. 17세기 포르투갈에서 나온 한 요리책에 카릴karil 이라는 표현이 있고 네덜란드에서는 카리에karie로 통했다는 것은 촉촉한 인도 음식을 카리라고 부르는 관행이 유럽에 꽤 번져 있었음을 보여준다.[30] 타밀의 밥상에서 카레라는 용어의 기원을 찾는 이 추적을 먼저 마친 홍지은의 책 『스파이시 인도』를 참고하면, 타밀어 사전에서 카리는 고기를 뜻한다. 그런데 고기를 안 먹는 타밀 성직자(브라만) 사회에서 카리는 야채다. 타밀족 사이에선 카스트에 따라 카리가 고기가 될 수도, 야채가 될 수도 있으니 이방인으로서는 좀 혼란스러울 수 있지만 카리의 범위는 식재료 이상으로 넓어 우리가 생각하는 카레의 의미에 부합한다. 고기를 쓰든 야채를 쓰든 "따밀나두에서는 국물 있게 끓인 음식을 통칭할 때 까리라는 단어를 쓰곤 한다."[31]

남인도의 카리kari가 어떤 이유에서 '커리curry'라는 영국식 표현으로 고착됐는지 정확하게 알 수는 없지만 중간 과정은 기록으로 남아 있다. 영국인 한나 글라세가 생계를 위해 썼다가 베스트셀러가 된 『요리의 예술(The Art of Cookery Made Plain and Easy)』(1747)은 기존의 요리책을 베껴 만든 논란의 출판물이기도 하지만, 최초의 영어 카레 레시피가 기록된 책으로 인정된다.[32] 책 속에는 "인도의 방식으로 커레이currey 만들기" 항목이 있다. 새와 토끼를 주재료로 한 커레이는 고기를 준비하고 양파를 다지고, 후추·쌀·고수의 씨앗(coriander seed)을 가루로 만들어 같이 끓이다가 버터와 호두를 넣으라 한다. 치킨으로 만든 것은 치킨을 조각내고 양파를 썰고, 갈면 맛이 좋아지는 생강·후추·강황을 넣고 한시간 반 끓이다가 크림과 레몬을 넣으라 한다.[33] 일반적인 인도 음식과 비교하면 향신료 사용이 꽤 적지만 이것은 전환의 조짐이다. 책이 나온 18세기는 영국의 밥상이 전형적인 유럽 식단에서 벗어나 인도의 조리법을 조금씩 받아들인 시기다. 18세기 영국에서 출간된 요리책 여섯 권에서 양념 재료 사용 횟수를 분석한 케빈 카터에 따르면 소금(300회)·레몬 제스트(198)·고추(158)·넛메그(120)·육두구(11)·파슬리(58)·시나몬(30)·생강(27)·정향(15) 순으로 언급됐다.[34] 중세 유럽이 찾은 새로운 무역의 활로는 후추로 시작하는 중동과 아시아산 향신료를 발견하고 거래한 경로다. 동인도회사 또한 인도의 자원을 바탕으로 국제 무역을 하면서 각종 향신료도 갖다 팔아 차차 밥상에 올렸다. 더 많은 향신료가 들어가는, 카레 파우더라는 영국령 인도산 히트 상품이 아직 나오기 전이었다. 그건 글라세의 커레이로부터 46년이 지나 1793년에 중산층을 대상으로 쓰인 요리책에서야 언급되는 개념이다.[35]

인도 밥상에서 쓰는 여러 단어 가운데 왜 카리에 꽂혔는지 조금은 알 것도 같다. 인도 밥상에는 카리와 발음이 비슷한 것이 많다. 남인도에 카리가 있다면 북인도에는 카디가 있다. 둘은 매우 다르지만 둘 다 밥과 먹기 좋은 그레이비 위주의 음식이다. 인도에는 카레 나무(curry tree)가 자란다. 열매로 카레가 열리는 것은 아니고, 월계수 잎처럼 잎을 말려 향신료로 쓰는데 남부에서 더 많이 쓴다. 지역에 따라 부르는 이름이 다르지만(karuveppilai, karapincha, kadi patta 등) 대체로 카레와 비슷한 발음이다. 인도·스리랑카·태국 등지에서 자라는 그 나무의 연구적 가치를 발견한 것도 유럽이다. 스웨덴 사람으로 독일에서 식물학 연구를 시작했다가 약초에 집중해 의학 교수가 된 요한 안드레아스 머레이(1740~1791)가 학명을 붙였다.[36] 카리 포디kari podi도 있다. 남인도 그레이비인 삼발sambal을 만들 때 쓰는 가루인데, 콩·고추·고수씨 등을 곱게 빻아 만들며 카레 잎도 종종 들어간다. 영어로 말하면 스파이스 믹스나 카레 파우더로 이해될 수 있겠고, 인도의 언어로 말하자면 마살라masala의 하나다. 그레이비 계열의 인도 음식에 딱 하나의 향신료만 들어가는 법은 없고 음식마다 쓰는 양과 조합이 다르니 쓰기 편하게 각종 향신료를 이상적인 비율로 섞어서 가루로 만든 것이다. 영어 사용자들은 이국의 맛이 나는 이 가루를 카리 포디나 마살라가 아닌 카레 파우더라고 불렀다. 그건 각 음식에 필요한 향신료 조합을 외우기 힘든 외국인에게 편하기도 했지만 그 이상의 의미가 있었다. 카레 파우더는 인도를 오간 항해자들이 가족을 위해 챙긴 선물,[37] 착취를 통해 카레에 적응을 마치고 어느새 맛을 들인 영국이 거래 가치를 파악하고 시장에 팔기 위해 붙인 제품의 이름이다. 1784년 영국의 한 신문에는 카레 파우더 광고가 실렸다. 성분에 대한 설명은 없지만 동인도에서 온 이 가루가 삶을 윤택하게 하고 건강에도 좋다면서 구매가 곧 수출업자와 중개 무역상을 장려한다는 내용으로 맺는다.[38]

그로부터 약 100년 뒤로 이어지는 카레의 역사는 한국과 관계가 좀 있다. 제국주의 열강은 아시아 대부분을 잠식한 뒤 19세기에 해군을 통해 일본으로 가 개국을 요구한다. 이것이 메이지 유신의 계기가 되어 일본은 1858년 영국 외 여러 유럽 국가와 통상 조약을 체결하고 자본주의 시대를 연다. 일본의 카레라이스는 이 역사 어딘가에 있고, 침략과 전쟁을 목적으로 양성해 뱃길로 내보낸 일본 해군을 통해 확산됐다.[39] 1872년 일본에서 나온 한 요리책에 카레라이스 레시피 기록이 남아 있다. 송아지 고기·밀가루·사과·유자가 들어가는데, 영국의 가이드를 참고하되 일본 풍토에 맞게 레몬을 유자로 대체한 것으로 보인다. 일본식 카레는 곧 프랑스의 루roux와 결합한다. 루는 서양 요리에서 소스나 수프를 만드는 기초 작업으로, 녹말과 버터를 섞어 끓여 점성을 만드는 것이다. 그렇게 변형된 일본의 카레라이스는 고급스러운 음식이었다. 조리법은 '서양식'인데 향은 색달랐고, 맛을 내는 데 시간이 걸리는 데다 영국에서 들여온 카레 파우더는 상류 사회의 전유물이었기 때문이다. 1931년 영국은 질 나쁜 성분으로 카레 가루를 만들어 일본에 싸게 팔다가 적발된다. 외교 문제로 비화한 이 스캔들로부터 일본 식품 기업인 S&B가 미래를 읽었다. 값싼 재료로 이국의 맛이 나게끔 만들어 팔 수 있다는 가능성을 본 것이다.[40] S&B 카레는 오늘날 한국의 마트에서 구할 수 있는 것이지만 당시 한국에선 해방 전후 일본에서 돌아온 사람들만 아는 것, 일본에 남아 있는 가족이 보내는 소포, 한국전쟁 이후에는 미국의 통조림과 같이 유통되는 수입품 비상식량이었다.[41] 이렇게 퍼진 끝에 한국에서 최초의 분말 카레 제품이 나왔다.[42] '오뚜기 즉석 카레(100g) 5인분'으로, 풍림상사가 1969년 설립과 동시에 선보인 첫 제품이다.[43] 그 기업은 이어서 '스프' '도마도케챂' '마요네스'를 출시한 뒤에 1973년 오뚜기 식품공업주식회사로 이름을 바꿨다.

카레는 일본식 발음(カレー, karê)을 음차한 것이다. 오늘날 한국 외식 문화에서 카레가 일본을 거쳐 한국화된 것이라면, 커리는 인도 정통 그레이비 계열의 음식으로 각각 다르게 인식된다고 생각한다. 2010년 국립국어원 온라인가나다가 제공한 외래어 표기 조언을 가져오려 한다. "'카레'의 원어는 'curry'이지만, '커리'가 아닌 '카레'로 적습니다. 맵고 향기로운 노란 향신료를 가리키는 말을 '카레'라고 부름에 따라 이렇게 쓰기로 정한 것입니다."[44] 기관은 언중보다 보수적이다. 2019년 "영어의 'curry'를 번역할 때, 맥락상 일본 카레가 아닌 동남아나 인도의 커리를 말하는 것인데, 똑같이 카레라고도 부르면 개념 차이가 없을까요?" 하는 한 사용자의 질문에 대해 국립국어원은 "'커리'와 '카레'는 의미의 차이가 없는 것으로 풀이하고 있으며 규범 표기는 '카레'로 제시되어 있음을 참고하시기 바랍니다"라고[45] 9년 전과 비슷하게

답변했다. 카레 외에도 수많은 외래어와 외국어가 쏟아지는 이 책은 최소한의 기준이 마련되어야 한다는 판단하에 국립 국어원의 규범 표기를 택했다.

마살라의 세계

일본에서는 1969년 레토르트 카레가 출시되었다고 한 다.[46] '3분 카레'는 오뚜기에서 1981년 처음 나왔다.[47] 서구에 도 냉동부터 레토르트까지 카레 페이스트 식품이 많다. 그 렇게 편한 것이 있기 전에 더 수월하게 유통할 수 있는 카레 가루가 있었다. 인도에서 더 많이 쓰는 표현은 마살라다. 앞 서 적은 것처럼 각종 향신료를 일정한 비율로 섞고 빻은 것 이다. 그러니 오뚜기 분말 카레도 인도 사람 입장에서는 마 살라다. 오뚜기 마살라 혹은 코리안 마살라, 아니면 카레라 이스 마살라라고 해야 할까. 인도의 일반적인 마살라는 오 뚜기보다 훨씬 다양한 향신료를 쓰기에 맛과 향이 더 강하 지만 주요 구성은 비슷하다. 오뚜기 카레의 뒷면을 펼치면 강황·고수 씨·커민·페뉴그릭·회향씨(fennel) 등이 들어 있다 고 쓰여 있다.

마살라 영화(masala film)라는 표현이 있다. 인도 영화계에선 그냥 마살라라고 부른다. 우리가 발리우드 영화로 알고 있는 것, 그리고 여러 장르 가운데 인도 극장가에서 가장 인기가 많은 것이다. 코미디·로맨스·액션·드라마·뮤지컬 등 여러 장르가 섞여 있는 정신없는 영화다. 이것저것 섞어도 도식이 있다. 결혼식이나 축제가 거의 항상 나온다. 늘 축제 한복판에서 노래를 하고 춤을 춘다. 이성 간의 사랑과 고난이 있고 결국 극복돼 해피엔딩이다. 마살라 영화는 여러 장르를 혼합해 정신없고 떠들썩한 인도의 색채를 잘 보여준다. 인도 영화는 그것만이 아니지만 어느새 여기 길들여져 요란한 춤과 노래, 혹은 과장된 소동이 안 나오면 어쩐지 허전하게 느껴지는데, 나는 그것이 마살라의 본질이라고 생각한다. 여러 가지 요소를 잔뜩 섞은 것, 그리고 자극적인 것.

가장 널리 쓰는 마살라는 가람 마살라garam masala다. 가람은 힌디어로 뜨겁다는 뜻이다. 카잘은 많이 먹으면 속이 뜨거워져서 붙은 이름이라 설명하는데, 기원전 인도의 의학 체계인 아유르베다Ayurveda에서도 가람을 똑같이 말했다. 몸을 뜨겁게 하는 것.[48] 가람 마살라는 회향·후추·시나몬·카다멈·커민·고수씨·육두구(mace)·정향(clove) 등으로 구성된다. 가람 마살라는 사용의 폭이 대단히 넓어 인도 음식에 어느 정도 익숙해지면 맛과 색으로 감별된다. 어떤 다바에서는 사이드메뉴로 가람 마살라를 뿌린 싱싱한 야채를 줬다. 조금 비싼 생선 튀김을 먹었을 때도, 거리에서 옥수수와 고구마를 먹었을 때도 가람 마살라는 토핑이었다. 다 잘 먹었지만 피자집에서 마살라 콜라를 주문했을 땐 좀 힘들었다. 콜라에 용해될 수 없는 가루가 흩날렸다. 콜라에 후추를 왕창 뿌린 느낌이랄까. 그런 콜라를 마시는 인구는 인도에서조차도 많지 않은 것 같다. 루디아나 시내에서 만나 피자를 나눈 야시카와 야시카의 친구도 그게 뭔지는 알지만 마셔본 적 없다고 한다. 그들이 현명했다.

5년 전 카잘 가족과 막 인연을 맺었을 때 나는 마살라가 무엇인지 조금은 알고 있었다. 인도 카레의 맛과 향을 내는 향신료 조합이라는 것까지만 알았다. 그런 제한된 지식으로 마살라를 매우 신성시했다. 제육볶음과 불고기의 양념이 식당마다 다르고 가정마다 다른 것처럼 카레의 맛도 늘 같지 않을 테니 각 가정에서 전수되고 식당은 비밀에 부쳐두는 고귀한 노하우라고 생각한 것이다. 야시카가 찬물을 끼얹었다. "그거 조미료예요." 카잘도 똑같이 생각하고, 직접 향신료를 배합하고 갈아서 "의심스럽지 않은" 가람 마살라를 만들어 적게 사용한다. "파는 거랑 똑같은 재료로 만드는데, 집에서 하면 맛도 다르지만 색도 달라요. 공장에서 나온 거면 화학적인 것이 섞였을지도 모르죠." 카잘처럼 주방에서 만드는 가정 요리사가 적지 않으니 집집마다 마살라의 맛은 물론 음식 맛도 조금씩 다를 수 있지만, 사실 마살라는 공산품 형태로 동네 슈퍼마켓부터 마트에까지 다 있어 음식의 맛을 어느 정도 표준화한다. 그렇게 구하기 쉬우니 카레는 물론 길 위의 옥수수부터 피자헛의 콜리까지 어디에든 뿌려지는 것이고, 밖에서 먹을수록 더 많이 먹게 되어 결국 맛이 기억되는 것이다. 아무리 천연 성분 위주로 만든다 해도 많이 쓰면 몸에 좋을 것이 없다. 카잘 말처럼 속이 뜨거워지고 음식 맛도 다 똑같아진다. "가람 마살라는 자극적이에요. 많이 쓰면 재료 맛이 안 나요. 어떤 인도 사람들은 그 맛으로 먹는다고 생각하고 팍팍 넣지만요."

가람 마살라는 인도의 여러 음식에 두루 활용되는 가장 보편적인 마살라일 뿐이다. 인도 사람들이 각 음식마다 이상적이라고 여기는 향신료 구성이 따로 있고, 그러니 가람 마살라 말고도 수없이 많은 마살라가 있다. 대체로 음식 이름을 따른다. 차트 마살라chaat masala라면 거리에서 먹는 간식에 뿌리는 것인데(차트가 간식이다) 망고 파우더가 많이 들어가 신맛이 난다. 티 마살라라면 차이를 만들 때 넣는 것, 탄두리 마살라라면 탄두르에 고기나 야채를 구울 때 쓰는 것이다. 카잘처럼 집에서 직접 만들 수도 있지만 식품 공장은 그보다 효율적으로 돌아가기 마련이니 마치 라면 수프처럼 한 번 요리하고 끝낼 소포장부터 카레는 물론 구이와 음료에 쓰는 것까지 브랜드별로 다양하게 시장에 나와 있다. 인도 사람들은 그 비밀스럽지 않은 가루를 마치 소금과 후추처럼, 혹은 양념처럼 쓴다. 남인도와 북인도의 식단이 다른 것처럼 마살라를 만드는 방식도 지역마다 다를 수 있다. 앞서 소개한 카리 포디는 남인도 마살라다. 콩이 들어간다. 북인도 마살라에는 콩을 쓰지 않는다. 씨앗이나 뿌리를 말린 향신료 위주로 구성된다.

마살라는 재료나 성분을 뜻하는 아랍어(maṣāliḥ)와 발음이 비슷해 이를 어원으로 본다.[49] 마살라만 가지고 만드는 음식은 없지만, 인도는 물론 그와 밀접한 나라의 식단에서 마살라가 얼마나 중요한지를 보여주는 말의 뿌리라고 생각한다. 그 뿌리를 따라가면 향신료의 역사가 있다. 16~17세기 서양 세력의 향신료 전쟁을 다룬 잭 터너의 『스파이스』는 유프라테스강 주변에서 발견된 정향을 명확한 증거가 있는 인류 초기의 향신료로 언급한다. 이는 캘리포니아 대학에서 두 명의 박사가 이끈 연구팀(1976~1984)이 고대 도시 테르카 Terqa(지금의 시리아 땅)를 발굴하면서 얻은 성과다. 그들은 기원전 1750~1500년 사이 이 땅을 다스린 왕 열세 명과 민간인의 이름 300개 이상을 알아냈다. 답사를 통해 발견한 여러 유물 가운데 하나는 문자를 새긴 점토판이었고, 그게 지금의 집문서나 통장과 같은 역할을 해 신상과 거래 기록이 남아 있었기 때문이다. 연구팀은 현지 조사를 이어가면서 푸주룸Puzurum이라는 사람의 집에 불이 났다는 것까지 알아냈는데, 화재에도 불구하고 몇 점의 주방 도구와 그릇에 담긴 정향은 지금까지 식별 가능한 상태로 보존되어 있었다.[50] 그 소중한 정향은 기원전 1721년 이전에 쓴 재료로 추정된다.[51] 점토판 기록에 따르면 푸주룸은 부자도 아니었고 무역상도 아니었다.[52] 정향은 고대 인도 서사시 『라마야나』(기원전 7~4세기 추정)에서도 등장한다.[53] 그보다 일찍 수슈루타Sushruta라는 인도의 전설 속 의사는 기원전 2500년 카다멈·시나몬·후추·강황을 언급했다고 한다.[54]

그런 향신료로 만든 더 오랜 음식에 대한 연구 결과가 비교적 최근에 나왔다. 밴쿠버 워싱턴 대학의 고고학자 아루니마 카시얍과 스티브 웨버는 2010년과[55] 2013년[56] 인더스 문명의 식문화를 연구한 결과를 발표했다. 고대 도시 파르마나Farmana(기원전 3000 전후, 현재 하리아나)의 토양을 조사하면서 동물의 뼈와 함께 콩·기장·보리·밀의 씨앗을 발견해 고대 식단의 대략적인 그림을 그렸고, 그릇을 발견했을 땐 그 릇에 말라붙은 녹말을 분석했다. 녹말은 식물이 에너지를 저장하는 주된 방법이며 극소량은 변질된 뒤에도 현미경으로 관찰된다. 불에 구워 원재료의 조직이 파괴됐을지라도 식별 가능한 분자 흔적이 남는다는 것이다. 이 연구로 발견한 성분은 생강과 강황이다. 연구자들은 밴쿠버로 돌아와 생강과 강황을 써서 카레를 만들고 같은 분석법을 적용한 결과 분자 구조가 일치한다는 것을 확인했다. 파키스탄과 인도 국경에 흔적이 있는 고대 도시 하라파Harappa를 연구했을 땐 소의 이빨에서 비슷한 성분을 발견했다. 오늘날의 인도 가정에서도 식물성 음식이 남으면 거리의 소에게 준다. 소는 먼 옛날 문명이 싹트기 시작한 인도 땅에서도 존중받는 생명이었다는 뜻으로 해석할 수 있겠다.[57]

마트를 여러 번 갔지만 식초를 자주 보지 못했다. 외국산 식재료 코너에서나 보았다. 그렇다고 인도 사람들이 신맛의 매력을 모르는 것은 아니다. 그건 보다 싱그러운 레몬과 토마토가 낼 수 있는 맛이고 요구르트 또한 카레의 그레이비가 될 수 있다. 신맛이 나는 마살라를 써도 된다. 내가 관찰한 것으로만 한정하자면, 인더스 문명의 후예인 북인도 사람들은 로티나 난 같은 플레인 밀전병과 플레인 라씨를 만들 때만 빼고 항상 향신료나 마살라를 쓴다. 플레인으로 만들 때만 그렇고, 밀전병이든 라씨든 언제든 향신료와 마살라를 더해 변주할 수 있다. 마살라는 카레의 그레이비를 만들 때 가장 적극적으로 사용된다. 마살라는 이른바 '인도 맛'의 핵심이지만 인도 사람들은 그것만 가지고는 부족하다고 여기는 것 같다. 한국 사람이 편마늘을 볶으면서 조리를 시작했다가 다진 마늘을 또 넣는 것과 비슷할까. 그들은 마살라의 원형부터 다룬다. 우리가 카레라고 부르는 것을 만들 때면 그들은 가장 먼저 여러 가지 향신료를 기름에 볶는다. 그런 뒤에 물과 야채가 만나 그레이비가 어느 정도 형성되면 그때 마살라를 추가한다. 그것은 현대의 집요한 연구에 따르면 기원전 1700년대 유프라테스강 주변에서 누구나 쓰던 재료고, 기원전 3000년 전후에 인간이 소와 함께 나눈 음식 문화다.

감자가 왕이야

영화 「아비 센의 구직 여행」(2015)에는 어쩌다 일일 교사가 된 주인공 아비 센이 아이들에게 알파벳을 가르치는 장면이 있다. A로 시작하는 단어를 묻자 아이들은 알루라고 답한다. 그는 그런 힌디어가 아니라 애플 같은 영단어를 답으로 원하지만, 오답 속에도 진실은 있다. 알루는 감자다. 펀자브 사람처럼 세상 어디에나 있는 것, 그래서 영화에도 있고 교실에도 있으며 아이들의 입맛과도 가까운 것이다.

카잘은 "인도에서 감자는 야채의 왕"이라고 단언한다. 감자는 북인도에서 파라타·푸리·쿨차 같은 밀전병에, 덤 알루dum aloo·알루 머터르aloo mutter·알루 찬나aloo chana 같은 카레에 들어간다. 주식 말고도 감자의 쓰임새는 광범위하다. 알루 티키aloo tikki는 으깬 감자를 부친 길거리 음식이면서 채식 인구가 많은 인도에서 햄버거의 기본형을 이루는 패티다. 알루 파파드aloo papad는 으깬 감자를 칩처럼 얇게 눌러 튀긴 과자다. 사모사는 밀가루 반죽 안에 으깬 감자를 넣고 튀긴 파이다. 다른 나라에서도 많이 먹는 사모사는 고기부터 생선까지 여러 가지 재료를 소로 쓸 수 있지만 인도 사모사의 표준은 감자다.

인도의 어린이는 식탁 바깥에서도 감자가 얼마나 중요한 야채인지를 깨우치면서 자란다. 카잘이 어린 날 익힌 '감자 동요'가 있다. "감자가 잘난 척하는 노래"로, 가사는 '내가 들어간 음식이라면 너는 다 먹게 된다'는 내용이다. 감자 노래는 그것 말고도 많다. 귀여운 영어 가사에 중독성 있는 멜로디까지 갖춘 이른바 '훅송'도 하나 있어 나누고 싶어진다.

"감자야 정말 고마워. 너는 모든 음식을 완벽하게 해. 지구는 둥글지, 감자를 닮았으니까. 생김새도 완벽한데 비싸지도 않아. 부유한 사람도 먹고 가난한 사람도 먹지. 대통령부터 영화배우까지 먹는 게 감자야. 감자 네가 정치를 하면 어떨까? 배트맨과 슈퍼맨 같은 히어로도 감자 요리를 하잖아."[58] 카잘이 어린 날 교실에서 펼친 책엔 농불의 왕이 사자라면 야채의 왕은 감자라고 쓰여 있었다. 동화책이 아닌 교과서에. 이제는 아이를 위해 교과서를 열어 봐야 하는 카잘에게 감자는 치킨만큼이나 갈등 없이 먹일 수 있는 편한 재료다. "애들은 야채 안 먹죠. 그래도 감자는 먹어요." 한국에서 태어나고 자란 하빈이는 인도 음식을 썩 좋아하지 않지만 카레를 하면 다른 야채는 건져내도 감자는 먹는다.

북인도에서 감자로 만드는 가장 보편적인 카레는 알루 사브지다. 사브지는 야채다. 혹은 야채로 그레이비를 만든 음식을 부르는 이름이다. 가장 많이 선택되는 야채는 감자다. "감자가 야채의 왕이니까요. 사브지의 왕도 감자니까요." 한국 사람들은 카레를 할 때 대체로 날감자를 썰어 바로 국물에 넣지만, 북인도에서 알루 사브지를 할 땐 그레이비와 감자를 따로 준비하는 경우가 많다. 삶은 감자를 대강 으깨서 나중에 그레이비와 섞으면 덩어리는 부드럽게 씹힌다. 으깨

져 퍼진 감자는 그레이비를 묵직하게 한다. 그렇게 만든 사
브지는 보통 가정에서 먹는다. 외식이 될 수야 있지만 그리
거창한 것이 아니라서 다바나 그보다 비싼 식당(북인도에서는
이런 식당을 그냥 레스토랑이라고 부른다) 말고 길에서 싸게 먹는
음식이고, 튀긴 밀전병인 푸리와 궁합이 좋다고 여긴다. 카
잘과 함께 루디아나에서 그런 식당에 다녀왔다. 테이블은 있
지만 의자는 없고, 밥값은 인당 70루피였다(약 1,100원). 두
장의 푸리와 두 가지 사브지를 받았다. 식단의 중심은 사브
지가 아니라 푸리다. 가격도 푸리의 가치로 책정된다. 푸리
는 더 먹으려면 35루피를 내야 하지만 사브지는 더 달라고
하면 그냥 준다. 이런 곳은 보통 한두 가지 음식만 하고, 다
바라고 부르지 않는다. 그냥 간판에 붙은 이름으로만(주로 사
장님 이름으로) 부르는 저렴한 식당이다.

주문하고 받은 사브지를 살펴보니 감자 말고도 병아리콩
이 들어 있었다. 이건 알루 사브지라기보다는 알루 찬나로
보는 게 맞지 않을까 싶어 감자와 병아리콩의 조합이 일반적
인가를 카잘에게 물었더니 "감자만 가지고 사브지 해서 팔
면 욕해요" 한다. 역시 푸리로 값을 매기는 비슷한 식당에
갔을 땐 순수한 알루 사브지 외에 병아리콩 카레가 주어졌
고, 직원은 더 퍼 줄 수 있으니 언제든 더 먹으라고 권했다.

알루 사브지 |aloo sabzi

사브지는 야채다. 혹은 야채 카레다. 사브지를 할 때 가장 많이 선택되는 야채는 감자다. 카잘은 인도에서 감자는 야채의 왕이라고 말한다. 사진 속에서 노란 것이 알루 사브지고, 붉은 것은 찬나 혹은 촐레라고 부르는 병아리콩 카레다. 두 음식 모두 푸리와 궁합이 좋다. 탈리 80루피.

식당정보 Kanha Sweet | Opp. BBK DAV College, Dayanand Nagar, Amritsar, Punjab 143001

이렇듯 중심에 푸리가 있을 때 감자와 병아리콩은 자주 붙어 다닌다. 둘 말고도 눈에 잘 보이지 않는 다른 재료도 많이 들어간다. 카잘은 알루 사브지를 할 때 몇 가지 향신료를 볶으면서 시작한다. 이어서 마늘·생강·토마토·양파를 볶다가 가람 마살라를 넣는다. 이 네 가지 야채는 북인도 그레이비의 핵심적인 재료다. 그런 뒤에 감자를 넣고 때에 따라 콩을 추가하면 완성이다.

수키 사브지sukhi sabzi도 많이 먹는다. 수키는 펀자브 사람들이 빨래가 말랐을 때도 쓰는 표현이다. 펀자브어로 건조하다는 뜻이다. 수키 사브지는 전혀 카레처럼 보이지 않는다. 감자가 주재료일 땐 한국인의 눈에 감자조림에 가깝다. 인도 사람들의 문법으로는 그레이비가 없는 것이다. 수키 사브지에도 감자와 그 밖에 다양한 야채가 들어갈 수 있지만 기준이 있다. "그냥 사브지를 할 땐 토마토를 네 개 써요. 물만 가지고는 그레이비가 안 나오니까요. 수키를 할 땐 한 개만 써도 돼요." 북인도 사람들이 생각하는 이상적인 궁합을 따라 수분이 별로 없는 야채가 선택되는 것이다. 감자에 피망(aloo capsicum), 콜리플라워(aloo gobi), 콩 줄기(aloo phali)를 섞어 요리하면 반드시 건조한 결과가 나온다. "식당 메뉴판에 알루 캡시쿰·알루 고비·알루 팔리가 있으면 그건 그

알루 찬나 aloo chana

알루 사브지에 병아리콩을 넣을 수 있다. 그러면 이름이 알루 찬나가 된다. 알루 사브지와
마찬가지로 푸리와 함께 먹는 것이 보편적이다. 알루 찬나 옆에 있는 것은 샐러드와 수키
사브지다. 수키 사브지는 흥건하지 않은 야채 카레다. 탈리 70루피.

식당정보 Pt Pirati Di Hatti | Near Dhandi Swami Chowk, Dandi Swami Mandir, Civil
Lines, Ludhiana, Punjab 141001

레이비가 없는 거예요. 인도 사람들은 다 그렇게 알고 시켜요. 국물이 없기 때문에 다른 카레나 요구르트랑 같이 먹는 게 좋아요." 반면 감자와 콩이 만났을 때는 촉촉하게 만드는 것이 조화롭다. 완두를 넣은 알루 머터르, 병아리콩을 넣은 알루 찬나가 대표적이다. 이처럼 사브지에 주재료가 두 가지 이상 들어가면 사브지라는 표현이 빠지고 재료를 부각한 이름으로 바뀐다. 카레라는 포괄적인 용어가 필요했던 이유가 조금은 짐작된다.

　이제는 감자 없는 인도 식단을 상상하기 어렵지만 인도 감자의 역사는 그리 오래되지 않았다. 그건 지배자가 다녀간 흔적이다. 13세기 말 이탈리아의 마르코 폴로가 원나라에 다녀온 뒤로 유럽은 목적이 분명한 여행에 눈을 뜨고, 조선술의 발달과 나침반의 활용으로 원양 항해가 가능해지면서 15세기에는 포르투갈과 에스파냐를 주축으로 신항로를 개척하는 대항해 시대가 열린다. 콜럼버스와 마젤란 같은 인명이 등장하는 시대, 땅·물자·노예 등 새로운 수탈 자원을 찾은 덕에 무역의 무대가 지중해에서 대서양으로 이동하면서 경제 규모가 달라져 자본주의의 토대가 마련된 시대다. 이때 에스파냐는 아메리카를(브라질 제외), 포르투갈은 아시아를 (필리핀 제외) 세력 범위로 삼았는데, 1498년 포르투갈의 바스코 다 가마(1469~1524)는 캘리컷Calicut(지금의 케랄라 코지코드Kozhikode)에 도착해 인도의 물품을 샀다. 공정한 거래는 오래가지 않았다. 의견 차이로 희생자가 발생하자 포르투갈은 훈련된 군대와 무기를 바탕으로 상대를 제압해 한쪽에만 유리한 조약을 맺었다. 이렇게 시작된 지배의 역사를 포르투갈 인도(1505~1961)라고 부른다. 1510년 포르투갈 총독부의 수도는 고아Goa가 됐고 인도 아대륙의 해안가 대부분을 차지했다. 고아는 인도의 다른 주에 비해 영토가 굉장히 작다. 1947년 인도가 영국으로부터 독립한 뒤까지도 포르투갈이 돌려주지 않은 땅이었다. 이처럼 인도를 가지고 무역의 패권을 다툰 나라는 영국만이 아니다. 네덜란드·프랑스·덴마크 등도 같은 목적으로 인도를 다녀갔다.

포르투갈이 인도에 남긴 것 중 하나는 종교다. 인도의 기독교도는 전체 인구의 2.3%에 지나지 않지만, 나갈랜드(87.93%)·미조람(87.16%)·메갈라야(74.59%) 등 동쪽 내륙 산간 지방으로 가면 과반이 넘는 주가 많다. 소수 민족을 대상으로 선교 활동을 벌인 결과다. 포르투갈의 직접적인 영향이 남아 있는 서쪽 해안가의 고아(25.10%)와 케랄라(18.38%)에도 유의미한 기독교 인구가 있다. 기독교 교리는 육식을 제한하지 않는다. 뭄바이에서 만난 힌두교도와 기독교도가 결혼하는 과정을 다룬 영화 「사랑은 아파트를 타고」(2018) 속 상견례는 두 집안의 문화 차이를 잘 보여준다. "우리는 엄격한 채식주의자거든." "네, 우리는 철저한 육식주의자예요." 한국의 인도 식당에서 쉽게 접할 수 있는 빈달루vindaloo는 당시 포르투갈인이 먹던 와인과 마늘에 절인 요리(carne de vinha d'alhos)가 고아에서 굳은 표현이다. 여러 고기를 쓸 수 있지만 과거 지배 권력의 입맛을 따라 돼지고기도 허용되는 카레다. 음식뿐 아니라 식재료도 남았다. 고추가 전해져 긴 세월 후추로 충분했던 인도의 매콤한 밥상에 자극을 더할 수 있게 됐다. 확실치는 않지만 단맛도 있다. 인도에선 디저트와 차이를 만들 때 설탕 말고도 재거리jaggery를 많이 쓴다. 사탕수수나 야자의 수액을 증류해 정제 과정 없이 거칠게 굳힌 것이다. 고대 인도에서부터 먹은 것이라는 주장이 우세하지만 포르투갈에서 들인 것이라고 보는 시각도 있다. 2005~2006년 인도가 재거리를 가장 많이 판 해외 시장은 포르투갈이었고 규모는 4.5억 루피였다.[59]

당시 지배 계급이 바타타batata라고 부르던 감자도 포르투갈이 처음 씨를 뿌린 것이다. 17세기에 서인도 해안가에서 경작을 시작했지만 그때는 인기가 없었다가 18세기 영국인 무역상을 통해 동인도 벵골에서 널리 재배되었고 차차 북상

했다.[60] 감자는 어디서나 잘 자라는 작물이고 요리 유연성이 높으며 주식이 될 수도 있으니 인도에 만연한 흉작과 기근 문제를 감자로 풀어보려 한 것이다. 영국은 공짜로 씨앗을 뿌리는 한편 소작농에게 배당금을 지급하고 운송에 따르는 세금을 면제하는 등 다양한 지원을 했는데, 한 식품 역사학자는 이를 두고 당시 지배 엘리트가 대중의 행복을 정부의 가장 중요한 목표로 이해하고 벌인 프로젝트라고 썼다.[61] 감자는 그들이 인도를 지배할 권리는 물론 도덕적 우위까지 얻는 명분이 되었지만 대중의 행복을 보장했는지는 매우 의문스럽고 기대와 달리 주식을 대체하지도 못했다.[62] 야채의 왕이 되었을 뿐이다. 감자로 시작한 농업의 현대화로 콜리플라워·오크라·토마토도 소개됐지만 19세기만 해도 영국인 취향으로 설계한 호텔과 식당에서 중산층만이 접하는 식재료였다.[63] 1961년 인도에서 1인당 연간 감자 소비량은 5kg 이하였다. 2017년에는 25.5kg를 먹었다.[64] 현재 인도에서 감자를 안 먹는 인구는 종교적인 이유에서 뿌리채소를 거부하는 일부 자이나교도가 전부일지 모른다.

카잘에게 곁다리로 고구마의 위상을 물었다. 먹긴 하지만 감자만큼은 아니다. 고구마로 사브지를 하는 사람도 있기는 하지만 식당은 물론 가정에서도 굉장히 드물다. 고구마는 주로 축제 기간에 먹는다(그 기간에 감자는 더 많이 먹는다). 인도에서도 한국과 마찬가지로 보통 삶아 먹긴 하는데, 조리하는 방식이 좀 재미있다고 생각했다. 설탕을 넣고 삶는다. 가정에서 고구마를 삶는 건 확인하지 못했다. 대신 인도에서 고구마는 길거리 음식이라는 걸 알았다. 군고구마를 파는 사람이 많다. 하나 달라고 하면 자른 뒤에 레몬즙·소금·가람 마살라를 뿌려 준다. 그레이비나 요구르트를 올려 줄 수도 있다. 정말 인도답다.

한국 카레 인도 카레

카잘이 루디아나 집에 도착해 푼 짐 안에는 내게 익숙한 식재료가 많았다. 고추장·고춧가루·된장·라면·떡볶이 떡·어묵·한국 쌀이었다. 이건 이 여행을 함께하는 한국 사람을 위한 것인데, 그 한국 사람이 나와 이범학은 아니다. 이런 재료로 만드는 한국 음식을 그리워하거나 필요로 하는 이들이 있다. 한국에서 5년 생활한 카잘의 첫째 야시카, 그리고 언젠가 크게 탈이 난 뒤로 인도 음식은 거의 입에 대지 않는 하빈이다. 부모의 원국가가 인도일 뿐 둘 다 한국 국적자다. 야시카는 엄마가 가져온 재료로 라볶이를 만들어 계란까지 넣고 야무지게 먹었다. 하빈이는 늘 밥을 따로 먹었다. 이 여행에 동참한 모두가 인도 음식을 먹는 동안 하빈이만 한국밥을 먹었다. 부모가 챙겨야 할 일이란 이렇게나 많다.

카잘의 가방 속에서 나온 식재료 가운데에는 뜬금없게도 오뚜기 카레 분말도 있었다. 그걸 보고 빵 터진 나와 이범학을 보고 카잘이 말한다. "쟤, 인도 카레는 안 먹어요. 근데 오뚜기 카레는 잘 먹어요. 그건 한국 음식이니까요." 그건 나도 만들 수 있는 것이고 나의 동반자인 이범학도 잘하는 것이다. 한국인 이범학이 인도의 가정집 주방에서 갑자기 요리사가 되었다. 그는 감자·당근·피망·마늘을 다듬어 버터에 볶고 물과 우유를 부어 전형적인 한국식 카레를 만들면서 왜 카잘이 카레 가루를 챙겨 왔는지 알 것 같다고 말했다. 야채는 어디서나 구할 수 있다. 우유와 버터도 비슷할 것이다. 그러나 여러 차례 간을 보면서 말하기를 맛은 한국에서 먹던 것과 조금 다르다고 했다. 야채가 자란 풍토가 달라서 카레의 맛에도 영향을 줬다는 것이다. 나는 차이를 느끼지 못했다. 아이 밥 빼앗아 먹는 몰염치한 어른이고 싶지 않아서 살짝 맛만 봤기 때문인지도 모른다. 그렇게만 먹었을 뿐인데도 갑자기 집 생각이 났다. 촌스러운 한국인. 그 한국 카레를 시크샤도 조금 먹었다. 그것만 가지고는 '인도 맛'이

나지 않는다고 생각했는지 요구르트를 잔뜩 부어서.

카잘 가족과 함께 있는 동안 야채를 자주 샀다. 한집에 카잘의 가족부터 나의 가족까지 일곱 명이 있으니 끼니때마다 밥을 해야 하고 많이 해야 했다. 카잘 가족의 일부는 고기를 먹지만 주방에서 더 많은 시간을 보내는 사람은 종교적인 이유에서 거리를 둔다. 누구나 먹는 야채는 때가 되면 인도 가정에 자연스럽게 찾아온다. 집에 있으면 "콜리플라워 있어요" "당근 있어요"로 짐작되는 소리가 들린다. 리어카에 각종 야채를 실은 사브지왈라가 지나가는 것이다. 왈라^{wala}는 힌디어로 무엇을 직업적으로 하는 사람을 뜻한다. 차이를 팔면 차이왈라다. 빨래가 직업이면 도비왈라다. 도시락을 배달하면 다바왈라다.

카잘의 루디아나 집에 머무는 동안 옥상에서 꽤 많은 시간을 보냈다. 1~2월이었다. 델리부터 펀자브까지 인도 중북부의 평균 기온이 13~14℃쯤 되는 때다. 파카나 스카프 없는 일과를 상상할 수 없을 만큼 공기가 차다. 가옥은 대체로 천장이 높고 바닥은 대리석이며 빛 잘 들어오지 않는데, 40℃가 넘는 길고 가혹한 여름에 적합한 구조겠지만 겨울은 좀 힘드니 집에 머무는 시간이 긴 사람은 빛을 따라 밖으로 나간다. 현관 앞에 의자를 두고 앉아 있거나 옥상의 평상으로 간다. 옥상은 많은 일이 이루어지는 장소다. 가족의 일부가 일터와 학교로 가 고요해졌을 때 집에 남은 이는 차이 한 잔을 들고 올라와 휴식을 취한다. 밥도 탈리에 담아서 가지고 올라와 먹는다. 집안일의 일부도 거기서 한다. 아침 일찍 마친 빨래를 따뜻한 햇살 아래에서 말리고, 다음 끼니를 준비하면서 야채를 다듬기도 한다. 옆집과 앞집의 삶을 살펴볼 수 있는 곳도 옥상이다. 옥상에 올라와 있으면 많은 것을 알게 된다. 이웃의 식솔이 몇인지, 저녁 밥상엔 무엇이 올라올지, 그들이 어떤 신을 믿는지를. 나는 그런 탁 트인 옥상을 사랑했다. 처음 오른 순간부터 내가 이 옥상을 앞으로 꽤 오래 그리워하리라는 걸 알았다.

옥상에 가려는 나를 붙잡고 사브지왈라가 지나가면 알려달라고 카잘이 부탁한 적이 있다. 매일 옥상에서 시간을 보내면서 야채부터 과일까지, 가스부터 잡화까지 각각의 짐을 리어카에 싣고 세일즈를 하는 숱한 왈라를 봤지만 그들은 이상하게도 늘 필요할 때 바로바로 나타나지 않는 존재들이다. 두어 시간쯤 기다리다가 나는 밥값을 하러 나섰다. 10분쯤 걸었더니 야채 가게가 나오길래 카잘이 부탁한 대로 감자·당근·완두를 500g씩 샀다. 이 정도를 사면 야채 가게는 항상 서비스를 챙겨 준다. 고수 반 단과 고추 대여섯 개를 받았다. 고작 천 원어치 야채를 샀더니 주어진 덤이다. 그날 복잡한 마음으로 한국 마트 애플리케이션을 열었다. 완두는 한국에서 철이 아니니 있지도 않고 겨울 야채는 늘 비싸 감자 100g은 500원이고 당근 100g은 600원이었다. 야채가 너무 비싼 한국이 문제일까, 너무 싼 인도가 문제일까.

야채를 사 왔더니 야시카한테 시키면 될 걸 가지고 왜 그런 수고를 했느냐면서 카잘은 타박을 한다. 카잘 말에 따르면 인도 사람들은 좀처럼 걷지 않는다. 관찰해보니 정말 그렇다. 시내로 나가면 차도와 인도의 경계는 희미하고, 탈것의 종류와 수는 상당히 많지만 보행자는 매우 적다. 마을로 가도 경적을 울리며 골목을 가로지르는 오토바이는 참 많지만 걷는 사람은 적다. 역시 오토바이 운전자인 열여덟 살 야시카는 알려주지도 않은 야채 가게에 어떻게 가서 사 왔느냐고 토끼눈을 한다. 내가 즐거운 모험이라고 생각하는 모든 것이 그들에겐 다 걱정스러운 모양이다.

사 온 야채를 옥상에서 풀었다. 이 야채는 하빈이가 또 먹게 될 오뚜기 카레에 들어갈 수도 있고, 어른들이 먹게 될 사브지에 들어갈 수도 있을 것이다. 쏟아지는 따뜻한 햇살 아래에서 다 같이 모여 앉아 완두를 까고 고수를 다듬으면서 그간 옥상에서 느낀 의문을 카잘과 나눴다. "부부 어느

쪽이든 옥상에서 시간을 보내는 건 자주 봤어요. 남자는 아이부터 청소년까지 다 올라오는 것 같아요. 그런데 젊은 여자들은 안 보이네요? 이런 날씨에 집에 있기엔 너무 춥지 않아요?" 카잘은 인도 가정에서 아직 결혼하지 않은 여성은 옥상이 아니라 1층 현관에 나와서 빛을 본다고 말했다. 이유도 설명해줬다. 그 또래 여성과 남성이 옥상에 올라오면 눈이 맞아서 도망간다. 이른바 사랑의 도주다. 혼사는 종교부터 카스트까지 여러 복잡한 사회문화 요인을 고려해야 오래간다고 여겨 연애결혼을 달가워하지 않는다. 내 친구 카잘은 그 낡은 관념과의 전쟁에서 승리했다.

달 달 무슨 달

달
dal

작 은 콩 으 로 만 든 카 레

◎◎◎ 이삭의 아들 에서Esau는 능숙한 사냥꾼이 되었다. 쌍둥이 동생 야곱Jacob은 집에 있기를 좋아했다. 바깥에서 일을 하고 집에 돌아온 형 에서는 꽤 피곤했는지 야곱이 만들고 있던 붉은 음식(red stuff)을 달라고 말하고, 야곱은 형에게 거래를 제안한다. "그럼 나한테 장자권을 팔아(First sell me your right as firstborn)."

장자권이란 맏이의 권리다. 부모가 생이 다했을 때 남겨진 재산은 물론 신이 주는 축복까지 다 물려받는다는 뜻이다. 당장 배가 고파 죽을 것 같았던 형 에서는 그런 권리가 다 무슨 소용인가 싶어 그러겠다 하고, 장자권을 넘겨받은 야곱은 약속대로 밥을 준다. 빵과 렌틸 스튜(bread and the lentil stew)다.

이는 구약 성서 창세기 25장 27~34절에 나오는 내용인데,[65] 지금까지 읽히는 개역개정판(1998) 성경은 쌍둥이가 장자권과 바꾼 붉은 음식을 팥죽으로 번역했다. "야곱이 떡과 팥죽을 에서에게 주매 에서가 먹으며 마시고 일어나 갔으니 에서가 장자의 명분을 가볍게 여김이었더라."[66]

렌틸, 팥, 그리고 달

그럴 만도 하다. 렌틸이라는 작물이 국내 언론에 집중적으로 등장하기 시작한 시점은 2006년이다. 그해 미국의 건강 매체인 「헬스」가 세계의 5대 건강식품으로 그리스의 요구르트·스페인의 올리브오일·일본의 콩 요리(낫토와 미소)·한국의 김치·인도의 렌틸을 꼽으면서다. 그때만 해도 한국에서 렌틸은 문자였지 물질이 아니었다. 2010년이 되어서야 외신을 실어 나르는 각종 미디어를 통해 슈퍼 푸드라는 용어가 자리를 잡으면서 선진적인 셰프와 실험적인 식당이 렌틸을 활용하고, 2014년 가수 이효리가 렌틸로 구성한 건강한 식단을 블로그에 올렸다. 이제는 한국 마트에서도 파는 흔한 식재료가 됐지만 1998년 개역되고 그 전에도 읽힌 성경이 렌틸 스튜가 무엇인지 전달하기란 쉽지 않았을 것이다.

갑자기 성경으로 말문을 연 건 인도에서 많이 쓰는 콩인 렌틸을 알아보다가 어떤 문답을 발견했기 때문이다. 요약하자면 이렇다. "성경에 팥죽이 나오는데, 이스라엘 사람들도 팥죽을 먹었나요?" "유대인들은 렌틸이라는 콩으로 스튜를 만들었는데 이는 영어 성경에도 나와 있어요."[67] 기독교도가 아니면 모를 수도 있는 이 질문과 응답이 흥미로워 뒤늦게 성경을 열어보게 된 것인데, 물론 창세기의 등장인물이 기원전에 지중해 동쪽 땅에서 먹던 렌틸 스튜와 한국의 팥죽을 똑같은 음식이라고 말할 수는 없을 것이다. 재료가 다르고 조리 방식도 달랐을 테니 맛도 다를 것이다. 그러나 각각의 주재료인 렌틸도 콩이고 팥도 콩이다. 팥죽과 스튜 모두 촉촉한 음식이며 어떤 렌틸의 색은 붉은 계열이다.

인도에는 전체 인구의 2.3%를 차지하는 기독교도가 있다. 힌디어 성경도 여러 가지 판이 있을 것인데, 한 버전에는 이삭의 쌍둥이 아들과 팥죽이 등장하는 대목에 "마수르 달masoor dal과 로티"라고 쓰여 있다고 한다. 카잘과 마찬가지로 네 가지 언어를 하는 야시카에게 힌디어 창세기 25장 34절을 검색해달라 부탁하고 들은 답이다. 영어 문화권의 렌틸 스튜와 빵에 상응하는 한국 음식이 팥죽과 떡이라면 인도 음식은 마수르 달과 로티라는 얘기가 된다. 성경의 원전은 히브리어로 쓰여 있다. 그러니 각국 성경의 번역가들은 단순히 예수 탄생 전후의 서사만 전달한 게 아니라 각각의 언어와 문화 환경 안에서 통용되는 마땅한 대체 표현을 선택하는 작업까지 한 셈이다.

힌디어 성경이 번역한 대로 마수르 달은 렌틸의 하나다. 껍질이 있는 것이면 갈색이고 없다면 주황색이다. 인도 사람이 마수르 달로 음식을 할 땐 강황을 넣어 노랗게 만드는 경우가 많지만, 강황 없이 갈색이든 주황색이든 그 콩과 물을 넣고 오래 끓인다면 갈색 그레이비가 나온다. 엄밀하게 말하면 팥죽과는 색이 다르지만 붉은 계열로 볼 수 있겠다. 그렇게 만든 음식의 이름도 마수르 달이라고 부를 수 있지만 달이라고 줄여서 말하는 경우가 더 많다. 달은 한 인도 사람에 의하면 "인도 음식의 동의어"다.[68] 그렇게 단언할 수 있을 만큼 그 넓은 인도에서 달은 지역과 문화에 관계없이 거의 모두가 먹는다. 많이 먹는 만큼 재료의 선택도 다채롭다. 렌틸이 마수르 달이라면 녹두는 뭉 달mung dal이고 쪼갠 비둘기콩은 투르 달tur dal이다. 모든 달은 껍질을 제거하거나 쪼개서 사용할 수 있다. 그 모든 것도 달이라고 부르고, 그걸 넣고 만든 카레 또한 다 달이라고 부른다.

내가 인도의 식문화를 이해하는 길은 대부분 카잘이 한국어로 들려주는 이야기 아니면 영어 사용자들이 쓴 문장이었기에 늘 카레를 영어 표현인 스튜나 수프와 비슷한 것으로 인식해왔다. 그런데 성경 속 렌틸 스튜와 팥죽을 접하고 나니까 그동안 등잔 밑이 어두웠구나 싶었다. 저 멀리 서양 요리까지 가지 않아도 된다. 인도의 어떤 카레란 한국인에게 죽과 비슷한 것으로 충분히 설명될 수도 있다. 인도에서 어떤 카레는 점성을 만들기 위해 야채를 섞지만, 어떤 카레는 한국의 팥죽과 마찬가지로 콩과 물을 넣고 푹 끓여서 촉촉한 상태로 만든다. 달이 그렇다. 먹는 방식은 같지 않다. 죽 한 그릇이면 끼니가 해결되는 한국과 달리 인도 사람들은 달을 로티(북인도)나 밥(남인도)과 같이 먹는다.

달 달 복잡한 달

인도에서 재료로서의 달은 렌틸이나 렌즈 같은 영어 이름으로 이해될 수도 있다. 한국인에게 친숙한 식재료를 예로 든다면 달은 녹두처럼 알갱이가 작은 콩으로 설명될 수도 있다. 둘 다 맞는 말이지만 충분하지는 않다. 달의 범위는 이를 합친 것보다 크다.

국제연합식량농업기구의 기준을 빌려서 콩의 갈래를 크게 두 가지로 구분하면[69] 하나는 레귬legume이다. 대두·완두·땅콩처럼 신선한 상태로 유통되는 꼬투리 작물을 말한다. 이런 콩은 바로 조리에 사용할 수도, 기름을 짤 수도 있다. 또 다른 하나는 펄스pulse다. 역시 꼬투리에서 나왔지만 렌틸이나 녹두처럼 말려서 유통하는 딱딱한 콩을 일컫는다. 이렇게 펄스로 구분되는 콩이 달인데, 이런 달은 껍질을 벗기거나 잘라서 시장에 나오기도 한다. 그런데 카잘에 따르면 모든 펄스가 달은 아니다. 병아리콩과 강낭콩도 말려서 유통되지만 이런 건 달이라고 하지 않는다. 병아리콩은 쪼개야 달이 되고(찬나 달chana dal), 강낭콩은 쪼개서 쓰지 않는다. 즉 달이 되려면 마르고 크기가 작은 콩이어야 한다.

한국 사람도 알 만한 대표적인 달은 녹두다. 뭉 혹은 뭉 달이라고 부른다. 달은 가공 방식에 따라 세분되는데, 예를 들어 사붓 뭉sabut mung은 훼손되지 않은 타원형의 순수한 녹두다. 연두색이다. 칠카 뭉chilka mung은 녹두를 반으로 쪼갠 것, 둘리 뭉dhuli mung은 껍질을 벗긴 뒤에 납작하게 썬 것이며 둘 다 노란색이다. 콩의 껍질을 벗기거나 자르면 달의 색상이 변할 수 있고 음식의 색에도 영향을 줄 수 있지만, 달을 만들 땐 거의 항상 강황을 쓰기 때문에 노란색 음식이 나온다. 그래서 옐로우 달이라고 부르기도 한다.

녹두와 비슷하게 생겼지만 껍질이 까만 흑녹두도 달이다. 우라드urad 혹은 블랙 그램black gram이라고 부르는 것이고, 달보다는 달 마카니를 만들 때 많이 쓰는 것이다. 흑녹두도 녹두와 마찬가지로 껍질이 사라지거나 쪼개질 수 있기에 사붓·칠카·둘리 같은 표현을 쓸 수 있다. 콩을 쪼개면 조리 시간이 단축된다. 동시에 연료도 아낄 수 있다. 콩마다 특성이 다르긴 하지만 카잘은 쪼갠 콩으로 달을 만들 때 15~20분만 끓이면 된다고 말한다. 흑녹두는 다르다. 불리는 시간까지 필요한 딱딱한 콩이다. 한편 인도에서 녹두와 흑녹두는 흔해도 종자가 비슷한 팥은 구하기 어렵다. 카잘은 인도에서 단 한 번도 팥을 본 적이 없다.

힌디어 성경에 등장하는 마수르 달, 즉 렌틸도 달이다. 역시 그냥 쓸 수도, 껍질을 벗길 수도, 쪼개서 쓸 수도 있는 것이다. 인도는 렌틸 생산에 있어 캐나다와 함께 가장 많이 거론되는 나라다. 2016년 기준 렌틸의 생산 점유율 1위 국가는 캐나다(51.2%), 다음이 인도다(16.7%).[70] 캐나다에 비할 바는 아니라고 해도 그해 인도가 생산한 렌틸은 약 160만 톤이다.[71] 인도에선 여러 가지 달 가운데 서양에서 렌틸이라고 부르는 단일 품종만 연간 백만 톤 이상 생산한다는 뜻이다. 그 밖에 렌틸처럼 작고 납작한 말콩과 가공된 비둘기콩이 달에 속한다. 여태까지 나열하고 설명한 것이 매우 어렵고 복잡하게 느껴질 수 있다. 그럴 수밖에 없다. 달의 종류는 세분화할 때 60가지가 넘는다.[72]

한국 사람이 팥죽을 건조하게 설명한다면 팥·쌀·물을 넣고 오래 끓인 촉촉한 음식이라고 정리할 수 있을 것이다. 카잘이 생각하기에 음식으로서의 달은 그렇게 단순하지 않다. 조리법이 비슷할 수 있어도 재료로서의 달이 다양한 만큼 주재료 선택의 폭이 매우 넓기 때문이다. 카잘은 달을 만들 때 녹두를 가장 선호한다. 카잘의 부모나 이웃은 선택하는 콩이 다를 수 있다. 여러 가지 콩을 섞어서 달을 만드는 경우도 많다. 이렇게 다양한 콩을 섞어서 만드는 달을 믹스 달이라고 부르기도 한다.

왜 누군가는 콩을 섞어서 쓰고 누군가는 좋아하는 콩이 따로 있는 것일까. 이방인은 그 차이를 잘 모를 수 있지만, 카잘에 따르면 똑같이 녹두여도 그게 그냥 콩인가 쪼갠 콩인가에 따라 맛이 다르고 조리 시간이 달라지며 나아가 음식의 맛까지 달라지기 때문이다. 그러니 다채로운 요리를 하기 위해서는 여러 가지 달이 필요하다. 카잘은 인도 가정마다 종류별로 1kg 이상 두고 사는 게 달이라고 말한다. 나도 카잘의 안산 집에서 이미 실감했다. 달 이야기가 시작되자 카잘이 냉장고와 싱크대에서 꺼내서 내게 보여준 달의 종류만 열 가지가 넘었다. 이처럼 다양하게 많이 생산되고 가공되어 유통되니 가격이 싸다. 카잘의 감각을 빌리자면 달은 인도에서 한 봉지에 천 원 정도고(500g~1kg), 그만큼이면 보름쯤 별 탈 없이 먹고 살 수 있다. 카잘은 인도에서 야채를 많이 먹는다면 "부자 사람"이라고 말한다. 상대적으로 가격이 비싸고 보관 기간이 짧은 야채에 비하면 달은 효율이 좋은 식재료라는 것이다.

게다가 달은 건강에도 좋다. 렌틸만 해도 예로부터 인도인에게 단백질을 공급한 주요 에너지원이었고, 서구 사회가 발견한 뒤 슈퍼 푸드로 분류한 것이다. 그 영양학적 가치는 아이들의 입맛이 증명해줄 수 있을지도 모른다. "달은 콩이잖아요. 애들이 싫어하죠. 저는 어릴 때 '감옥 음식'이라고 그랬어요. 죄수처럼 맨날 먹어야 하니까." 카잘은 때때로 아이들로부터 자신의 과거를 본다. 한국에서 중학교를 다닌 첫째 야시카는, 이제는 체념했지만 몇 해 전 인도로 복귀했을 때 일주일 내내 콩만 쏟아지는 급식이 꽤 힘들었다고 말한다. 둘째 하빈이는 말할 것도 없다. 나는 카잘의 집에 갈 때면 렌틸과 완두부터 강낭콩과 병아리콩까지 참 다양한 콩 요리를 먹곤 했는데 하빈이가 한 상에 앉는 날은 없었다.

아이들뿐만이 아니다. 뭄바이를 배경으로 한 영화 「존 앤 제인」(2005)의 등장인물 시드니는 콜센터 직원으로서 겪는 상당한 스트레스를 집에 돌아와 반찬 투정으로 푸는 것 같다. "싫어요. 달. 지겨워요. 맨날 달이잖아요. 새로운 거 없어요?" 누군가에겐 매일 먹어 지겨운 음식이라 해도, 한국 사람들이 아플 때 죽을 찾는 것처럼 인도 사람들도 회복의 음식으로 달을 먹는다. 특히 고열과 설사에 좋다는 믿음이 있다. 카잘은 어린 날 달이 밥상에 올라올 때면 투덜거렸다. "설사 안 하는데 왜 달이야, 또." 그러나 시간이 한참 흘러서 달을 필요로 하는 어른이 될 줄은 몰랐다. 카잘은 그렇게 거부하던 달을 이제는 거의 매일 먹는다. 카잘의 집에는 그런 어른이 또 있다. 야시다.

간접적으로나마 인도 전역에서 달이 갖는 의미를 확인할 길이 더 있었다. 줌파 라히리의 소설은 좋은 자료가 됐다. 줌파 라히리는 서구 사회에 정착한 웨스트벵골 출신 이민자의 삶과 그 균열을 다룬 꽤 많은 작품을 썼다. 이주 1세대인 부모와 이른바 '미국화'된 자녀 사이의 세대 갈등이 주된 소재다. 단편 「길들지 않은 땅」의 주인공 루마는 부모의 기대와 달리 미국 사람과 결혼했다. 그런 배우자와 함께 먹는 밥은 이렇게 묘사된다. "아담과 인도 음식을 먹을 땐 대충 했다. 달은 아예 만들지 않거나, 초초리(겨자기름에 야채를 고루 넣어 볶은 음식) 대신 샐러드를 냈다."[73] 그렇게 미국화된 2세대에 제조차 달이 없는 인도식 밥상이란 대충 차린 것이다.

아티티 데보 바바

카잘은 나와 함께 루디아나에 머무는 동안 매번 다른 음식을 준비했지만 결국 달이 한 번 나왔다. 시간이 흘러 내가 암리차르로 이동했을 때 숙소에서 받은 밥상에도 달이 한 번 나왔다. 맛은 약간 달랐지만 색은 같았다. 인도 사람들처럼 섬세하게 콩 맛을 구분할 수 없으니 어떤 달을 썼는지는 모르지만, 둘 다 달의 기본형인 옐로우 달이었다. 무료 배식을 하는 어느 힌두 사원에 갔을 때도 양동이 두 개에 가득 담긴 노란빛 달을 봤다. 이 집과 저 집의 삶이 달라도 달만큼은 늘 한 번씩 스쳐 간 셈이다.

루디아나에 머물 때였다. 시크샤의 손님 셋이 예고 없이 찾아왔다. 시어머니의 가족이라지만 카잘이 전혀 모르는 사람이다. 주방이 바빠졌다. 야시카는 야채를 손질해 샐러드

달 dal

달은 작고 마른 콩을 말한다. 그런 달로 만드는 음식의 이름도 달이다. 달은 한 인도 사람에 의하면 "인도 음식의 동의어"다. 그렇게 단언할 수 있을 만큼 그 넓은 인도에서 지역과 문화에 관계없이 거의 모두가 먹는다. 거의 항상 강황을 쓰기 때문에 노란색 음식이 나온다. 그래서 옐로우 달이라고 부르기도 한다. 55루피.

식당정보 Karim's Hotel Pvt Ltd | 16 Urdu Bazar Road In Front of Jama Masjid Gate No.1, Gali Bhairo Wali, Kababiyan, New Delhi, Delhi 110006

를 만들었고, 카잘은 재빨리 달을 준비해 냄비에 올리더니 끓는 동안 부지런히 로티를 반죽해 구웠다. 그 과정을 지켜보면서 달은 역시 지역과 문화에 상관없이 인도 사람 누구나 먹는 것이고 쪼갠 콩을 쓰면 후딱 만들 수 있다는 걸 실감했지만, 카잘과 음식이 아닌 감정 얘길 좀 하고 싶었다. 정말 아무렇지도 않은 걸까. 갑자기 찾아온 모르는 사람을 위해 이렇게 밥을 차리는 것이. 카잘은 불편한 답을 피했다. "맛있었대요. 다 먹고 갔어요." 그런 반응을 카잘이 얼마나 좋아하는지 수없이 카잘의 음식을 얻어먹은 나도 잘 안다. 하지만 카잘은 피곤했을 것이다. 약간 불합리하게 느껴지기도 한다. 야시카에게 물었다. "모르는 사람인데 밥 차리는 거 진짜 아무렇지도 않았어?" "어쩌겠어요. 손님이잖아요."

그건 인도의 환대(Indian hospitality) 문화다. 이것은 주문 같은 것이다. 힌두교나 불교에서 영적인 힘을 가지고 있다고 믿는 문장을 만트라mantra라고 하는데, 이 진언은 기도·명상·노래 등 다양한 형태로 활용된다. 의미가 없거나 이해하기 어려운 내용도 있지만 삶에 필요한 지혜나 실천으로 이어지는 약속도 있다. 아티티 데보 바바Atithi Devo Bhava가 좋은 예다. '손님은 신이다(The guest is god)'라는 뜻이다. 인도 사람들이 예고 없이 찾아온 손님을 환대할 수 있는 이유도 평생을 듣고 말해왔을 이 만트라에서 나오는 것 같다. 이 만트라의 앞 문장은 부모와 선생을 신과 동일시하는 내용이다. 다음으로 등장하는 신적인 존재가 손님이다. 나는 인도 일정을 앞두고 이런저런 준비를 하면서 가정 방문기를 종종 읽었다. 인도를 여행하다가 친구를 얻고 초대를 받아 갑자기 신이 된 사람들의 경험담이다. 대부분 서양인 여행자 관점에서 쓴 글이라서 그럴까, 작성자가 강조하는 주의 사항은 대략 이랬다. 실내에선 신발을 벗으라, 보수적인 옷차림을 하라, '칙 투 칙' 같은 신체 접촉을 삼가라, 주어진 음식을 다 먹으라, 항상 선물을 준비하라.

나도 운이 좋아 인도 가정에 초대받은 사람이다. 자연스럽게 내가 받은 환대를 돌아보았다. 먼저 환대를 경험한 사람들과 내가 겪은 것이 항상 같지는 않았다. 인도는 넓고 주마다, 도시마다, 혹은 가정마다 문화가 다르다. 시크샤의 집은 모두가 신발을 신는다. 맨발로 살기에 펀자브의 겨울은 너무 춥다. 인도에 있으면서 실내에서 신발을 벗은 건 사원에 갔을 때뿐이었다. 볼을 맞대는 인사는 없었지만 비슷한 것이 있었다. 격한 포옹이었다. 그건 내가 루디아나를 떠나는 날 나보다 시크샤가 더 강하게 원했던 것이다. 이처럼 인도에서 초대를 둘러싼 예의란 지역이나 가정마다 달라질 수 있지만 그래도 항상 통하는 것이 있다. 게스트는 호스트가 준비한 음식을 다 비우는 게 좋다. 갑자기 찾아와 달을 싹싹 비운 시크샤의 손님이 그랬던 것처럼. 그리고 게스트는 선물을 준비하는 것이 권장된다. 시크샤의 손님도 과자 세트를 사가지고 왔다. 그걸 뜯으면서 카잘은 인도 사람들은 초대를 받을 때마다 항상 이런 걸 산다고 말했다. 규모가 있는 과자점엔 선물용 과자 상자가 항상 진열되어 있었다. 그건 주로 초대를 받은 사람이 사는 것, 혹은 혼주가 하객에게 선물하는 것이라고 카잘이 설명했다. 그런데 이 같은 초대 매너를 과연 인도의 특수 문화라고 단정할 수 있을까. 그건 어디서나 통하는 마음 아닐까. 문화에 따라 갑자기 찾아온 손님에 대한 감정과 태도가 다를 수는 있어도, 마음을 표현하려 애쓰는 방식은 누구든 똑같지 않을까.

나도 이런저런 선물을 샀다. 2주간 같이 있었더니 시크샤에게 필요한 것이 보여서 더 샀다. 식당에선 밥을 남겨도 카잘 가족과 밥을 먹을 땐 그릇을 다 비웠다. 뭐든 많이 주고 자주 주니까 도저히 밥을 먹을 자신이 없는 날도 좀 있었지만(많았지만) 늘 최선을 다했다. 카잘이 떠나고 시크샤와 나, 그리고 내 동반자인 이범학만 한집에 남았을 때였다. 우리의 의사소통이 보디랭귀지로 전환된 때, 그러다가 내가 주워들은 그들의 언어를 제법 적절하게 활용한 때이기도 했다. 나와 이범학은 자주 '네이네이'라고 말하곤 했다. 그들의 언어로 '아니오'를 뜻한다. 시도 때도 없이 밥 먹으라 몸으로 표현하는 시크샤에게 우리가 이구동성으로 쏟아낸 말이다. 내가 경험한 인도의 환대 문화란 이런 것이다. 말은 안 통해도 밥으로 통하는 사람과 긴 시간을 보내고, 말 대신 몸으로 애정을 표현하면서 작별한 것이다. 만국 공통의 언어로 마음을 나눈 시간이었다.

밀 대신 쌀을 찾을 때

라즈마 차왈
rajma chawal

강 낭 콩 카 레 와 밥

◎◎◎ 올드 델리에 있는 아버지 집으로 돌아온 록 밴드의
보컬리스트이자 유튜브 스타 카비르. 집안 어른과 이웃이
카비르를 환영하기 위해 한 상에 모인다. 그날 준비된 여러
음식 가운데 하나는 라즈마 차왈이다. 라즈마는 강낭콩이자
강낭콩 카레고, 차왈은 밥이다. 즉 라즈마 차왈은 밥과 함
께 먹는 강낭콩 카레다.

　20대 청년 카비르는 이 자리가 달갑지 않은지 모두가 모
인 밥상 앞에서 헤드폰 벗을 생각을 안 하고, 라즈마 차왈
을 보자마자 숟가락부터 찾는다. 자긴 항상 그렇게 먹는다
면서. 고모로 보이는 카비르의 친지는 어이없다는 표정으로
말한다. "누가 라즈마 차왈을 숟가락으로 먹어?"

넷플릭스가 제작한 영화 「아버지의 계정으로」(2018)는 이처럼 밥상 위의 세대 갈등으로 시작되는 드라마다. 작품 속에서 라즈마 차왈은 한 번 더 나온다. 시간이 흘러 인도의 명절이자 축제인 디왈리가 찾아온다. 모든 가족이 만나는 시간이다. 카비르는 그때 마침내 손으로 라즈마 차왈을 먹고, 그런 자식을 보면서 아버지는 기뻐한다. 가족의 갈등도 화해도 라즈마 차왈이 대변하는 것이다. 이는 라즈마 차왈이 전형적인 집밥이라는 것을 보여준다.

이 영화의 원제는 '라즈마 차왈Rajma Chawal'이다. 극중 아버지 역할을 맡은 배우 리시 카푸어의 제안으로 정한 제목이다. 감독 리나 야다브는 이 영화는 세대 차이를 다루지만, 라즈마 차왈은 세대를 초월한 음식이라고 말했다. "그건 모두에게 기쁨을 주는 음식이자 집을 환기하는 음식이다."[74] 카잘도 비슷하게 생각한다. "살면서 라즈마 차왈 싫어하는 사람 못 봤어요."

손으로, 숟가락으로?

이런 영화를 봤다고 내가 가장 먼저 자랑할 수 있는 친구는 카잘이다. 숟가락인가 손가락인가 하는 장면 얘기도 했고, 확인하는 의미에서 그 장면을 보여주면서 인도에서 라즈마 차왈을 손으로 먹는 게 정석인지도 물었다. 카잘은 "나도 숟가락으로 먹는데요?" 한다. 그간 카잘과 로티만 먹어서 밥을 어떻게 먹는지는 몰랐다.

카잘이 숟가락으로 밥을 먹는 건 영화 속 카비르처럼 젊은 세대여서가 아니다. 지역과 문화가 달라서다. 카잘의 동생과 부모를 비롯해 카잘의 친구 가정은 물론 2007년 작별한 카잘의 친할아버지도, 배우자 야시의 조부모도 밥을 숟가락으로 먹었다. "로티는 손으로 찢어서 카레에 찍어 먹는 게 훨씬 편하고 자연스러우니까 손으로 먹죠. 근데 밥은 숟가락으로 먹는 게 더 편하지 않나요? 숟가락이 있어야 밥이 잘 퍼지잖아요."

카잘에 따르면 밥을 손으로 먹는 문화는 영화의 배경인 델리 이하 중남부에서 보편적인 방식이다. 나는 인도의 남부를 경험하지 못했지만 떠올려보니 몇 해 전에 다녀온 스리랑카에서 참 흔하게 봤다. 스리랑카는 지리적으로 남인도와 가깝기도 하거니와 영국의 요란한 홍차 농장 산업 정책 때문에 남인도의 타밀족이 상당수 이주한 나라다. 식당에 갈 때마다 외국인인 내게는 친절하게도 언제나 숟가락이 주어졌지만, 스쳐 간 사람들 모두가 능숙한 손놀림으로 맨밥과 카레를 비벼 먹었고 항상 식당에는 세면대가 있었으며 누구나 식전후로 손을 씻었다. 나도 따라 해봤지만 밥상 위로 밥풀이 풀풀 날아다녔다. 그들은 잘 비벼서 안 흘리고 야무지게 잘만 먹는 걸 보면 기술이 필요한 것이다. 한국 사람이 젓가락으로 별 어려움 없이 콩을 집어 먹을 수 있는 것처럼.

카잘도 같은 문화권에 있는 사람을 자주 봤다. 인도가 아니라 한국에서 봤다. 카잘은 몇 해 전까지 수원에서 게스트하우스를 운영했다. 삼성전자에 단기 파견을 나온 인도 사람들이 머물다 가는 곳이었는데, 그들 대다수가 중남부 사람이었으며 손으로 밥과 카레를 비벼 먹었다. 왜 숟가락으로 먹지 않느냐는 카잘의 질문에 한 남부 사람은 이렇게 답했다고 한다. "숟가락으로 먹으면 쇠 맛이 나요. 맛없어요. 피부의 맛까지 느끼면서 먹어야 제맛이죠." 손의 감촉도 음식을 먹으면서 누리는 즐거움의 하나로 인지하는 남인도에는 숟가락이 준비되지 않은 식당이 많다. "제가 남쪽 식당에 가서 숟가락 찾으면 잘난 척한다고 생각할걸요." 그런 이유에서 어쩌면 영화 속에서 카비르 식구들은 델리에 살지언정 뿌리는 중남부일 것이라고 카잘은 추측한다. 자신의 부모와 조부모가 그랬던 것처럼 북쪽에선 로티라면 몰라도 밥을 손으로 먹지 않는 경우가 더 많으니까. 북인도 다바에선 카레와 로티를 주문해도 숟가락이 나온다. 티스푼이다. 숟가락을 입에 대는 경우는 많지 않고 대부분 카레를 젓거나 덜어서 탈리에 옮기는 용도로 쓴다.

사실 라즈마 차왈의 본질은 손으로 먹느냐 숟가락으로 먹느냐는 아니라고 생각한다. 인도에는 음식을 손으로 먹는 사람도 있고 그러지 않는 사람도 있다. 그건 카잘이 설명한 것처럼 음식의 종류와 지역에 따라 달라지기도 하고, 영화에서처럼 음식을 먹는 사람의 마음과 세대에 따라 달라지기도 한다. 인도는 대단히 넓고, 밥을 먹을 때 쓰는 올바른 도구는 일정하지 않다.

왜 밥일까

북인도와 남인도는 밀인가 쌀인가, 숟가락인가 손인가 하는 주식 문화만 다른 것이 아니다. 주식과 함께 먹는 그레이비를 만드는 방식도 다르다. 넷플릭스 다큐멘터리 「Cooked: 요리를 욕망하다」는 중부 뭄바이의 한 가정에 간다. 어느 가정 요리사가 코리 로티kori roti(치킨 카레와 종이처럼 얇은 전병으로 구성되는 남인도 식단)를 만들기 위해 코코넛 밀크를 준비하면서 말한다. "북인도에선 다진 토마토와 양파로 그레이비를 만들어요. 여기선 토마토와 양파 대신 코코넛을 갈고요."[75] 나도 북인도에 머물면서 코코넛 맛이 나는 음식을 한 번도 먹지 못했다. 카잘도 그건 남부 방식이라 말한다. 북인도 음식은 붉은 경우가 많다. 색을 내는 재료는 토마토와 고춧가루다. 콩이 색을 낼 수도 있다. 렌틸도 끓이면 갈색 음식이 나온다. 라즈마의 주재료인 강낭콩도 붉은색이다.

그러나 라즈마 차왈을 펀자브 고유의 음식으로 단정하기는 어렵다. 범위를 넓혀서 북인도 음식이라고 보는 게 보다 공정하겠다. 인도에서 많이 먹는 붉은색 강낭콩은 남미 종자를 포르투갈이 가져다가 심은 것을 기원으로 보는데, 처음에야 지배자의 구역을 따라 해안가에서 재배되었지만 지금은 인도 전역에서 자란다. 가장 특화된 지역은 펀자브 위쪽, 인도의 최북단 산악 지대인 잠무카슈미르와 히마찰프라데시다. 특히 카슈미르의 구릉지에서 수확하는 것은 평지에서 자란 것보다 맛이 좋아 카슈미리 라즈마Kashmiri rajma라고 부르기도 한다. 다른 지역의 강낭콩보다 작고 달콤한데, 콩이 맛있으니 라즈마 차왈 또한 유명하다. 카슈미르는 염소의 털로 만드는 직물인 캐시미어의 기원지이다. 가축업 이상으로 농업에 의존하는 지역이며 강낭콩 말고도 호두·사프란·고춧가루(맵지는 않고 색을 잘 내기 때문에 오색찬란한 인도 음식에 두루 쓴다) 등으로 유명하다. 그러나 먹는 것만 생각하긴 어려운 분쟁의 땅이다. 잠무카슈미르는 파키스탄 국경 지역이자 두 나라가 영유권을 가지고 다퉈왔던 땅이고, 무슬림 인구는 68.31%를 차지한다. 1947년 파티션 이후 인도 헌법 제370조를 통해 예외적으로 자치권을 부여했지만 2019년 8월 나렌드라 모디 정부의 대통령령으로 이 특별 지위가 박탈되고 인도 연방 직할지로 편입됐다. 원주민이 원한 결과는 아니다. 그들의 일부는 인도로부터의 독립 혹은 파키스탄과의 합병을 주장하는 세력으로 양분되어 있고, 이에 인도 정부는 1980년대부터 군사를 배치했으며, 여러 무장 단체가 지금까지 저항하고 있다. 아미르 바시르가 연출한 「가을」(2010)은 거의 매일 총성이 울리고 연기가 피어오르는 잠무카슈미르의 현실을 고발한 뼈아픈 영화다. 척박한 산악 지대임에도 1950년대까지 자급자족이 가능했지만 현재는 정치적 경제적 불안정으로 수입 물자 의존도가 높다.[76] 그래도 강낭콩의 명성만큼은 훼손되지 않았다.

북인도의 전형적인 밥상은 로티와 카레지만 라즈마는 예외적으로 밥과 같이 먹는다. 비슷하게 밥과 같이 먹는 카레가 또 있다. 나중에 만나게 될 카다다. 둘 모두 까다로운 음식이다. 라즈마의 주재료인 강낭콩은 말린 것이고 달에 비해 꽤 크기 때문에 불리는 데 긴 시간을 쓴다. 전날부터 불려놓고 콩이 뭉개질 정도로 푹 끓여야 양념도 잘 배고 식감도 좋다. 한편 카디는 병아리콩 가루와 요구르트로 그레이비를 만드는 카레인데, 다 만들고 나서 파코라라고 부르는 튀김을 올린다. 라즈마는 시간이 오래 걸린다면 카디는 손이 많이 간다. 카잘에 따르면 눌은 "피곤한 음식"이기 때문에 밥과 같이 먹는다. "라즈마는 전날부터 준비해야 하고, 오래 끓여야 맛이 나요. 카디는 튀김까지 해야 하죠. 그거 다 하고 나면 로티 만들 기운 없어요. 그러니 음식 익어가는 동안 쌀 안쳐서 편하게 먹는 거죠. 로티랑 먹을 수도 있지만 펀자브 사람 80%는 밥이랑 먹을걸요?"

나는 카잘에게 한국에서 처음 콩밥을 먹은 순간을 기억하는지를 물었다. 이젠 대수롭지 않게 여기지만 처음 콩밥을 봤을 땐 깜짝 놀랐다는 답이 돌아왔다. 밥알 사이에서 구르는 콩을 보면서 이렇게 생각했다고 한다. '이건 그레이비가 있어야 하는 것인데.' 한국 사람에게 한 솥에 쌀과 강낭콩을 넣어 밥을 짓는 건 조금도 이상할 것 없는 일이지만, 인도에선 "있을 수가 없는 일"이기 때문이다. 밥에 완두가 들어갈 수는 있다. 곧 만나게 될 풀라오가 대표적이다. 기름·야채·향신료를 넣고 지은 밥이다. 여러 향신료 가운데 인도 사람들 생각에 밥과 가장 잘 어울리는 것은 지라^{jeera}다. 지라는 커민이다. 그래서 커민과 기름을 넣고 밥을 짓기도 한다(이미 지은 밥을 기름과 커민에 볶을 수도 있다). 지라 라이스·지라 차왈·지라 풀라오 등으로 부른다. 그러나 인도 사람에게 강낭콩과 쌀이라는 재료가 주어지면 각각 따로 요리한 뒤에 같이 먹는다. 그것이 라즈마 차왈이다.

라즈마 차왈은 어느 다바에나 있지만 카잘은 집에서 더 많이 먹었다. 아침에는 먹지 않았다. 콩을 많이 먹으면 배에 가스가 차기 때문에 점심이나 저녁에 먹는 것이 좋다고 카잘은 말한다. 그런 밥을 카잘은 원가족과 살던 시절 일주일에 한두 번은 먹었다. 결혼한 뒤로는 더 좋아하게 됐다. 자신의 주방을 갖게 되면서 입맛에 맞는 레시피를 찾았기 때문이다. 어떤 라즈마는 강낭콩의 모양이 살아 있지만 그건 카잘 취향이 아니다. 더 오래 끓여 쉽게 뭉개지도록 더 부드럽게 만들어야 한다. 한편 카잘은 토마토를 많이 넣는다. 남들이 두세 개 넣을 때 네다섯 개를 넣는다. 촉촉하게 먹어야 더 맛있다. 이처럼 세부적인 조리법은 저마다 다를 수 있어도 라즈마는 북인도 사람들에게 똑같은 의미를 갖는 음식이다. "살면서 라즈마 차왈을 싫어하는 사람을 단 한 명도 본 적이 없어요."

검색을 이어가다가 카잘 이상으로 라즈마 차왈을 사랑하는 사람을 발견했다. 배우 실파 세티다. 카잘이 부연하기를 인도에서 모르는 사람이 없는 배우라 하고("남쪽 사람이고, 펀자비랑 결혼했어요"), 한때는 배우로 명성을 쌓았지만 요새는 영화 대신 건강·다이어트·요가 관련 사업을 한다. 실파 세티는 몇 해 전 라즈마 차왈의 가치를 이야기한 바 있다. 패션지 「엘르」 인도판에 공개된 인터뷰에 따르면 출산한 뒤 체중이 늘어나 끔찍한 기분으로 각종 다이어트를 시도했지만, 아스파라거스와 퀴노아 같은 미국식 슈퍼 푸드 식단이 자신에게는 답이 아니라는 것을 알고는 전통적인 방식으로 돌아가기로 했다. 아미노산이 풍부한 라즈마 차왈을 먹는 것, 그리고 인도의 전형적인 식단으로 규칙적인 식사를 하는 것이다. 실파 세티는 콩 말고도 시금치 같은 푸른 채소, 기장이나 수수 같은 갈색 곡물의 영양학적 가치를 강조한다. 인도에서 많이 먹는 것들이다. "건강을 망치는 하얀 것을 끊고 우리가 자라면서 먹어왔던 것을 먹자."[77] 이 같은 방식으로 체중 감량 효과를 본 실파 세티는 영양학자 루크 코티뇨와 함께 『위대한 인도식 식단(The Great Indian Diet)』(2015)이라는 책을 썼다. 어느 사회에서나 여성 셀러브리티가 하는 고민이란 비슷하다. 건강 이전에 체중이다.

다바에 찾아가 두어 번 라즈마를 먹었다. 사실 맛이 대단히 인상적이지는 않았다. 콩이 꽤 부드러운 데다 그레이비가 갈색이라서 미국식 베이크드 빈이 잠깐 떠올랐는데, 물론 통조림 베이크드 빈은 케첩 맛이 많이 난다. 라즈마는 마살라 맛이 난다. 각종 향신료가 뒤섞인 복합적인 맛. 직관적으로 말하자면 인도 향이 나는 맛. 델리에서도 그랬고 펀자브에서도 그랬다. 카잘은 델리에서 먹는 펀자브 음식은 맛이 없고 그 맛의 차이는 펀자브 사람이라면 확실히 구분할 수 있다고 말하지만, 이제야 인도 음식을 파기 시작한 내게 그런 '절대 인도 미각'은 없다. 맛이 그렇게 인상적이지 않았다는 건 라즈마 차왈이 평범한 음식이라는 뜻일지도 모른다. 자주 먹어도 물리지 않는 음식이라는 것.

어느 시내 다바에나 라즈마는 항상 있었다. 다바의 공통적인 특징 하나는 다루는 음식의 폭이 매우 넓다는 것이다. 그야말로 김밥천국과 다르지 않다. 적게는 서른 가지, 많게는 백 가지 음식이 쏟아진다. 대부분의 메뉴판에는 항목이 있다. 주식 항목에는 난과 로티 같은 밀전병이 있고, 라즈마나 카디와 함께 먹을 수 있는 밥이 있다. 그레이비 항목에는 콩·야채·고기 등으로 만드는 10~30종의 카레가 있다. 전체

라즈마 차왈 rajma chawal

북인도에서는 주식으로 쌀 대신 밀을 많이 소비하지만, 밥과 궁합이 좋다고 여기는 몇 가지 카레가 있다. 라즈마는 강낭콩이고, 차왈은 밥이다. 즉 강낭콩 카레와 밥을 함께 먹는 정식이다. 라즈마 50루피, 커민밥 60루피.

식당정보 Green Chilli Dhaba | S.C.O, 55, Pakhowal Rd, Feroz Gandhi Market, Jila Kacheri Area, Model Gram, Ludhiana, Punjab 141001

항목도 있다. 이것은 식단을 둘러싼 큰 문화 차이를 보여주는 대목이다. 북인도에서 탄두리 치킨 같은 건조한 음식은 '메인'이 아니라 전채라 스타터·애피타이저·스낵 등으로 분류하고, 밥을 먹기 전에 즐기는 것이라고 여긴다. 그 밖에 디저트와 음료 항목이 있고, 일부 다바에는 중국 음식 항목이 있어 볶음밥과 볶음국수를 제공한다. 어떤 의미에서 다바는 단조롭다. 아무리 백 가지 음식이 쏟아지는 곳이라고 해도 이 다바를 가도 저 다바를 가도 메뉴판은 다 비슷하다. 항상 항목별 구분이 있고 그에 따라 로티가 있고 달이 있으며 라즈마가 있다. 하지만 가격에는 일관성이 없다. 어떤 다바에서는 로티가 6~7루피다. 100원쯤이다. 어떤 다바에서는 난을 무려 50루피에 판다. 당연히 카레의 가격도 제각각이다. 식당의 시설이나 인테리어 수준 또한 다르다. 어떤 다바는 허름하다. 어떤 다바는 절대로 그렇지 않다.

다바보다 고급스러운 식당도 있다. 그건 그냥 레스토랑으로 통하는데, 북인도의 레스토랑이라면 다바와 메뉴가 크게 다르지 않다. 레스토랑과 다바를 구분할 수 있는 기준은 셰프의 경력·서비스·인테리어 같은 경영의 수준으로 보인다. 이를테면 테이블 세팅이 섬세하고 의자가 더 편안하며 직원이 테이블을 자주 관리하는 곳. 당연히 이런 곳은 다바보다 단가가 높지만 역시 빅맥 지수 같은 기준을 찾기가 어렵다. 다바와 마찬가지로 가격 책정은 항상 '사장님 마음'이라서 표준으로 삼을 만한 음식을 고르기가 참 애매하다는 것이다. 추상적인 기준으로 다바와 비교해 레스토랑이 좀 더 비싸고 음식의 수준이 높으며 안락한 것은 사실인데, 그렇다고 해서 언제나 음식의 맛이 보장되지는 않는다. 기대가 상대적으로 낮아서 그럴까, 다바에선 맛이 만족스럽지 않아도 별 감정이 없었다. 하지만 레스토랑에서 먹은 음식이 과하게 짜거나 매우면 좀 슬퍼졌다. 아무리 열심히 찾아보고 검토한다고 해도 이방인의 정보력은 한계가 있고 맛집의 운이라는 것은 어느 세계에서나 제한적으로 작용하니 가장 믿을 만한 답은 현지인 친구에게 있지만, 모든 걸 의존할 수는 없다. 스스로 움직이면 실패로부터 얻는 것도 생긴다. 나는 이제 맛있는 인도 음식과 그렇지 않은 음식을 좀 구분할 줄 알게 됐다는 즐거운 착각이 예다.

다바보다 눈에 띄게 가격이 싼 식당도 있다. 이런 유형의 식당을 부르는 이름은 따로 없고 그냥 간판 이름으로 통한다. 여기에도 몇 가지 특징이 있다. 대부분 한두 가지 음식만 한다. 푸리만 한다거나 촐레 바투레만 하는 식이다. 다 그렇지는 않지만 서서 먹어야 하는 경우가 많다. 작은 카트로 운영하는 노점은 레리rehri라고 부른다. 레리에선 끼니가 되는 것을 팔 수도, 간식을 팔 수도 있다.

식당을 찾아가 메뉴를 읽고 주문하는 일은 그렇게 어렵지 않다. 대부분의 식당이 영어 간판을 쓴다. 메뉴판도 마찬가지다. 이 모든 게 힌디어인 경우가 있긴 하지만 드물고, 관광구역을 벗어나도 영어로 물으면 대부분 답이 돌아온다. 예외가 있긴 해도 많지는 않고, 힌디어를 쓰든 각 지역의 언어를 쓰든 인도인의 생활 속에 영단어가 굉장히 많이 침투해있기 때문에 어떻게든 의미는 통한다. 그간 참고한 자료 대부분은 인도 사람이 영어로 쓴 문서였다. 물론 나의 수준으로는 시간을 들여 두뇌를 풀가동해야 했지만 덕분에 새로운 언어를 배우는 수고 없이 밥을 둘러싼 이해와 소통이 가능했으니 이방인으로서는 다행스러운 일인데, 그러나 이 편리함만 취하는 게 온당할까 싶기도 하다. 그렇게 넓은 땅에서 이렇게 영어가 쉽게 통하는 사회가 되기까지 인도에 무슨 일이 있었는가를 차차 생각해볼 필요가 있겠다.

볶음밥과 섞은 밥 사이

풀라오
pulao

양 념 을 넣 고 찐 밥

◎◎◎ 한국 사람들은 볶음밥을 할 때 밥부터 짓는다. 그
보다는 지어놓은 밥으로 볶음밥을 한다고 말하는 게 더 자
연스럽겠다. 원가족과 살 때 내 식구들은 전기밥솥에 있던
밥을 처리하기 위해 볶음밥을 만들곤 했다. 독립한 지금은
매일 밥을 먹지 않는다. 밥솥이 돌아가지 않는 날이 더 많으
니 급하면 햇반으로 해결한다. 시간이 흐르고 삶이 바뀌면
서 밥의 중요성은 물론 밥을 저장하는 방식도 변하긴 했지
만 한국인인 내가 볶음밥을 만드는 방식까지 변하지는 않았
다. 예나 지금이나 쌀이 아닌 밥으로 만든다.

　이처럼 익은 쌀(cooked rice)로 만드는 볶음밥은 대개 동아
시아와 인도차이나에서 발견된다. 한국의 김치볶음밥·중국

의 차오판·일본의 차한과 오므라이스·인도네시아의 나시고
렝·태국의 카오팟·베트남의 껌랑 등이 그렇다. 이런 음식은
영어 표현으로 프라이드 라이스fried rice로 분류된다. 한편 프
라이드 라이스와 비슷하게 보이지만 조리법이 완전히 다른
밥이 있다. 한국의 콩나물밥처럼 쌀에 무언가를 섞어서 짓
는다 해서 믹스드 라이스mixed rice라 부른다. 스페인의 파에
야paella, 중동의 필라프pilaf, 그리고 인도 아대륙의 풀라오가
여기에 속한다.

다른 나라의 섞은 밥

스페인에 요리 유학을 다녀온 친구가 파에야를 만드는 과
정을 봤다. 새우의 머리·야채·향신료를 넣고 볶은 뒤 물을
부어 넉넉하게 해물 육수를 만드는 게 시작이었다. 이어서
팬을 꺼내 올리브유를 넉넉히 두르고 생쌀과 토마토소스를
볶았고, 해물 육수에 사프란을 우린 물과 각종 해산물을 넣
고 적당히 끓이다가 뜸을 들여서 마무리했다. 그렇게 해서
완성된 파에야는 맛과 식감은 볶음밥과 비슷했지만 완전히
다른 조리법을 적용한 결과였다. 밥을 먼저 짓고 볶는 게 아
니라 생쌀을 기름과 기타 재료와 볶은 뒤에 육수를 넣고 끓

어 만든 것이다. 이것은 볶음밥과 구분되는 섞은 밥, 즉 믹스드 라이스의 좋은 예다.

생쌀을 기름에 볶은 뒤에 물을 붓고 밥을 짓는 방식은 파에야뿐 아니라 필라프와 풀라오에도 적용된다. 이런 밥을 먹는 사람들은 아시아 동남쪽에 몰려 있는 볶음밥 인구와 달리 훨씬 널리 퍼져 있다. 전 세계인의 지식으로 만드는 위키백과의 필라프 항목을 참고하면 믹스드 라이스를 먹는 지역은 발칸반도·카리브해·남카프카스·중앙아시아·동아프리카·동유럽·라틴아메리카·중동·남아시아 등이다.[78] 이 모든 땅의 중심에는 622년 창시된 이슬람교가 있고 그 종교 세력의 공격적인 이동과 확장이 있다. 아바스 왕조(Abbasid Caliphate, 750~1258)가 서인도·중앙아시아·이베리아반도·북아프리카 등을 점령하면서 뿌린 밥이라고 보는 것이다. 필라프·파에야·풀라오 등 지역에 따라 이름이 달라도 발음이 비슷한 것은 그런 이유에서일 것이다. 오늘날 스페인 사람들이 많이 먹는 쌀도 이슬람 세력인 무어Moors가 들였다.

인도 아대륙에서는 풀라오 말고도 비르야니를 먹는다. 마찬가지로 기름과 기타 재료를 섞어 지은 밥인데, 인도 아대륙 바깥에선 좀처럼 쓰지 않는 이름이고 델리가 기원이라고 본다. 무굴 제국(1526~1857)의 왕실 자료에 기록된 음식이기 때문인데, 이 역시 이슬람 세력의 이동으로 인한 결과다. 풀라오와 비르야니를 명확하게 구분하는 것은 이방인은 물론 인도 사람들에게도 쉽지 않다. 두 음식이 어떻게 다른가에 따른 의견은 분분하지만 대체로 풀라오는 쌀 외에 야채와 향신료 등 식물성 재료 위주로 가볍게 만들고, 비르야니는 똑같이 시작하되 머튼이나 치킨을 뼈째로 썰어 넣는 것이 일반적이다. 풀라오는 식물성 기름으로 쌀을 볶는다면 비르야니는 버터를 쓰는 경우가 많고, 인도 사람조차 자극적이라고 느낄 만큼 향신료나 마살라도 과감하게 사용해 색으로나 맛으로나 과시적인 결과를 만든다. 그러나 이런 구분이 무의미해질 때가 생긴다. 어떤 요리사는 풀라오에 고기를 넣는다. 고기 없는 비르야니도 있다. 임티아즈 쿠레시는 둘의 구별을 무의미하게 생각하는 셰프다. "우리는 그것을 풀라오라고 부릅니다. 호텔은 비르야니라고 부릅니다."[79] 이처럼 예외를 고려할 필요가 있지만 보편적인 경향이라는 것도 있긴 하다. 조리법도 같고 재료 선택도 비슷할지언정 풀라오가 상대적으로 채식 친화적인 가벼운 요리라는 것이다.

내 친구 카잘도 보편적인 방식으로 풀라오를 만든다. 고기는 절대로 쓰지 않는다. 각종 향신료(북인도 출신인 카잘은 커민을 많이 쓰지만, 남인도에선 겨자씨를 많이 쓴다고 한다)에 이어 양파·감자·당근·완두 및 생쌀을 볶은 뒤에 물을 붓고 익힌다. 풀라오는 건조한 밥이니 북인도 사람의 관점에서 그레이비가 반드시 필요한데, 여름이면 차가운 요구르트로 대체할 수 있다. 카잘은 밥하기 귀찮은 날 풀라오를 한다. 평소라면 야채나 콩 위주의 카레를 하고 로티까지 해야 하는데, 한여름의 풀라오는 모든 재료를 한데 섞어 끓였다가 요구르트만 올리면 된다. 강낭콩부터 병아리콩까지 카레에 들어가는 콩은 대부분 말린 것이라 한참 불려 써야 하지만 풀라오에 들어가는 완두는 익기까지 10분도 걸리지 않는다. 다른 북인도 식단에 비해 상대적으로 편할지언정 매일 먹을 수는 없다. 카잘 가족은 전형적인 펀자브 사람이다. "펀자브 사람들도 밀보다 쌀이 더 소화가 잘된다는 걸 알아요. 그치만 펀자브 사람이라면 이렇게 먹고 나면 다음 끼니엔 로티 먹어야 돼요."

볶음밥과 비슷하게 다르게

다바에서 여러 번 풀라오를 먹었다. 처음 먹은 건 머터르 풀라오였다. 머터르는 완두다. 카잘에게 들은 것과 사전에 확인한 레시피에 따르면 쌀·향신료·완두·물·기름을 넣고 지은 밥이다. 인도에는 대단히 많은 쌀의 품종이 있지만 가장 많이 먹는 바스마티와 자스민은 장립종으로 구분된다. 한국에서 많이 먹는 아키바레(추청)나 고시히카리 같은 단립종과 비교해 길고 가는 쌀이다. 장립종은 단립종보다 조직이 단단하지 않아 익으면 풀풀 날아다닌다. 단맛도 덜한데, 당분이 적어 보다 건강한 재료로 인식된다. 장립종의 두드러지는 장점은 빨리 익는다는 것이다. 그런 차이를 감안한다 해도 다바에서 풀라오를 주문할 때면 생쌀에서 시작하는 일반적인 조리법을 따랐다고 믿기엔 지나치게 빨리 나왔다. 냉동 볶음밥을 전자레인지에 돌려 밥상을 차리는 속도랑 별로 다르지 않다고 느낄 만큼.

그렇다고 미리 만들어둔 것을 내오는 것 같지도 않았다. 막 조리한 볶음밥처럼 기름이 흥건했기 때문이다. 좀 의심스러워서 카잘에게 물었더니 집에서나 정석대로 하지 바쁘게 돌아가는 식당에선 대체로 지어놓은 맨밥을 기름에 볶는다고 말한다. 그러나 그렇게 한다고 해도 풀라오는 한국의 볶음밥과 다르다. 한국에선 볶음밥 하나만 있으면 끼니가 된다. 여러 가지 야채 외에 간장 및 기타 소스가 들어가거나, 김치 맛이 나거나, 아니면 계란이나 고기 및 가공육을 쓰기 때문이라고 생각한다. 그것만으로도 부족하다 싶으면 케첩

풀라오pulao

풀라오는 볶음밥과 비슷해 보이지만 조리법이 다르다. 쌀·기름·향신료·야채를 넣고 짓는 밥이다. 그렇게 조리하는 것이 정석이지만 바쁘게 돌아가는 식당에서는 볶음밥처럼 지어놓은 쌀을 여러 가지 재료와 볶아서 내갈 수 있다. 완두 풀라오 50루피.

식당정보 Satguru Dhabha | Ratan Lal Market, Kaseru Walan, Paharganj, New Delhi, Delhi 110055

을 뿌리면 맛의 균형이 생긴다. 이처럼 내가 먹어온 볶음밥은 각각의 재료가 조화롭게 섞인 풍성한 맛이 난다. 하지만 풀라오는 밥을 볶아서 만들지라도 볶음밥과 같지 않다. 밥과 야채(드물게 고기가 들어가는 경우가 있긴 하다), 소량의 향신료와 소금만 넣고 볶는 것이 끝이니 맨밥에 기름 비벼 먹는 기분이다. 비슷하게 만들지만 육수와 해산물이 잔뜩 들어가기에 그 자체로 충분한 스페인의 파에야와 달리 풀라오엔 소스가 필요하다. 인도의 문법으로는 그레이비가 필요하다. 그런 이유에서 카잘은 항상 냉장고에 있는 요구르트나 다른 카레들보다 후딱 만들 수 있는 달에 비벼 먹는 것을 선호하는 것이다.

카잘은 나와 함께 루디아나에 머물면서 풀라오를 한 번 했다. 콩을 좀 골라내긴 하지만 풀라오를 하면 야시카가 잘 먹는다. 쌀을 남겨두고 떠나면 매일 로티를 먹는 시크샤가 다 버린다. 그런 이유로 우리가 나눈 풀라오는 야채를 썰고 볶는 과정을 빼고 압력솥으로 쌀을 익히는 데만 시간을 꽤 썼다. 조리 시간 외에도 식당에서 먹은 것과 많이 달랐다. 토마토·양파·감자·완두 등 쌀 이외의 부가 재료가 다채롭게 들어갔고, 가정 요리답게 기름이 매우 적었다. 밥을 짓기 전에 야채를 살짝 볶는 정도로만 사용했을 뿐이다. 볶음밥

풀라오pulao

내 친구 카잘도 보편적인 방식으로 풀라오를 만든다. 고기는 절대로 쓰지 않는다. 각종 향신료에 이어 양파·감자·당근·완두 및 생쌀을 볶은 뒤에 물을 붓고 익힌다. 건조한 밥이라서 그레이비가 필요하기에 카잘은 요구르트나 달과 같이 먹는 것을 선호한다.

카잘의 집

이 아니라 콩나물밥에 가까운 느낌. 반면 그간 다바에서 먹은 풀라오는 대부분 씨앗 계열의 향신료만 썼고, 기름이 흥건한 상태로 나왔다. 카잘이 한 것처럼 여러 가지 야채를 섞은 풀라오도 있긴 했지만 드물었고, 머터르 풀라오처럼 재료 하나가 부각되는 것이 일반적이었다. 커민 라이스를 주문한 적도 있었다. 커민을 넣고 지은 밥이 나올 거라 예상했지만 그것 또한 지어놓은 밥과 커민을 흥건한 기름에 볶은 것이었다. 그러니 내가 다바에서 경험한 풀라오 대부분은 믹스드 라이스라기보다는 프라이드 라이스, 즉 볶음밥에 더 가까웠다는 것이다. 하지만 내 몸에 익은 것과 달리 그레이비가 반드시 필요한, 무언가 부족한 볶음밥.

그렇다면 대체로 고기가 들어가기에 풀라오와 차별화되는 비르야니는 어떨까. 더러는 고기를 안 쓰는 경우가 있다지만 그래도 비르야니는 정석대로 조리하는 것이 일반적인 모양이다. 항상 비르야니를 주문할 때마다 뼈까지 있는 머튼이나 치킨을 넣고 지은 밥이 나왔다. 밀폐한 냄비에 오래 찐 고기의 부드럽고 깊은 맛, 그리고 쌀에 스며든 육수의 맛이 났다. 다바의 화구에서 막 볶은 풀라오처럼 기름지지 않았고, 그레이비가 필요하다고 느끼지 않았다. 이를 복기하는 지금 당장 다시 먹고 싶어질 만큼 진정 훌륭한 맛이었다. 그

비르야니 | biryani

풀라오와 마찬가지로 기름과 기타 재료를 섞어 지은 밥인데, 머튼이나 치킨을 뼈째로 썰어 넣는 것이 일반적이다. 인도 사람조차 자극적이라고 느낄 만큼 향신료나 마살라도 과감하게 사용해 색으로나 맛으로나 과시적인 결과를 만든다. 머튼 비르야니 270루피.

식당정보 Karim's | 41-F, Malhar Cinema Rd, F-Block, Sarabha Nagar, Ludhiana, Punjab 14100

런 비르야니에 나만 감동한 것이 아니다. 앞서 로티 항목에 적었던 것처럼 2019년 전 세계 네티즌이 가장 많이 검색한 인도 음식은 비르야니였다.

북인도의 다바에도 한국의 볶음밥과 거의 똑같은 것이 있다. 일부 다바에서는 풀라오나 비르야니 외에 프라이드 라이스를 한다. 전형적인 카레를 주문하면 티스푼을 주지만, 프라이드 라이스를 주문하면 테이블스푼을 준다. 그건 인도의 관점에서 이국적인 음식인 것 같다. 프라이드 라이스는 대개 메뉴판의 중국 음식 항목에 있었다. 다바마다 다른 방식으로 조리할 테지만, 내가 북인도에서 먹은 프라이드 라이스에선 씨앗 계열의 향신료가 들어갈지언정 강렬한 마살라 맛은 안 났다. 대신 미미한 간장 맛이 났다. 인도가 한국·일본·중국처럼 간장을 대단히 많이 쓰는 나라는 아니다. 하지만 쓴다. 한국 간장과 똑같은 것은 아니라 해도 비슷한 맛을 내는 분말이나 액상이 있고 주로 중국 음식을 할 때 쓴다.

인도 사람에게 중국 음식이란 카레처럼 매일 먹을 음식은 아닌 것 같지만 매력적인 별미다. 그건 메뉴판에 '차이니즈' 항목을 두고 있는 꽤 많은 다바에서는 물론 마트에서도 쉽게 읽힌다. 칭스 시크릿Ching's Secret이라는 유명한 자국 브랜드가 면·수프·소스 등등 여러 가지 중국(및 태국)풍 식료품을 내놓고 있다. 이 브랜드에서 나온 거의 모든 상품에는 '아이러브 데시 차이니즈desi Chinese'라는 표현이 따라다닌다. 데시는 자국(自國)을 뜻한다. 기억을 더듬자면 우리는 이 표현을 세계사 시간에 이미 접했다. 힌두와 무슬림을 분열시키려는 20세기 영국의 정치적 계략에 반하여 인도 사회는 스와데시(국산품 애용), 스와라지(자치) 등의 구호로 요약되는 민족주의 운동을 전개했다. 인도에서 물건이나 식재료에 붙은 '데시'는 국산으로 통용된다. 그러니 칭스 시크릿의 데시 차이니즈란 인도에서 나고 자란 성분으로 만든 믿을 만한 중국식 식료품이란 뜻이다.

칭스 시크릿의 '인도식 중국' 식료품은 카잘의 안산 집 냉장고에도 하나 있다. 나도 슈퍼와 마트에서 항상 마주한 것이라 인도에서 갖는 영향력을 물으니 카잘은 지금은 인기가 많지만 자신이 결혼하기 전까지만 해도 모르는 이름이었다고 말한다. 그때와 다른 오늘날 인도에서 가장 많이 먹는 외국 음식은 중국 음식일 것이다. 찔 수도 튀길 수도 있는 만두 모모스momos, 탕수육과 비슷하게 야채나 고기를 튀겨 소스에 버무린 만추리안manchurian, 간장 맛이 나는 볶음국수 하카 누들hakka noodle과 차우멘chow mein까지 인도화된 중국 음식은 다바부터 레리(노점)까지 곳곳에 있다. 그런 음식을 하는 레리에는 어김없이 패스트푸드라는 표식이 있다. 그것이 무엇인지를 판단하는 기준은 저마다 다를 것인데, 카잘은 북인도에서 노점의 패스트푸드란 각종 중국 음식으로 통한다고 말한다. 노점부터 다바와 가정까지 수요가 많으니 재료와 음식의 종류도 많다. 칭스 시크릿의 인상적인 상품명 하나는 쓰촨 프라이드 라이스 마살라Schezwan Fried Rice Masala고, 쓰촨식 볶음밥은 중국 음식을 하는 다바에서 접할 수 있는 흔한 메뉴 가운데 하나다. 내가 먹은 쓰촨 볶음밥은 일반적인 요리유가 아니라 고추기름을 쓴 것 같았고 과연 쓰촨이라는 수사에 어울리게 대단히 매웠다. 인도의 일부는 중국과 국경이 닿아 있다. 국경에서 멀어질수록 양국의 식문화는 판이하게 갈리지만 둘은 매운맛으로 쉽게 교감할 수 있는 나라다.

이렇듯 맵거나 짭짤한, 그래서 한국인이 생각하기에 맛의 균형이 있는 전형적인 볶음밥을 인도에서 먹을 수는 있지만 그런 볶음밥엔 인도 코티지치즈인 파니르가 들어간다. 지역에 따라 볶음밥에 계란을 쓰기도 하지만 펀자브는 다수의 채식 인구 중심으로 식문화가 조성되었기에 계란 없이 밥을 볶는 경우가 많다. 서양에서 소스나 파우더라고 부르고 한국에서 장·양념·조미료 등으로 통하는 것을 마살라로 여기

프라이드 라이스fried rice

중국 음식도 같이 다루는 다바에 가면 전형적인 볶음밥을 먹을 수 있다. 그런 볶음밥엔 인도 코티지치즈인 파니르가 들어간다. 지역에 따라 볶음밥에 계란을 쓰기도 하지만 펀자브는 다수의 채식 인구 중심으로 식문화가 조성되었기에 계란 없이 밥을 볶는 경우가 많다. 210루피.

식당정보 Makhan Fish and Chicken Corner Amritsar SINCE 1962 | 21A, Near Madaan Hospital Makhan Chowk, Majitha Rd, Amritsar, Punjab 143001

는 인도에서는 이런 음식을 할 때 쓰는 예외적인 재료를 차이니즈 마살라로 구분하거나 쓰촨 마살라로 세분화한다. 그런 이국적인 재료가 들어간다 해도 결과는 한국의 짜장면과 짬뽕이 그렇듯 현지화된 것이다. 여담으로 어느 다바에 싱가포르 프라이드 라이스라는 것이 있길래 호기심을 안고 주문했지만 계란도 간장도 없는 싱거운 볶음밥이 나왔다. 강황을 많이 넣었는지 빛깔은 노란색이었고, 양파와 피망 등 몇 가지 야채와 파니르가 들어간 것이었다. 그야말로 다바 스타일로 만든 풀라오였다. 화교 정체성이 전혀 느껴지지 않는 이 무국적 볶음밥을 받기 전까지, 그거 하나면 충분할 것이라 예상하고 주문을 마친 내게 점원은 그레이비를 권했다. 점원이 옳았다.

포크와 젓가락

한 달간의 북인도 일정을 마치고 동인도로 갔다. 웨스트벵골의 주도인 콜카타에 도착했다. 명분이 있었던 것은 아니고 그냥 인도를 떠나기 전에 책이라는 의무에서 벗어나 여행자다운 시간을 보내고 싶어 즉흥적으로 결정한 여정이다. 가깝지 않았다. 인도는 한국과 규모가 다르니 펀자브에서 웨스트벵골로 간다는 건 그야말로 해외여행이다. 공항이 있는 암리차르에서 콜카타까지 직항을 타면 세 시간쯤 걸린다. 주어진 시간은 길지 않은데 공항을 둘러싼 이동과 대기까지 계산하면 하루를 버리는 것이나 다름없으니 생각 좀 더 할 걸 하고 잠깐 후회했지만, 도착해서는 반드시 필요했던 여정이라고 느꼈다. 밥상은 물론 사람들의 옷차림까지 펀자브와 벵골이 얼마나 다른지를 명확하게 깨달은 것이다. 책에 필요한 의무적인 식사를 마침내 마치고 중국집에 갔을 때도 실감했다. 젓가락이 나왔다. 볶음 위주라서 포크나 숟가락으로 충분한 북인도의 한정적인 중식과 달리 콜카타엔 국물이 있는 따뜻한 국수가 있다. 한 달 만에 따뜻한 국물과 젓가락을 받으니 촌스럽게도 약간 울컥해져서 내가 중국 사람인 줄 알았다.

누구나 포크로 국수를 먹을 수 있다. 그러나 한국에서 태어난 이상 젓가락으로 콩장까지 집어 먹는 기술을 부릴 줄 알게 된다 해도 파스타만큼은 포크로 먹는 것처럼 도구도 결국 식단의 규칙을 따라간다고 생각한다. 각 밥상마다 문화를 반영한 특정한 도구가 놓일 자리가 있다. 남인도에선 손으로 밥을 먹을 때 음식 맛뿐 아니라 피부의 감촉까지 즐기기에 숟가락을 쓰면 밥에서 쇠 맛이 난다고 생각하는 것

하카 누들hakka noodle

간장 맛이 나는 볶음국수로, 인도에서 가장 쉽게 접할 수 있는 중국 음식이다. 웨스트벵골로 이주한 중국의 하카족이 나눈 것이 기원이다. 면을 잘게 잘라서 볶기에 포크만으로 충분하다. 160루피.

식당정보 Basant Food and Sweets | bb SCO 141, Feroze Gandhi Market, Jila Kacheri Area, near Ludhiana Stock, Exchange, Model Gram, Ludhiana, Punjab 141001

처럼. 시크샤가 혼자 사는 루디아나 집에는 젓가락은커녕 포크도 없지만 숟가락은 티스푼부터 서빙스푼까지 서른 개가 넘는다. 그건 손으로 로티 위주의 식사를 할 때도 카레를 수월하게 다루기 위해 필요한 것이다. 카잘의 안산 집에는 젓가락이 있지만 카잘은 조리 도구로 더 많이 쓴다. 카잘이 음식이 익었는지 확인할 때나 쓰는 젓가락이 내게 뜬금없이 감상적인 도구가 될 줄은 몰랐다. 젓가락을 놀리는 감각에 갑자기 취해 그 식당에 또 갔다. 콜카타로 이주한 외국인이 운영하는 곳이다. 식당 이름은 홍콩이다. 나와 피부색이 같은 객과 중국어로, 혹은 내가 인지하지 못하는 다른 언어로 소통하던 사장은 내게 국적을 묻고는 반가워하며 분명한 발음으로 "코리안 탕수육"이 여기에도 있다면서 권했다. 돼지고기를 밀가루 반죽에 입혀 튀긴 만추리안이었다.

북인도에서 중국 음식을 먹으려면 인도 음식은 물론 파스타까지 다 하는 다바에 가거나 노점으로 가야 한다. 그들 가운데 일부는 고기를 쓰긴 하지만 대부분 뼈 없는 치킨에 한정된다. 반면 콜카타에는 중국 정통 요리를 하는 전문 식당이 꽤 많다. 조리팀과 홀팀의 일원으로 인도 사람을 고용할 수 있어도 대부분 중국계 이주자가 운영한다. 지금은 많이 침체되었지만 콜카타엔 차이나타운도 있다. 중국인은 18

세기부터 본격적으로 벵골만을 통해 지금의 콜카타와 첸나이 등 동쪽 해안가에서 교역을 하다가 일부는 정착했다. 오늘날 인도 전역에서 먹는 하카 누들은 웨스트벵골로 이주한 중국의 하카족이 남긴 것이다. 그 때문일까. 인도 사람들은 면 요리를 중국 음식으로 생각하는 경향이 있다. 심지어 라면까지도.

비카스 스와루프의 소설 『6인의 용의자』 속 문나 모바일은 리투와 사랑에 빠진다. 둘은 계급이 다르고 삶의 수준도 다르다. 리투의 제안으로 둘은 중국집에서 데이트를 하는데, 리투는 좋아하는 중국 음식을 묻지만 그런 외식을 해본 적 없는 문나 모바일은 곤란하다. "결국 내가 아는 유일한 중국 음식으로 난국을 빠져나갈 수밖에 없었다. "소면!" "말도 안 돼!" 그녀는 활짝 웃고는 수프 두 개와 이상한 이름의 요리 몇 가지를 주문했다."[80] 한국어 책에서 소면으로 번역된 그 중국 음식은 원작에 따르면 매기Maggi다.[81] 인도에서 가장 유명한 라면이다. 10대 야시카가 레이즈Lay's(한국의 포카칩이나 수미칩 같은 감자 과자)와 함께 끼니 대신 찾는 날이 많아 카잘을 한숨 쉬게 만드는 것이다. 라면이니 면이 구불구불한데, 그래서 인도에선 곱슬머리를 매기 헤어라고 부르기도 한다. 나도 몇 개 샀다. 봉투에 적힌 레시피를 봤더니 물이 끓는 동안 면을 4등분하라는 게 첫 번째 순서였고, 레시피를 준수한 덕분에 포크조차 필요하지 않은 라면이 완성되었다. 인도의 하카 누들도 마찬가지다. 파는 곳 대부분이 포크를 주지만 숟가락으로 충분할 만큼 면을 잘게 잘라서 볶기 때문이다. 매기는 길에서도 많이 판다. 한국의 분식점과 비슷한 서비스지만 과연 인도답게 시판 라면에 여러 가지 마살라와 파니르를 더해 끓이고 숟가락이나 포크를 준다.

『6인의 용의자』에는 이런 대목도 있다. "람 둘라리는 (⋯) 영어가 유창하고 (⋯) 나이프와 포크를 능숙하게 사용한다. (⋯) 젓가락으로 잡채를 집을 수도 있다."[82] 한국인 번역가가 잡채로 옮긴 단어는 원서에 따르면 찹수이chop suey다.[83] 인도화된 하카 누들과 마찬가지로 미국으로 이주한 화교를 통해 미국화된 이른바 아메리칸 차이니즈 푸드다. 그건 카잘도 모르는 음식이다. 인도에선 찹수이보다 차우멘을 더 많이 먹고 이는 하카 누들과 큰 차이가 없는 것인데, 작가가 굳이 찹수이라 쓴 이유는 등장인물 람 둘라리의 교양을 보여주기 위해서였을 것이라 생각한다. 서양 사람들처럼 영어 및 포크와 나이프 사용에 능숙하며 서양식 '잡채'도 젓가락으로 먹을 줄 아는 캐릭터라는 것이다.

인도에서 면 요리는 대단한 것이 아니지만 라면조차도 인도적이지 않은 것으로 분류되며 여기에 젓가락을 더하면 완전히 인도를 벗어난다. 밥상 위의 도구는 정형화된 식단의 일부다. 중국의 식단도 인도에서 많이 먹는 밀가루와 야채에서 시작했다 해도 그걸 몸으로 전달하는 도구가 다르다. 도구가 지나다니는 길이 다르기 때문이다. 그 차이가 때때로 우리의 밥상과 이웃의 밥상을 가른다.

Chapter 2

채식 바깥에서

베지와 논베지 사이에서

탄두리 치킨
tandoori chicken

오 븐 에 구 운 닭

◎ ◎ ◎ 델리에 도착해 코카콜라를 샀더니 늘 봐온 것과 똑같은 캔에 녹색 동그라미가 하나 붙어 있었다. 며칠 뒤 패스트푸드 프렌차이즈 버거 싱Burger Singh(버거킹이 아니다!)에서 알루 버거(감자 패티)와 치킨 버거를 주문했을 때는 각각 녹색과 붉은색 종이로 포장한 햄버거를 받았다. 이 녹색과 적색 라벨은 인도에서 포장되어 판매되는 모든 식품에 필수적으로 표시되는 것으로, 인도 식품안전표준법이 2006년 시행하고 2011년부터 의무화한 규정에 따른 것이다.[84]

녹색 라벨은 락토 베지테리언lacto vegetarian을 뜻한다(락토는 우유를 뜻하는 라틴어에 어원을 두고 있다). 육류·생선·달걀은 거부하고 유제품과 식물성 재료를 허용하는 것이다. 붉은색은 논 락토 베지테리언non-lacto vegetarian이다. 현실에선 보다 간단한 표현이 통용된다. 녹색은 베지veg, 붉은색은 논베지non-veg다. 베지와 논베지는 음식이 될 수도, 그러한 음식을 먹는 사람이 될 수도 있다. 이는 가공식품은 물론 식당의 간판에서도 흔히 접하게 되는 표현이자 표식으로, 종교 외 여러 요인에 따라 먹는 것이 달라질 수 있는 인도에서 무슬림의 할랄이나 유대인을 위한 코셔 인증처럼 신념으로 인해 무언가를 먹지 않는 사람을 보호하는 제도적인 안전장치가 된다.

바람직하지 않지만, 그런 이유에서 인도에선 누군가를 미워할 때 먹는 것으로 끔찍한 고통을 줄 수 있다. 먹어서는 안 될 음식을 먹이거나 죽여서는 안 될 동물을 죽여 인간을 파괴하는 것이다. 드라마 「신성한 게임」에는 이로 인해 쑥대밭이 된 뭄바이의 어느 베지 식당이 나온다. 월급을 체납한 사장에게 복수하기 위해 직원이 밥에 닭의 뼈를 숨겨 객에게 내보냈다가 벌어진 일이다.[85] 의도가 다르다 해도 그건 치명적인 실수가 될 수 있고, 인도 이민자 사회에서도 법원까지 갈 수 있는 일이다. 2009년 미국 뉴저지에서 베지 사모사를 주문한 사람이 논베지 사모사를 내온 식당에 영적 상해에 대한 배상을 청구했고, 2011년 고등법원은 원고의 편을 들어주었다.[86] 고객이 승소한 것이다. 이런 뉴스를 봤다고 카잘에게 말하니 미국이라서 그 정도로 끝나는 거지 인도라면 식당 사장을 죽일 수 있는 일이라고 매우 덤덤하게 말했다.

인도에서 고기란

가장 유명한 힌두 신화는 어쩌면 『마하바라타』나 『라마야나』가 아니라 고기를 먹지 않는다는 것일 수도 있다. 흔히들 인도 사람들은 소를 존중하고 고기를 먹지 않는다고 생각한다. 좀 복잡하지만, 맞을 수도 있고 맞지 않을 수도 있는 말이다. 인도는 넓고 인구는 많으며 종교도 많다. 그리고 각각의 믿음에 따라 먹는 것이 갈릴 수 있다.

육류로만 한정해 말하자면 힌두교도(인도 인구의 79.8%)와 시크교도(1.72%)의 대다수는 쇠고기를, 무슬림(14.23%)의 대다수는 돼지고기를 먹지 않는다. 치킨과 머튼은 기독교도(2.3%)를 포함해 종교의 제약 없이 소비된다. 무슬림과 기독교도는 대체로 고기를 먹고, 힌두교도·시크교도·자이나교도는 먹지 않는 인구가 많다. 그러나 종교에 대한 해석이 다르면, 혹은 사는 지역이나 삶의 방식이 다르면 이런 기준도 달라질 수 있다. 보편적인 경향이라는 것은 있지만 예외는 있고, 예외라고 해도 13억이 넘는 인구 대국 인도에서는 그 수를 감히 적다고 말할 수가 없다.

어떤 힌두교도는 고기를 엄격하게 금한다. 그러나 어떤 힌두교도는 고기를 먹는다. 펀자브 출신의 힌두교도인 카잘은 "고기는커녕 계란도 안 먹는 집"에서 태어났다. 똑같이 펀자브 출신이자 중간성이 같은(카스트가 같은) 힌두교도이자 카잘보다 더 깊숙한 시골에서 자란 배우자 야시는 치킨과 머튼을 좋아하는 사람이다. 그런 야시의 어머니인 시크샤는 육류와 생선은 물론 계란도 먹지 않는다. 원가족과 거리를 두고 사는 카잘은 이제 고기를 조금은 먹는다. 기름기 없는 닭 가슴살과 과자처럼 바싹 구운 삼겹살 정도만 먹는다. 한국에서 생활하니 고기를 피하기 어려운 데다 가족이 원하니 요리하면서 조금씩 먹게 된 것인데, 그리 즐기지는 않는다. 카잘은 고기 이야기가 길어지면 인상을 쓸 때가 많다. 대화를 거부하겠다는 뜻은 아니다. 뼈가 있고 피가 있는 고기란 카잘에게 여전히 징그러운 물질이다.

2011년 기준 인도의 성비는 1000:943으로, 남성 인구가 더 많다.[87] 2015년 인도의 남성 48.9%가 매주 한 번 이상 생선이나 육류를 먹었다. 여성은 42.8%다. 이처럼 인도의 논베지 인구는 전반적으로 여성보다 남성이 더 많다는 것만큼은 명확하다. 하지만 세부적인 지역 데이터를 보면 인도는 과연 연방 국가답게 문화가 다른 여러 나라가 붙어 있는 땅으로 느껴진다. 2015년 카잘의 근거지인 펀자브에서 논베지 남성의 비율은 9.1%다. 여성은 그 절반에도 못 미치는 4%다. 웨스트벵골에서 시작하는 북동쪽에선 성별에 관계없이 인구의 절반 이상이 생선을 소비하고, 델리 같은 대도시나 잠무카슈미르처럼 무슬림 인구가 많은 지역에선 육류 소비량이 높다.[88] 이는 2016년 국가가족건강조사라는 인도 정부 산하기관이 공개한 방대한 자료의 일부인데, 한 언론은 이 결과를 보도하면서 논베지 경향에는 나이·결혼 여부·지역·부·계급이 요인이 된다는 해석을 덧붙였다.[89] 인도에서 누가 무엇을 먹는가 하는 문제를 종교로 설명할 수도 있지만 다른 이유도 작용한다는 것이다. 모두가 힌두교도이지만 구성원마다 종교 순응도와 육식 허용치가 다른 카잘 가족만 봐도 그렇다.

카잘과 함께 탄두리 치킨 이야기를 시작했을 때 나는 인도에 그걸 집에서 만들어 먹는 문화가 있는지부터 물었다. 주로 밖에서 먹는다는 답이 돌아왔는데, 나는 당연히 만들기 번거로워서일 것이라고 예상했지만 카잘이 설명한 이유는 그게 아니었다. 탄두리 치킨은 논베지 음식이기 때문에 밖에서 먹는다. 카잘은 이해를 돕기 위해 한국에서 두 가지 의미를 갖는 집이라는 개념이 인도의 힌두 문화 안에서는 분리된다는 것으로 말문을 열었다. 마칸makaan은 주거지(house)다. 단순히 공간의 의미를 넘어 남성 혼자 사는 집을 마칸이라고 부르기도 하는데, 힌두의 관점에서 그런 마칸은 '불완전'한 집이라 고기가 있어도 문제될 것이 없다. 가르ghar는 가정(home)이다. 여성의 노동으로 깨끗하게 관리되는 집이자 주방에 고기가 없어야 하는 집이다. 야시가 눈치를 살피면서 내게 들려준 이야기에 따르면 인생의 첫 고기는 어린 날 아버지와 함께 밖에서 먹은 것이다. 그건 자랑스럽게 말할 수 있는 일이 아니고, 자신이 한국에 있고 내가 한국 사람이라서 이렇게 솔직하게 말할 수 있는 것이라고 내 눈을 피하면서 덧붙였다. 야시 부자가 밖에서 고기를 먹고 들어오면 가르의 관리자인 시크샤가 화를 내곤 했다.

참담하지만 어느 사회에서나 그렇듯 인도에서도 가정에서 요리를 하는 사람은 여성인 경우가 많고, 베지도 여성이 더 많다. 누군가는 이를 인도에서 남성은 집 바깥에 있는 시간이 많기 때문이라고 본다.[90] 육류를 먹지 않는 사람은 육류를 만지고 다루는 것도 꺼린다. 그렇기 때문에 고기를 원하는 사람이 알아서 밖으로 나가서 먹는 것이다. 카잘은 인터넷에서 쏟아지는 자극적인 정보의 영향으로 먹거리에 대한 인도 사람들의 의식이 많이 변해서 요새는 논베지 식당이 인기가 많지만 성역할과 종교적 권위는 그대로라고 말한다. 힌두교도 여성 대다수의 관점에서 고기를 먹는 사람이란 "동물을 잘라서 먹는 나쁜 사람"이자 "신에게 혼날 사람"이니 그들은 가족에게 나쁜 일이 생길 것을 걱정해 고기를 집으로 들이지 않는다. "여자가 고기까지 먹으면 죽어서 어떻게 신의 얼굴을 보느냐고 해요. 남자가 바람을 피우는 건 그렇지 않은데 여자가 바람을 피우면 하늘이 무너진다고 생각해요. 인도에선 여자를 소라고 부르기도 해요. 묶어놓으면 계속 거기 있으니까."

베지가 주방의 주도권을 가진 집에서도 고기 요리를 할 수는 있다. 그리 간단하지는 않다. 고기를 먹고자 하는 사람이 직접 조리해야 한다. 조리 도구도 분리해서 써야 한다. 콩 요리를 하는 냄비 따로, 치킨 요리를 하는 냄비 따로 쓰는 것이다. 마지막으로 주방을 깨끗하게 청소해야 한다. 그 청소란 소독의 개념에 가깝다. 식기 및 주방 도구에 동물의 피가 다녀갔다면, 그 주방을 함께 쓰는 베지를 화나게 하지 않으려면 그릇은 물론 화구까지 박박 닦아야 한다. "야시가 고기 요리한다고 주방에 드나들 때면 야시 어머니가 늘 그랬대요. 또 무슨 쓰레기 같은 음식을 만드는 거냐고." 가정 내 베지와 논베지 갈등은 영화에도 있다. 아버지가 딸 둘을 레슬러로 키우는 과정을 다룬 「당갈」(2016)에 이를 보여주는 장면이 나온다. 딸들의 운동 역량 강화를 위해 고단백질 식단이 필요하다고 느낀 마하비르 싱 포갓은 생전 안 먹던 치킨을 사 와서(작품에서 동네 정육점은 무슬림이 운영하는데 이 또한 현실을 반영한 것이다) 직접 요리하려 하는데, 그러려면 먼저 배우자를 통과해야 한다. 베지 가정에서 그간 가사를 맡아온 아내는 소리친다. "내 주방에서 고기 요리하면 나 단식할 거야. 이 솥은 내 주방에 못 들어와." 엄격한 육식 거부는 외식에도 적용된다. 다바 대부분은 간판과 메뉴판에 베지와 논베지를 명시하는데, 논베지 다바는 항상 베지 음식을 같이 한다. 고객은 이런 다바가 베지 음식을 어떻게 만드는지 정확하게 알 수 없다. 고기 요리를 한 솥에 콩 요리를 만들어 내갈 수도 있다는 것이다. 이를 꺼리는 사람들은 논베지 메뉴 없이 순수하게 베지만 하는 다바에 간다. 그런 다바 대부분은 '100% 베지' '퓨어 베지' 같은 강조 표현을 간판에 붙여두고 있다.

카잘은 결혼하기 전까지 생닭을 스스로 만진 적이 없다. 야시가 치킨을 좋아하기 때문에 양념만 만들어주고 나머지 작업을 그에게 넘겼으며(「당갈」속 부부도 똑같은 방식으로 역할을 나눠 치킨을 조리한다), 조리가 끝난 뒤에는 가스레인지와 주방의 벽면까지 박박 닦았다. 생닭의 흔적이 눈에 보이는 곳에, 더군다나 자신이 머무르는 시간이 긴 공간에 남아 있어서는 안 됐다. 이제는 아이들도 좋아하기 때문에 어쩔 수 없이 다루고 있지만 여전히 생닭의 촉감도 싫고 피가 보이는 건 더욱 싫다. 한국 요리도 잘하는 카잘은 삼계탕을 두고 "만드는 요령은 알지만 영원히 할 수 없을 것"이라고 말한다. 먹을 자신도 없다. 닭을 통째로 먹어야 한다는 것이 끔찍하다고 느낀다. 카잘은 한국 생활 10년 차라서 고기를 종종 먹는데 닭 가슴살과 뼈 없는 삼겹살 부위 정도다. 고기에서 뼈와 피가 느껴지는 순간 그걸 먹는 스스로가 너무 야만적이라고 느껴서 소름이 끼친다. 결국 차차 적응하게 되었지만 10년 전에는 힘든 것이 참 많았다고 말한다.

탄두르라는 오븐

대부분의 다바는 베지 요리와 논베지 요리를 하는 스테이션이 다르다. 북인도 요리는 화구 말고도 오븐을 많이 쓰는데, 밀전병을 굽는 오븐이 따로 있고 고기를 굽는 오븐이 따

탄두리 치킨tandoori chicken

뼈가 있는 닭을 요구르트와 마살라에 재웠다가 꼬치에 끼워서 오븐에 구우면 탄두리 치킨이 완성된다. 인도에서 쓰는 오븐을 탄두르라고 부른다. 탄두르 바닥에 숯이나 장작으로, 혹은 소똥으로 불을 피우면 내부 전체가 뜨거워져서 열효율이 좋은 오븐 효과가 난다.

식당정보 Tandoori Zayka, Rehri Market | 3, M.M Malviya Rd, Maharaja Ranjit Singh Nagar, INA Colony, Amritsar, Punjab 143001

로 있다. 용도는 달라도 이름은 똑같다. 탄두르다. 한국의 인도 식당도 대부분 갖추고 있는 인도의 전통적인 점토 오븐이다. 밀가루 반죽을 탄두르의 내벽에 붙여 구우면 난이나 로티 같은 밀전병이 나온다. 뼈가 있는 닭을 요구르트(한국에선 육질을 부드럽게 하기 위해 닭을 우유에 재우는 경우가 많지만 인도에선 같은 용도로 요구르트를 많이 쓴다)와 마살라에 재웠다가 긴 꼬치에 끼워서 탄두르에 세워 넣으면 탄두리 치킨이 완성된다.

탄두르는 대체로 긴 원통형이다. 항아리처럼 곡선이 부각된 모델도 있고 싱크대처럼 금속 소재로 만든 직육면체 탄두르도 있지만, 델리와 펀자브에서 다바를 관찰하고 동네 잔칫집에 다녀간 출장 요리 팀의 장비에도 눈길을 준 결과 요새는 드럼통 내벽에 흙을 발라 굳혀서 만든 것이 가장 선호되는 것 같다. 직육면체 탄두르 역시 내부는 흙을 발라서 원통형으로 설계한다. 카잘과 루디아나 시내를 구경하다가 탄두르를 만들어 파는 매장에 잠깐 들러 가격을 물어봤는데, 드럼통으로 만든 것은 1,500루피(약 24,000원)에서 시작한다. 이런 탄두르는 대개 밀전병을 만드는 데 쓴다. 고기를 구울 때도 같은 탄두르에 꼬치를 넣어 익힐 수 있지만, 규모가 좀 있는 다바가 입구에 두고 쓰는 고기 전용 탄두르는 노점의 부스와 비슷하게 생겼다. 객의 눈에는 보이지 않는 하단에 선 불이 타오르고, 상단에는 유리벽이 있어 꼬치 사이로 고기가 익어가는 과정이 보인다. 논베지 요리는 확실히 과시적이다. 반면 전통적인 항아리형 탄두르는 굽는 사람 아니고서야 음식이 익어가는 걸 볼 수 없는 구조다.

탄두르 바닥에 숯이나 장작으로, 혹은 소똥으로 불을 피우면 내부 전체가 뜨거워져서 열효율이 좋은 오븐 효과가 난다. 최대 480℃까지 오르는 그 뜨거운 공기가 겉은 바삭하게 안은 촉촉하게 음식을 익히고, 나아가 음식이 익거나 타면서 발생하는 고소한 냄새가 음식에 다시 스며들어 맛을 강화한다. 단점은 연기가 난다는 것이다. 그런 이유에서 대부분의 식당에서는 환기가 잘되도록 입구에 설치하고, 집에 두고 쓴다면 연기도 고려해야 하고 매일 필요하진 않으니 옥상이나 마당에 둔다. 카잘은 탄두르가 눈에 보이지 않는 식당이라면 환기 설비를 잘 갖춘 비싼 식당일 확률이 높을 것이라고 했는데, 탄두르를 숨겨놓은 고급 식당의 주방까지 구경하진 못했지만 펀자브와 델리의 다바 입구엔 항상 탄두르가 한 개 이상 있었고 최소 두 명에서 많게는 열 명까지 되는 직원이 그 주변에서 일하고 있었다. 그들이 탄두르로 가장 많이 만드는 것은 난·로티·파라타 같은 밀전병이다. 탄두리 치킨 같은 육류는 논베지 다바에 가야 있다. 한식점에 가면 항상 밥이 나오는 것처럼 밀전병은 모든 다바에서 한다. 즉 북인도에서 탄두르는 밥과 같은 것을 주는 도구다. 셰프 가간 아난드에 따르면 "주방의 심장이자 영혼"이다.[91]

인류가 오븐보다 먼저 발명한 기술은 농경이다. 곡물을 발견하고 그 성질을 파악하고, 흙과 돌로 오븐을 설계해 반죽을 구운 것이다. 농경문화 이후라고는 해도 인류는 글을 쓸 줄 알기 전에 돌을 가지고 오븐을 만들었다.[92] 인류의 역사에서 가장 오래된 오븐은 오늘날의 중부 유럽에서 발견되는데, 기원전 29,000년에 만든 것으로 추정된다.[93] 문명으로 넘어오면 메소포타미아 수메르 왕조의 전설적인 왕 길가메시를 둘러싼 연대기에 탄두르의 어원으로 보이는 티누루 tinūru(아카디아어)라는 개념이 언급된다. 진흙과 불로 구성된 것이라 한다.[94] 18세기 프랑스 작가가 시리아에서 들은 옛 이야기를 옮긴 『천일야화』 속 「알리바바와 40인의 도적」에서 도적 떼는 항아리에 몸을 숨긴다. 그들은 항아리에 부은 뜨거운 기름으로 최후를 맞이하니 오븐이라고 볼 수는 없지만, 인간이 숨을 수 있는 크고 깊은 항아리가 중동에서 예로부터 보편적인 주방 도구였음을 보여주는 증거가 될 수는 있겠다. 제정신으로 거기 들어갈 리야 없겠지만 오늘날 인도에서 쓰는 탄두르도 바닥에 피운 장작과 벽면의 밀전병이 직접 접촉할 수 없을 만큼, 지팡이 길이쯤 되는 긴 꼬치를 세울 수 있을 만큼 깊이가 있다. 이집트와 인더스 계곡 주변의 하라파와 모헨조다로에도 항아리 오븐의 흔적이 있다고 하니 인도의 탄두르 문화는 고대 이란을 중심으로 한 식문화 역사와 같은 선상에 있고, 인도 아대륙에서 이를 선점한 지역은 마케도니아의 알렉산더 대왕부터 이슬람 세력까지 숱한 침략자가 가장 먼저 다녀간 구 펀자브 지방이다. 구 펀자브란 앞서 로티 항목에 적은 것처럼 1947년 파티션 이전의 펀자브를 의미한다. 오늘날의 인도 펀자브를 중심으로 델리와 파키스탄에 이르기까지 사방으로 뻗은 넓은 땅이다.

여러 인종과 종교와 문화가 만난 허브인 구 펀자브에서 탄두르의 사용을 적극 권장한 영적 지도자가 있었다. 구 펀자브 라호르(현 파키스탄)의 작은 마을 출신이자 시크교의 창시자인 구루 나낙 데브Guru Nanak Dev(1469~1539)다. 그는 어느 날 깊은 깨달음을 얻고 "힌두교도는 없고 무슬림도 없다"고 선언한 뒤 작은 모임을 만들어 마을로, 또 마을 바깥으로 복음을 전파하기 시작했다. 그가 고안한 시크교는 이슬람교와 달리 예언을 따르지 않는다. 힌두교도와 달리 만인이 평등하다고 여겨 모든 남성 교도에게 싱Singh이라는 중간성을 부여한다(시크교도가 아니어도 싱이라는 이름이나 성을 쓰는 경우가 있기는 하다). 힌두교도의 이름에 카스트가 들어가는 자리를 일원화한 것이다(여성의 경우 이름 뒤에 카우르Kaur가 붙는다). 구루 나낙은 종교의 창시자이자 권위자로서 보다 나은 인간의 삶을 위해 먹거리의 평등에 대해서도 고민했는데, 그가 내놓은 답 하나는 란가르langar다. 지역 사회 및 시크교 사원에서 운영되는 공동 주방이다. 종교·카스트·피부색·신념·나이·성별·직업 및 사회적 지위에 관계없이 평등의 원칙을 적용해 설계된 것이다. 란가르에서 밥을 만든다는 것은 봉사고, 비용이 따르는 밥을 나누는 것은 자선이며, 제공되는 모든 음식은 베지다. 란가르는 지금까지도 사용되는 개념이다. 종교적인 의미를 갖는 공동 주방을 가리킬 뿐 아니라 행사를 통해 지역 사람들에게 음식을 무료로 나눌 때, 노숙자에게 무료 급식을 할 때 쓰는 표현이다.

주방이 운영되려면 도구가 있어야 한다. 펀자브를 비롯한 북인도에서 예나 지금이나 가장 많이 쓰는 조리 도구는 탄두르다. 어떤 탄두르는 공동 주방 바깥으로 나와 한 지역에 사는 사람들 모두가 함께 쓰도록 장려되었다. 그것을 산자출하sanjha chulha라고 부른다.[95] 펀자브어로 공동 오븐을 뜻한다. 공동 탄두르는 구루의 뜻대로 종교의 벽을 어느 정도 허문 것 같다. 힌두교도인 카잘도 그 탄두르를 안다. 끼니때가 다가오면 여러 가정 요리사들이 각각 밀가루 반죽을 들고 마을 구릉에 땅을 파서 설치한 산자 출하 주변으로 모였고, 이웃의 음식이 익어가는 동안 동네 대소사부터 혼담까지 수많은 말이 오갔다. 지금도 펀자브 지역엔 그 문화가 남아 있는 마을이 있지만 전과 같지는 않은데, 일부 복지 단체에서는 산자 출하 부활 운동을 추진하기도 한다. 펀자브의 저소득 가정이 더 저렴한 비용으로, 가스보다 친환경적인 방식으로, 더 맛있고 건강한 음식을 누릴 수 있도록.[96]

1947년 파티션 이후로 공동 오븐의 운명은 달라졌다. 탄두르는 개인 소유가 되어 마을을 넘어 지역의 다바로, 펀자브 바깥으로 이동했다. 그렇게 이동한 펀자브 사람들이 인도 전역에, 나아가 세계에 펀자브의 음식을 대중화한 주역이다. 그들에게 탄두르란 생존의 도구이면서 동시에 끔찍한 역사의 부산물이다. 식민지 역사 청산의 기쁨을 누릴 새도 없이 힌두교도와 무슬림의 땅이 구분되면서, 생존의 위협을 느낀 어떤 종교인은 고향을 떠났고 누군가는 세상을 떠났다. 가장 많은 인구가 이동한 지역은 파티션으로 인해 서쪽은 무슬림의 땅으로, 동쪽은 힌두교도의 땅으로 쪼개진 구펀자브다. 펀자브 바깥의 대도시 또한 상당한 종교 인구를

빨아들이고 뱉었다. 당시 델리는 약 45만 명이 유출되고 50
만 명이 유입됐다.[97]

탄두리 치킨의 메카

이 피비린내 나는 역사의 한복판에서 난민이 된 사람 가
운데에는 쿤단 랄 자기Kundan Lal Jaggi(1923~2018)도 있었다. 구
펀자브 페샤와르(현 파키스탄) 출신으로, 지역 식당에서 일하
던 요리사다. 그의 전 직장 이름은 모티 마할Moti Mahal이다.

모티 마할은 페샤와르에서 처음으로 식당 한가운데에 탄
두르를 설치한 곳이다.[98] 인류는 오랜 세월 오븐을 빵을 굽
는(baking) 용도로만 사용했을 뿐 고기는 직화로 익혔다
(roasting). 조리 시간 때문일까. 빵은 로티처럼 넓고 얇게 펴
면 금방 익지만 고기는 뜨거운 공기만으로 속까지 익히려면
긴 시간과 더 많은 연료가 필요하다. 이는 베지 인구가 많으
며 지역 공동 탄두르로 로티와 달을 만들던 펀자브에서도
마찬가지였는데, 어떤 이유에서인지 페샤와르에서만큼은 이
례적으로 탄두르에 고기를 굽는 문화가 있었다고 한다. 그런
환경에서 살고 일하던 쿤단 랄 자기는 파티션으로 인해 일터
가 문을 닫았을 때 대대적인 피난 행렬을 따라 가족과 델리

탄두리 치킨 tandoori chicken

탄두리 치킨은 논베지 음식이기 때문에 대체로 밖에서 먹는다. 육류를 먹지 않는 사람은 육류를 만지고 다루는 것도 꺼린다. 그렇기 때문에 고기를 원하는 사람이 알아서 밖으로 나가서 먹는 것이다. 250루피.

식당정보 Baba Chicken | Near Ishmeet Chowk, Shastri Nagar, Model Town, Ludhiana, Punjab 141001

로 남향했고, 동향 출신 쿤단 랄 구즈랄Kundan Lal Gujral(운영 담당), 타쿠르 다스 마고Thakur Das Mago(재정 담당)와 올드 델리의 다리아간지Daryaganj로 갔다. 거기서 폭동으로 엉망이 된 건물의 땅을 사서 작은 식당을 열고 고향 요리를 선보인 것이다. "델리 사람들은 알루 푸리를 먹었다. 그러나 펀자브 사람들은 난과 로티를 먹었다. 우리는 여기서 빵과 차를 팔기 시작했고, 그런 뒤에 탄두르 세 개로 치킨과 생선을 구웠다."[99] 1947년 델리에 개업한 식당의 이름은 전 직장 사장에게 허락을 받고 모티 마할로 정했다.

델리의 모티 마할은 펀자브 음식 문화의 역사를 추적할 때 반드시 통과하게 되는 관문이다. 어떤 사람들은 인도 음식의 혁명이 여기서 시작되었다고 말한다. 탄두리 치킨은 물론 차차 만나게 될 버터 치킨·치킨 티카·달 마카니에 이르기까지 오늘날 전 세계에서 쉽게 접하는 인도의 상징적인 음식이 여기서 처음 나왔기 때문이다. 일부는 식당의 초기 구성원이 과거 일터에서 만들던 고향 음식을 소개하고(탄두리 치킨) 일부는 요리사의 본능으로 응용한(버터 치킨) 결과다. 처음부터 잘된 것은 아니다. 힌두교도 대다수는 바깥에서 일해도 고기를 먹지 않았다. 모티 마할의 설립자들과 마찬가지로 지금의 파키스탄 지방에 살다가 파티션으로 난민이 된 사람들만이 치킨을 먹었다.[100] 델리 모티 마할의 초기 고객인 아닐 찬드라의 회고에 따르면 그때만 해도 델리에서 살던 무슬림도 치킨을 좀처럼 먹지 않았고, 젊은 사람들조차 펀자브 요리사의 새로운 맛에 눈을 뜨기까지 약간의 저항이 있었다.[101] 이는 지금으로부터 70여 년 전의 이야기다. 파티션은 인도의 많은 부분을 바꿔놓았다. 삶의 방식은 물론 사람들의 입맛까지도.

70여 년이라는 짧은 시간 동안 탄두리 치킨이 인도는 물론 세계에서 대중화된 이유로 혹자는 두 가지 이유를 제시한다. 하나는 만들기 간편하다는 것이다. 칼과 도마를 반드시 필요로 하지 않는다. 절단되어 유통되는 닭을 요구르트와 향신료에 재워두는 것도, 꼬치에 끼워 탄두르에 굽는 것도 모방하기 어렵지 않은 기술이다. 특히나 탄두르는 장만하기에 부담스럽지 않아 모든 다바가 갖추는 필수품이 되었다. 두 번째 이유는 탄두리 치킨의 맛이다. 특히 서양인에게 카레 위주의 인도 음식은 맵고 흥건할 수 있는데, 탄두리 치킨은 이 같은 인도 음식의 보편적인 특성과 정반대다. 맵지 않으며 건조하다.[102] 탄두리 치킨은 1947년 델리에서 시작해 1950년대 후반 당시 봄베이(오늘날의 뭄바이)와 캘커타(오늘날의 콜카타)에 도착했다. 1970년대에는 세계로 진출했다. 서구

사회의 인도 식당 대부분은 1970년대 후반부터 탄두르를 갖추고 있었다.[103]

델리의 번화가인 코넛 플레이스에서는 1950년대부터 펀자브 사람들이 식당을 차지했다.[104] 한때 고속도로 휴게소로만 통했던 다바가 펀자브 음식을 하는 식당을 부르는 이름으로 의미가 확장된 것도, 이제는 세계 어디에서나 인도 식당에서 탄두리 치킨을 접할 수 있는 것도 파티션 이후로 펀자브 사람들이 대거 이동한 결과다. 인도 음식 문화의 새로운 지평을 연 이 변화의 한가운데에는 펀자브 음식을 대도시에서 소개한 모티 마할이 있다. 모티 마할을 물려받아 운영하는, 쿤단 랄 구즈랄의 손자 모니시 구즈랄은 자신의 가족이 남긴 인도의 유산을 이렇게 정리한다. "그는 인도 요리의 얼굴을 바꾼 사람이다. 인도의 맛을 세계화한 주역이다. 인도의 음식을 혁신적으로 고급화한 것이다. (…) 그게 탄두리 치킨이다."[105]

이를 가문의 자화자찬으로 의미를 축소하기엔 벌어진 일의 스케일이 상당히 크다. 1947년 델리에 문을 열었던 모티 마할은 1970년대부터 '모티 마할 디럭스'라는 이름으로 프랜차이즈 사업을 시작해[106] 현재 인도 전역은 물론 뉴질랜드·오만·사우디아라비아까지 150여 개 지점을 운영하고 있다.[107] 인도 전 교육부 장관 아불 칼람 아자드는 "델리에 와서 모티 마할의 탄두리 치킨을 안 먹고 가는 건 아그라에 가서 타지마할을 안 보는 것과 같다"고 말했다.[108]

어쩌다 보니 내가 그 어리석은 사람이 되었다. 모티 마할에 가기 전에 탄두리 치킨이 다른 곳에서 먼저 찾아왔고, 결국 거기 갔지만 탄두리 치킨은 먹지 않았다. 탄두리 치킨 말고도 모티 마할이 발명한 음식은 많고, 모티 마할 말고도 탄두리 치킨을 먹을 곳은 많다. 그건 북인도의 거의 모든 논베지 식당에 가면 늘 있는 것이다. 그리고 모티 마할은 지금까지 운영되지만 70여 년 전과 똑같은 것이라고 말할 수는 없을 것이다. 초기 요리사들은 식당을 떠났고 세상을 떠났으며 지금의 모티 마할은 일부 후예들의 사업이다. 모티 마할은 인도의 식문화를 바꾸고 결국 자신도 변했다.

치킨 카레의 대명사

버터 치킨
butter chicken

탄 두 리 치 킨 이 들 어 간 카 레

◎ ◎ ◎ 버터 치킨은 치킨 카레다. 탄두리 치킨에 토마토·버터·크림을 섞은 묵직한 그레이비를 끼얹은 요리로, 보통 난과 함께 먹는다. 인도는 말할 것도 없고 한국은 물론 다른 어느 나라에서 인도 음식점에 가도 대개 메뉴판 앞쪽에서 접하는 음식일 것이다.

인도에서는 무르그 마카니^{murgh makhani}라고 표현하기도 한다. 무그르는 힌디어로 치킨이고, 마카니는 인도의 하얀 버터인 마칸의 형용사형이다. 그 이름처럼 버터 치킨을 만들면서 마칸이나 기(마칸을 끓여서 정제한 버터)를 쓰는 것이 전통이겠지만, 오늘날엔 소량만 쓰거나 안 쓴다. 대신 카잘의 표현대로라면 "서울우유 버터 같은 것", 즉 벽돌 모양을 한 서

175

양식 노란 버터를 듬뿍 쓰는 것이 보다 보편적이다. 그레이비가 될 야채를 볶고, 풍미와 시각 효과를 보다 살리기 위해 완성된 음식 위에 조각으로 올리는 용도로 쓴다.

사실 버터 치킨은 그 이름이 무색하게 버터 맛보다는 크림 맛이 더 많이 난다. 버터도 많이 들어가지만 크림이 더 많이 들어가는 요리다. 크림은 북인도의 전형적인 토마토 그레이비를 보다 부드럽게 만들어준다. 이러한 조리법을 샤히 shahi라고 부르기도 한다. 무굴 제국의 왕의 이름에서 나온 표현이다. 이 같은 조리법은 버터 치킨 외에도 나중에 만나게 될 샤히 파니르에 적용된다.

발명을 둘러싼 논쟁

북인도에서 먹은 탄두리 치킨이 항상 맛있지는 않았다. 한국에서 어떤 치킨집이 맛있고 어떤 집은 좀 별로더라 하고 생각하는 것과 같았다. 어떤 집은 정말 잘했다. 좋은 기술로 잘 구워 겉은 바삭했고 속은 촉촉했으며, 사전에 후추와 소금 및 여러 향신료와 기타 재료에 고기를 잘 재웠는지 간도 적절했고 촉감도 좋았으며 향과 맛은 새로웠다. 매우 별로인 탄두리 치킨도 먹었다. 한 번 구워놓은 것을 재활용한 것이 아닐까 의심스러울 만큼 딱딱했고 살보다 뼈가 더 많았으며 심하게 짰다. 평범한 나는 이런 치킨이 걸릴 때면 그저 단순하게 다시는 이 집 가지 말아야지 하고 마는데, 어떤 요리사는 발전적인 생각을 한다. 맛이 덜하다면 어떻게 해야 살릴 수 있을까를 고민한다. 버터 치킨은 그러한 발상으로 한 요리사가 발명한 음식이라고 보는 시각이 있다.

버터 치킨은 탄두리 치킨을 통해 만난 기념비적인 식당 모티 마할이 개발한 메뉴다. 즉 1947년 파티션 이후 델리를 찾은 피난민 요리사들이 발명한 뒤에 인도 전역으로, 나아가 세계로 확산된 것이다. 그리고 이 음식과 이 식당을 둘러싼 그리 길지 않은 역사를 20여 년 전부터 추적해온 사람이 있다. 이름은 비르 상비다. 구자라트 출신으로 「힌두스탄 타임즈」의 편집장을 역임했고, 현재는 저널리스트이자 음식 평론가로 활동하고 있다. 그는 최근까지도 지역에 대한 존중을 바탕으로 각종 펀자브 음식 문화를 열심히 파고 있지만 자주 벽에 부딪힌다. 파티션 이후 70년이 넘게 흐르는 동안 버터 치킨을 발명한 이 식당의 진실을 말할 수 있는 사람들이 다 바뀌었고 늘었기 때문이다. 그는 평가하는 사람이기 전에 관찰하는 사람으로서 여러 지면과 자신의 블로그를 통해 모티 마할 관계자들의 다양한 증언을 전달하고 있다. 나도

버터 치킨 butter chicken

탄두리 치킨에 토마토 · 버터 · 크림을 섞은 묵직한 그레이비를 끼얹은 요리로, 보통 난과
함께 먹는다. 세계 어디에서나 접할 수 있는 대표적인 인도 음식이지만 역사는 짧다. 1947
년 파티션 이후 개발된 음식이다. 680루피.
식당정보 Moti Mahal Restaurant | 3704, Netaji Subhash Marg, Old Dariya Ganj,
Daryaganj, New Delhi, Delhi 110002

그의 취재를 참고하려 한다.

모니시 구즈랄에 따르면 버터 치킨은 자신의 할아버지가 냉장고가 없던 시기에 탄두리 치킨을 재사용하려는 욕구에서 발명한 음식이다. 그는 모티 마할의 창업자 셋 중 한 명인 쿤단 랄 구즈랄("모티 마할의 얼굴")의 손자다. 구워놨다가 식어버려 육즙이 사라지고 가죽처럼 딱딱해진, 그래서 더는 팔 수 없는 치킨에 풍성한 그레이비를 섞은 결과 인도 사람들의 미각을 사로잡은 새로운 음식이 나왔다는 것이다.[109]

한편 라그하브 자기는 자신의 할아버지가 버터 치킨(과 달 마카니)을 발명한 사람임을 분명히 하려고 한다.[110] 그는 초기 모티 마할을 함께 운영하던 쿤단 랄 자기("주방의 일꾼")의 손자다. 그에 따르면 식당의 대표 요리사였던 자기는 버터 치킨을 우연히 만들었다. 파티션 이후 델리로 몰려든 펀자브 사람들이 너무 많았고 그에 비해 모티 마할이 공급할 수 있는 탄두리 치킨의 양은 한계가 있었기 때문에 치킨을 조각으로 자르고 그와 어울리는 그레이비를 떠올린 결과 보다 많은 사람들과 나눌 수 있는 음식이 나왔다는 것이다.[111]

왜 두 손자들은 버터 치킨의 원조가 누구이고 기원에 어떤 배경이 있는지를 이렇게 예민하게 따지는 것일까. 파티션 이후 델리에 자리를 잡고 탄두리 치킨·버터 치킨·달 마카니

등을 소개하면서 북인도 음식 혁명을 이끈 그 모티 마할은 이제 없기 때문이다. 논쟁을 촉발한 설립자 둘은 세상을 떠났다. 지금의 모티 마할은 구즈랄의 손자인 모니시 구즈랄이 식당 이름의 소유권과 지분을 가지고 있다. 한편 자기의 손자인 라그하브 자기는 다리아간지Daryaganj라는 식당을 설립했는데, 탄두리 치킨부터 버터 치킨까지 이 식당에서 다루는 주요 음식을 자신의 할아버지가 인도 최초로 만들었음을 강조하는 방식으로 마케팅을 한다. 그 근거로 원조 모티 마할의 주방장은 자신의 할아버지인 자기였지 구즈랄이 아니었다는 사실을 제시한다. 그러나 모니시의 주장은 다르다. 모티 마할의 버터 치킨 레시피는 꽤 복잡한 편인데, 자신의 할아버지가 마살라의 비밀을 전수한 사람은 할머니뿐이었다고 말한다.[112]

버터 치킨의 원형 레시피에 대해서도 두 후예는 의견 차이를 보인다. '구즈랄파'는 모티 마할의 버터 치킨에는 항상 버터보다 많은 크림이 들어갔다고 말한다. '자기파'는 70여 년 전에는 지금 사용하는 살균된 공산품 크림이 없었기 때문에 버터만 사용해 만든 것이 시초라고 말한다. 둘이 의견 일치를 보이는 것은 당시 버터 치킨에 적용된 토마토의 조리법과 향신료의 양뿐이다. 당시엔 블렌더가 없었기 때문에 토마토를 거칠게 으깨서 썼으며, 다른 인도 음식과 다르게 향신료를 거의 안 써서 새로운 풍미를 만들었다는 것이다. 어떤 진실은 쉽게 좁혀지지 않는다. 내림음식을 고수하는 요리사가 아니라 후발 식당의 설립자이자 책임자인 이 둘이 주장하는 진실이란 결국 지금 세상에 없는 조부모의 구술에 의존하는 것이며 시대적 정황을 헤아려 내린 자의적인 판단에 가깝다. 원조 모티 마할은 세 명이서 시작한 식당이다. 한 명은 이 논쟁에 가담하지 않고 있는데, 그는 재정 담당으로 역할이 분명했던 데다 의견 대립으로 1960년대 후반에 이미 모티 마할을 떠났기 때문이다.[113] 이것은 이른바 운영팀과 조리팀 일가의 대립이다.

이처럼 두 일가는 원조 논쟁을 이어가고 있고, 그 싸움터 바깥의 더 넓은 세계에서는 어느 정도 레시피가 표준화된 버터 치킨이 소비되고 있다. 물론 식당마다 기술과 맛은 세밀하게 다를 수 있지만 대체로 토마토는 블렌더로 곱게 간 것을 쓴다(버터 치킨이 매우 대중화된 유럽과 북미에선 보다 편리하게 공산품 토마토퓌레를 쓴다). 그레이비의 기둥이 되는 것은 토마토와 함께 서양식 버터에 볶은 야채, 상당량의 크림이다. 그리고 마살라다. 각 식당의 비법으로 향신료를 조합할 수도 있지만, 버터 치킨 전용 마살라를 쓸 수도 있을 것이다.

처치곤란으로 쌓인 탄두리 치킨으로 고민하는 식당은 이제 없을 것이다. 전통적인 방식을 따라 탄두르에 구운 치킨을 사용하는 식당도 있지만 순살 치킨을 삶아서 사용하는 식당도 많다. 내가 델리와 펀자브에서 경험한 버터 치킨도 그랬다. 방금 오븐에서 나온 고기를 쓴 것처럼 불맛이 느껴지는 버터 치킨도 먹었고, 수비드 치킨 맛이 나는 버터 치킨도 먹었다. 당연히 전자의 맛이 훨씬 좋았다.

해군의 밥상

그러나 정작 모티 마할의 대표 요리사였던 쿤단 랄 구즈랄은 버터 치킨의 기원에 관해 두 손자와는 다른 이야기를 들려주고 떠났다(2018). "한 벵골 신사가 식당에 찾아왔을 때 우리는 탄두리 치킨을 내갔다. 그는 그레이비를 요청했고, 우리 중에서 대담한 요리사 한 명(our rather intrepid cook)이 황급히 토마토·크림·버터로 카레를 만들었다. 그게 버터 치킨이 나온 배경이다."[114] 그의 회고에 따르면 버터 치킨은 자신이 만든 것이 아니다. 그걸 고정 메뉴로 기획한 사람은 구즈랄일지 몰라도 창조자는 함께 주방을 쓰던 센스 있는 동료다. 이름이 남지 않은 제삼의 인물이 버터 치킨을 발명한 셈이니 후예들의 논쟁이 좀 부질없게 느껴지는데, 어쨌든 이 또한 납득 가능한 이야기다. 식당은 여러 가지 재료가 상비되어 있고 불과 물을 사용할 수 있는 환경이다. 요리사의 경험과 재량에 따라 있는 재료만 가지고도 고객의 요청에 따라 새로운 음식을 즉흥적으로 만들 수 있을 것이다.

아마도 지금 세상에 없을 저 벵골 신사가 나는 대단히 궁금하다. 그는 어떤 의미로 그레이비를 요청한 것일까. 북인도 사람들에게 구운 치킨은 건조한 음식이라 전채로 먹거나 술안주로 즐기고, 다 먹고 나서 밥이나 밀전병과 함께 카레를 먹는다. 동인도 벵골 신사도 그와 마찬가지로 식단의 균형을 위해 그레이비가 필요하다고 느낀 것일까, 아니면 고향에서 먹던 것을 떠올린 것일까. 그건 컨트리 캡틴country captain이었을 확률이 높다. 이름부터 거창한 컨트리 캡틴은 무굴 제국 뒤로 이어지는 브리티시 라즈British Raj(영국령 인도 제국, 1858~1947) 시대에 벵골에서 유행하던 치킨 카레다.

오늘날의 벵골은 서벵골(웨스트벵골)과 동벵골(방글라데시)로 구성된다. 바로 아래 배가 오갈 수 있는 벵골만이 있고, 이러한 지리적 토대 위에서 존 와츠가 1600년에 동인도회사를 설립한 땅이다. 동인도회사를 명분으로 삼아 인도로 이주한 영국 자본가와 무역상은 벵골의 육지와 바다에서 약

300년간 원주민의 물적 인적 자원을 바탕으로 향료 및 면직물 무역을 독점하면서 결혼까지 많이 했다. 그렇게 해서 나타난 인종을 앵글로 인디언Anglo-Indian이라고 부른다. 새로운 인종은 새로운 공동체를 형성하고 새로운 융합 문화를 낳는다. 당연히 먹는 것부터 바뀐다. 컨트리 캡틴처럼 이전까지 인도에도 없고 영국에도 없던 음식이 생겨날 수도 있다.

19세기엔 영국령 인도의 무역선을 컨트리 십country ships이라고 부르고 그 배에 탄 군인을 컨트리 캡틴country captains이라고 불렀기에[115] 당시 해군이 많이 먹은 치킨 카레에 컨트리 캡틴이라는 이름이 붙었다는 설이 있다. 컨트리 캡틴은 오늘날의 인도 식당에선 찾기 어렵지만 뜬금없게도 지금까지 미국 남부 지방에서 인기가 많은 음식인데, 미국에 정착한 영국군이 영국령 인도에서 먹던 음식을 전파했기 때문이라고 보는 시각이 있다.[116] 미국에 '영국산' 카레 파우더가 전해진 것도 영국인은 물론 앵글로 인디언이 메신저 역할을 했기 때문이다.[117] 앵글로 인디언 음식으로 일곱 권의 요리책을 출간한 브리짓 화이트 쿠마르는 컨트리 캡틴의 레시피를 소개하면서 어느 영국 육군 대위의 할머니가 집에서 키운 닭으로 손자를 위해 음식을 만든 것이 기원이라고 설명했다.[118] 이처럼 컨트리 캡틴은 19세기 식민지 군대 사이에서 나타난 음식으로 보는 의견이 많지만, 영국보다 먼저 인도에 도착한 포르투갈이 인도의 '금손 요리사'들을 납치해 배에 태운 뒤에 만들라고 요구한 뒤로 차차 확산된 치킨 요리라는 설도 있다.[119]

현재는 앵글로 인디언 문화가 많이 쇠퇴한 까닭에 이 모든 이야기의 정확성을 세세하게 검토하기는 어렵다. 그러나 근거가 부족할지언정 인도를 둘러싼 긴 착취의 역사를 돌아보면 충분히 나올 법한 시나리오다. 지배는 재능 있는 요리사의 납치부터 새로운 인종의 탄생과 새로운 요리의 개발까지 무엇이든 가능하게 한다. 이를테면 고기를 터부시하는 사람들에게 고기 요리를 하라고 요구할 수도, 지배자의 입맛에 맞게 향신료의 양과 종류를 제한하라고 요구할 수도 있다는 것이다. 식민지 권력이 가부장 권력과 결합하면 요리의 학습과 확산까지 가능해진다. 영국령 인도 출판사에서 당시 출간된 실용서 한 권이 그 증거가 된다. 당시 캘커타(현 콜카타)에 본부를 두고 있던 한 출판사(Thacker, Spink & Co.)가 1880년 발행한, 저자 이름이 표기되어 있지 않은 『인도 요리 책(The Indian Cookery Book)』에는 치킨 카레의 레시피가 소개된다. 닭 한 마리를 준비하고 16~18조각을 내라는 지침으로 시작한다. 생닭 외에 들어가는 재료는 물·

소금·기·강황·고춧가루·생강·마늘·양파다. 그리고 고수의 씨앗이 옵션이다. 즉 향신료 사용이 매우 적은 편이다. 치킨 카레에 이어 같은 책에서 소개되는 또 다른 음식으로 가족을 위한 '키즈 카레'가 있고, 그 밖에 양·송아지·소·어린 집오리·어린 비둘기 등을 주재료로 하는 카레가 있다. 종교에 따른 육식 거부는 과거가 더했고 이 모든 육류를 지금까지도 인도에서 좀처럼 먹지 않는다는 것을 생각해보면 이 책의 독자가 그 땅에 뿌리를 내리고 살아온 사람들은 아니었을 것이다.

인도의 중남부 지방에서도 치킨으로 만든 카레를 많이 먹는다. 카레라는 용어의 기원으로 알려진 카리는 남부 음식이고, 그건 식물성 재료로도 만들 수 있지만 고기로 만들수도 있다. 그 밖에도 여러 가지 이름이 있는 치킨 그레이비를 먹는데, 인도에서 언제부터 치킨 카레를 먹기 시작했는지는 정확하게 알 수 없지만 영국이 개입하면서 변형된 레시피의 일부는 기록으로 남았다. 벵골 음식을 소개하는 블로거 인드라니는 컨트리 캡틴을 두고 향신료에 익숙하지 않은 사람에게 완벽한 음식이라 소개한다.[120] 한 언론은 컨트리 캡틴에 대해 냄비 하나만 쓰면 되는 간단하고 수수한 조리법 덕분에 19세기 영국령 인도는 물론 미국까지 뻗어 나갈 수 있었다는 결론을 내린다.[121] 사실 고기로 만드는 서양 스튜 대부분이 그렇다. 냄비에 물을 붓고 뼈가 있는 고기와 야채, 약간의 허브와 향신료를 넣고 오래 끓이면 건더기는 부드럽고 국물은 진한 맛 좋은 요리가 완성된다. 하지만 영국령 인도 시절에 흥하던 그 요리가 인도 사람들의 입맛까지 확 바꾸지는 못한 것 같다. 컨트리 캡틴은 영국이 퇴거한 이후 인도에서 거의 사라졌다. 콜카타에 머물렀지만 그걸 하는 식당도 못 찾았고 카잘도 잘 모르는 음식이라 말했다.

원조의 맛

버터 치킨은 허름한 다바부터 화려한 레스토랑에 이르기까지 북인도의 거의 모든 논베지 식당에서 한다. 심지어 그 기원의 근처까지도 갈 수 있다. 일단 모티 마할부터 가보기로 했다. 엄밀히 말하면 원조 창업자의 후예가 운영하는 곳.

사전 조사부터 했다. 모티 마할이 개업한 지 70년이 넘은 오늘, 탄두리 치킨을 확산시키고 버터 치킨을 발명한 전설적인 요리사는 없지만 식당의 명성은 쭉 유지되는지 단순 방문기는 셀 수 없이 많고 주방에 들어가서 버터 치킨을 만드는 과정을 취재한 유튜버까지 있다.[122] 영상으로 공개된 내용은 조리법의 일부다. 버터 치킨을 만들기 위해 크림과 버터를 얼마나 많이 쓰는지를 구독자가 환호할(혹은 기겁할) 만큼 노골적으로 보여주지만, 이 요리의 핵심인 붉은빛 그레이비를 어떻게 만드는지는 쏙 빠져 있다. 이해된다. 레시피는 식당의 영업 자산이다.

마침내 모티 마할에 도착했다. 직원은 메뉴판을 주면서 여긴 탄두리 치킨·버터 치킨·치킨 티카·달 마카니가 유명한 곳이라고 말했다. 인도에 한 달 머물면서 어떤 식당에서도 그런 자부심이 느껴지는 직원 추천 메뉴를 접한 적이 없었다. 나는 버터 치킨과 달 마카니를 골랐는데, 다시 와서 다른 추천 음식을 '반드시' 먹어야 하겠다는 확신이 들지는 않았다. 델리와 펀자브엔 버터 치킨을 하는 수많은 식당이 있고, 각각의 입맛과 경험의 폭에 따라 평가는 다를 테지만 어떤 식당은 버터 치킨을 발명한 원조보다 훨씬 더 훌륭한 맛을 내기도 한다. 조마토(배달의 민족이나 요기요 같은 애플리케이션 기반 인도의 음식 배달 중개 서비스) 별점이 높은, 즉 인도 사람들이 인정하는 식당이 항상 내게 좋은 인상만 남기지는 않았다(야시카는 식당이 '별점 알바'를 돌렸을 것이라고 추측한다). 반대로 우연히 들어간 식당에서 놀랄 만큼 맛있는 것을 먹기도 했다. 인도에 한 달 있었다고 이렇게 말할 수 있는 허세가 생긴 것인지도 모른다. 논베지 요리는 베지 요리에 비해 상대적으로 가격이 있기 때문에 맛을 기대하고 평가하려는 욕구가 좀 더 강하게 따르기 때문인지도 모른다.

언젠가 나는 외국에서 먹는 문제로 고민할 때면 무슬림 식당에 가라는 조언을 들은 적이 있다. 맛과 위생 문제를 두루 고려한 조언이다. 그들은 알라의 이름으로 깨끗하게 도축한 고기로 요리를 하니까. 나는 무슬림 인구가 적지 않은 인도에 머무는 동안 이 같은 지침의 범위를 조금 더 좁힐 수 있었다. 좋은 고기 요리를 먹으려거든 무슬림 식당에 가는 것이 좋다. 내가 정말 맛있게 먹은 고기 요리는 늘 무슬림 식당에서 나왔다. 그들은 인도의 다른 종교인에 비해 고기와 가깝고, 인도에 유입된 무슬림은 멀게는 중동에서부터 가깝게는 아프가니스탄에 이르기까지 뿌리가 다양하니 조리 노하우도 다양하다. 그들 각각의 고유한 조리 기술 가운데 좋은 것만 섞어서 이렇게 하나같이 맛있는 것일까. 그런데 사실 맛있다는 건 추상적이고 개인적인 감각이다. 살아온 환경의 특성과 경험의 폭에 따라, 심지어는 하루의 컨디션에 따라서도 달라질 수 있는 '열린 결말'이다. 어쩌면 내가 무슬림 식당에 찾아가서 먹은 고기 요리가 운 좋게 내 입에 항상 맞았는지도 모른다.

버터 치킨 butter chicken

버터 치킨은 허름한 다바부터 화려한 레스토랑에 이르기까지 북인도의 거의 모든 논베지 식당에서 한다. 좋은 고기 요리를 먹으려거든 무슬림이 운영하는 식당에 가는 것이 좋다. 440루피.

식당정보 Karim's | 41-F, Malhar Cinema Rd, F-Block, Sarabha Nagar, Ludhiana, Punjab 141001

나는 루디아나의 한 무슬림 식당에서 먹은 버터 치킨을 오래 못 잊을 것 같다. 식당의 이름은 카림스Karim's다. 루디아나뿐 아니라 델리는 물론 인도 전역에서 운영되는 유서 깊은 프랜차이즈로, 이어지는 이야기에서도 다시 언급될 것이다. 좋은 음식을 먹으면 내가 좋아하는 사람들이 떠오른다. 가장 가까운 사람들의 반응이 궁금해지는 것이다. 지금의 내 나이에 세계를 경험할 여유가 없었던, 그래서 향신료 냄새에 기겁을 하는 나이 많은 내 가족들도 이것만큼은 맛있게 먹을 수 있지 않을까. 또래 친구들이랑은 투표를 하고 싶다. 인도의 리듬을 따라 카레를 먹는 날엔 대체로 난이나 로티를 주문했고 늘 만족했지만, 잘 구운 치킨의 감칠맛과 불맛은 물론 버터·크림·토마토가 조화롭게 섞인 이 훌륭한 그레이비를 접했을 때만큼은 카레라이스에 길들여진 한국인으로 돌아갔다. 덮밥으로 먹고 싶어졌다. 하지만 나와 함께한 달간 '인도 밥'을 먹은 이범학은 난과 먹어서 더 맛있는 것이라고 생각한다. 나는 밥이냐 전병이냐 하는 이 사소한 논쟁을 계속 이어가고 싶어진다. 더 많은 사람들과 나누고 싶어진다. 좋은 음식은 꿈을 꾸게 한다.

이상한 술자리에서

치킨 티카
chicken tikka

순 살 닭 꼬 치

◎ ◎ ◎ 치킨 티카는 탄두르에 구운 순살 닭꼬치다. 탄두리 치킨에서 뼈라는 성가신 문제를 해결한 것이다. 탄두리 치킨과 비슷한 마살라로 양념해 탄두르에 굽지만, 뼈 없는 부위를 야채와 함께 꼬치에 끼우고 구워 보다 먹기 편하게 만든 것이 치킨 티카다. 그러면 뼈가 붙은 부위에 비해 맛이 좀 떨어질 수 있을 것 같은데, 북인도에서 치킨 티카를 먹을 때 퍽퍽한 부위를 씹은 적이 없다. 허벅짓살처럼 기름이 많아 부드러운 부위가 선택되는 것 같았다. 한편 치킨 티카는 카잘처럼 선택적으로 육식을 하는 사람에게 좋은 옵션이 된다. 카잘은 동물의 뼈와 피에 상당한 거부감을 느낀다. 살만 먹으면 좀 괜찮다. 치킨 티카는 그 요구에 완전히 부합한다.

티카는 힌디어로 조각(piece)을 의미하는데, 한 사전에 따르면 페르시아어에서 온 표현이다.[123] 터키(tike)와 아제르바이잔(tikə)에서도 조각을 뜻하는 단어를 비슷하게 발음한다지만[124] 이슬람 문화권에서 보다 역사적이고 보편적인 바비큐 조리법과 이름은 따로 있다. 그들도 예로부터 조각낸 치킨이나 머튼을 꼬치에 끼워 구웠지만 대체로 직화로 조리했고 이를 케밥이라고 불러왔다. 바비큐라는 점은 같지만, 케밥과 티카를 단순 비교하는 건 적절하지 않을 수도 있다. 케밥의 범위는 상당히 넓기 때문이다. 치킨 티카처럼 순살과 야채를 꼬치에 끼운 것은 시시 케밥shish kebab, 다진 고기를 반죽해 꼬치에 끼운 것은 시크 케밥seekh kebab으로 통한다. 케밥은 직화로 익히는 방식이 일반적인데(드물게 오븐을 쓰는 케밥도 있다), 인도 안에서만 해도 불에 굽되 꼬치를 쓰는 것이 있고 꼬치 대신 다진 고기를 동그랑땡 모양으로 만들어 팬에 올리는 경우도 있다. 케밥을 먹는 인구는 인도 바깥에도 엄청나게 많다. 아프리카부터 아시아까지 대륙마다 골고루 퍼져 있는 무슬림은 2010년 기준 전 세계 인구의 23%(16억)로 추산된다.[125]

반면 치킨 티카는 탄두르에 굽고, 인도 아대륙 고유의 음식으로 인식되며 기원을 펀자브로 본다. 탄두르는 먼 옛날부터 대개 빵을 굽는 데 활용되었지만 오늘의 모티 마할을 있게 한 전통, 즉 구 펀자브 페샤와르(현 파키스탄 펀자브)에서 예외적으로 고기를 굽는 문화가 있었다는 것과 맥을 같이한다. 모티 마할의 역사를 열심히 추적해온 언론인이자 음식 평론가 비르 상비는 인도에서 치킨 티카를 먹기 시작한 시기를 파티션 이후로, 즉 탄두리 치킨이 델리에 소개된 직후로 본다. 그에 따르면 치킨 티카는 탄두리 치킨의 진원지인 모티 마할에서 먹기 편하게 뼈를 분리하고 살을 잘라서 조리하기 시작한 것이다.[126]

치킨 티카 '마살라'

그런데 치킨 티카가 아니라 '치킨 티카 마살라'라면, 그리고 발언권을 영국 사회가 가져가면 보다 분분하고 풍성한 이야기가 나온다. 1970년대에 인도 아대륙의 무슬림 인구가 영국으로 대거 이주한 뒤에 나타난 음식이라고 보는 것이다.

첫째로 영국으로 간 벵골 무슬림이 만들기 시작했다는 설이 있다.[127] 벵골은 영국령 인도의 거점 지역 가운데 하나였다. 벵골 사람들의 영국행은 18~19세기 동인도회사 무역선의 요리사 고용으로, 혹은 영국인 고용주에 대한 복수를 계기로 먼 길을 떠났다가 정착 후 친지를 부르는 사슬 이주로 조금씩 확대된 것이 기원이다. 1970년대엔 보다 규모가 큰 이동이 있었다. 1947년 파티션으로 펀자브뿐 아니라 벵골도 힌두교도(서벵골)와 무슬림(동벵골 혹은 동파키스탄)의 나라로 갈렸다가 1971년 동파키스탄이 독립해 방글라데시를 세우는데, 이 격변 속에서 상당수의 벵골 인구가 충돌과 소요를 피해 제삼의 땅으로 이주를 모색했고, 1970년 영국의 이민법이 개정되자 저임금 비숙련 노동 분야로 대거 투입됐다.[128] 그 결과 런던 이스트엔드에 방글라 공동체가 형성되면서 식당도 많이 생겼는데, 1970년대 초까지 영국에 있는 인도 식당의 75%를 방글라데시 출신이 운영했고, 이 비율은 1998년 85%로 늘었다가 2003년 65%로 줄었다.[129] 그게 영국 내 인도 음식 소비가 줄었다는 뜻은 아니다. 영국의 슈퍼마켓 체인 세인즈버리가 2016년 발행한 글에 따르면 오늘날 영국 사람들은 평균적으로 평생 카레에 30,331파운드를 쓴다(2020년 4월 하나은행 환율 기준 약 4천 6백만 원).[130] 정보의 확산으로 미식 시장의 수준이 높아져 인도의 지역 요리를 다양하게 맛볼 수 있는 오늘날의 런던에서 인도 식당을 개업하는 것은 도박과 같다는 통설이 있지만, 당시엔 인도 문화를 세세하게 알지 못하는 영국인에게 방글라데시 이민자 사회의 음식이 인도 음식의 표준으로 통했다. 한 음식 매체에 따르면 이 좁은 범위의 인도 식당에서 나온 대표적인 메뉴가 1970년대 이주자의 전통과 영국인 식객의 니즈가 결합되어 "우연히 발생한"[131] 치킨 티카 마살라다. 펀자브 음식이 인도 전역은 물론 세계 대도시에 이미 어느 정도 자리를 잡은 시기였다. 원조 음식의 이름과 본질을 가져오긴 했지만 현지 상황에 맞게 변형되었다는 것이다.

또 다른 설은 고객의 직접 요청에 의한 발명으로 정리된다. 배경은 런던의 방글라데시 이주자 공동체가 아니라 스코틀랜드 글래스고에서 파키스탄 출신 영국인 요리사가 운영한 어느 식당이다. 1971년에 한 고객이 시시 마할Shish Mahal에서 치킨 요리를 주문했는데, 건조해서 먹기 어렵다고 돌려보낸 것을 요리사 알리 아흐메드 아슬람Ali Ahmed Aslam이 다시 만들어 내갔다. 유럽에서 흔한 공산품 토마토퓌레와 향신료를 넣고 끓인 그레이비에 치킨을 띄운 것이다. 고객은 좋아했고 그걸 먹으러 다시 왔으며 식당은 메뉴에 올린다. 델리의 모티 마할에 찾아온 벵골 신사로 인해 버터 치킨을 발명했다는 것과 꽤 비슷한 이야기다. 현재는 파키스탄 펀자브 주지사, 과거 글래스고 센트럴의 노동당 의원이었던 모하마드 사르와르는 이 일화를 바탕으로 2009년 유럽연합에 치

치킨 티카 chicken tikka

탄두리 치킨과 마찬가지로 탄두르에 굽지만, 뼈 없는 부위를 야채와 함께 꼬치에 끼우고 구워 보다 먹기 편하게 만든다. 탄두리 치킨에서 뼈라는 성가신 문제를 해결한 것이다. 허벅짓살처럼 기름이 많아 부드러운 부위가 선택된다. 280루피.

식당정보 Al Jawahar Restaurant | 8, Near, Matia Mahal Rd, Bazar Matia Mahal, Jama Masjid, Old Delhi, New Delhi, Delhi 110006

킨 티카 마살라의 원산지를 글래스고로 지정해줄 것을 요청한 바 있다.[132]

인도 측과 영국 측이 주장하는 각 음식의 기원에는 접점이 없다. 둘은 다른 음식이기 때문이다. 모티 마할을 기원으로 보는 '치킨 티카'는 인도의 보편적인 음식이다. 런던과 글래스고를 오가는 '치킨 티카 마살라'는 인도 현지 방식과 같은 꼬치구이가 아니라 치킨을 그레이비에 넣은 영국화된 치킨 카레다. 여러 레시피를 검토한 결과 영국식 치킨 티카 마살라는 구운 치킨을 토마토·양파·크림·버터로 구성한 그레이비에 버무려 만드는 음식인데, 버터 치킨과 크게 다르지 않지만 차이가 있다면 버터 치킨보다 버터를 덜 넣는다는 것뿐이다. 인도식 치킨 티카를 만드는 핵심 도구인 탄두르는 영국에 1959년 처음 도착했다지만[133] 인도의 꼬치구이가 영국으로 이동해 카레로 바뀐 건 영국인 요리사이자 음식 작가 찰스 캠피온의 표현에 따르면 "무식한 사람들", 즉 원조 음식에 대한 이해가 전혀 없는 1970년대 영국인의 입맛에 맞춘 결과일 수 있다. 한편으로는 영국에 정착해 식당을 연 무슬림이 고기 요리에 샤히를 적용한 것이라고 보는 시각이 있다.[134] 샤히는 인도 이슬람 왕조인 무굴 제국의 왕의 이름에 기원을 두고 있는 표현으로, 오늘날 인도의 밥상에선 토마토·크림·버터를 잔뜩 넣고 만드는 묵직한 그레이비로 요약되는 개념이다. 버터 치킨은 물론 곧 만나게 될 샤히 파니르와 달 마카니가 이 같은 조리법을 적용한다.

영국에서 치킨 티카 마살라는 1994년 한 음식 잡지의 기자가 CTM이라 줄여 말한 뒤로[135] 지금까지도 그 애칭으로 많이 불린다. 인도에서도 치킨 티카 마살라라는 표현을 쓰기는 한다. 하지만 그 표현이 인도에선 치킨 티카를 만들 때 쓰는 마살라의 이름으로 인식될 확률이 높고(꼬치를 쓰는 티카 계열 요리에 두루 쓸 수 있어 티카 마살라라고 부르는 것이 보편적이다), 식당 메뉴판에서 접하게 된다면 뒤에 마살라를 붙이든 안 붙이든 그건 그냥 탄두르에 구운 순살 닭꼬치다. 그레이비가 없는 건조한 것이다. 반면 영국에서 치킨 티카 마살라는 구운 순살 치킨을 흥건한 그레이비에 버무린 것, 그러니까 치킨 카레의 개념이다. 인도에는 없는 것, 북인도에서는 버터 치킨이 대신한 것이다. 2001년 로빈 쿡 당시 영국 외무 장관이 영국 다문화주의에 대한 연설을 하면서 치킨 티카 마살라를 언급한 것은 이 차이를 이해하는 데 큰 도움이 된다. "치킨 티카 마살라는 이제 진정한 영국의 음식입니다. 영국에서 가장 대중적인 음식이기도 하지만, 영국이 외부의 영향을 흡수하고 이에 적응하는 완벽한 예시이기 때문입니다. 치킨 티카는 인도 음식입니다. 마살라 소스는 고기 요리에 그레이비가 함께 나오기를 바라는 영국인들의 열망을 채우기 위해 추가된 것입니다."

말하자면 영국의 치킨 티카 마살라는 한국의 짜장면 같은 것일 수도 있겠다. 기원을 중국에 두고 있지만 정작 중국에서 똑같은 음식을 찾기는 어려우며, 이사부터 졸업까지 한국인의 삶에 깊숙하게 녹아 있는 영혼의 음식이라는 점에서. 한국의 중국 음식이 본토와 다른 것처럼, 만두(모모스)부터 잘게 쪼갠 면(하카 누들)까지 젓가락 없이 쉽게 먹을 수 있는 인도화된 중국 음식도 정통과 거리가 있기는 마찬가지다. 이처럼 어떤 음식은 개인과 사회를 따라 이동해 풍토와 정서에 맞게 변화를 하고, 그러다 자리를 잡으면 다시 사회적이면서도 개인적인 의미를 갖는다. 나는 인도 음식을 따라가면서 냉동식품으로 나온 버터 치킨을 통해 자신의 어린 시절을 돌아보는 어느 북미인의 감성 에세이를 읽은 적이 있다. 어쩌면 나와 그리 멀지 않은 누군가에게는 카레라이스에 얽힌 따뜻한 추억이 있을지 모른다. 어린 시절의 나는 인도를 먼저 알게 됐을까, 그보다 먼저 오뚜기 카레부터 먹었을까. 그 기억은 내게 전혀 남아 있지 않지만, 1980~1990년대 밥상 위의 노란 카레는 주어지면 저항 없이 먹는 것이었지 이상한 음식도 이국적인 음식도 아니었다. 어린 날 친구네 집에 놀러 가서 얻어먹은 흔한 음식, 가족과 둘러앉은 밥상에서 내 오빠는 고기만 골라 먹고 나는 감자만 골라 먹던 음식, 그리고 엄마를 제외한 모든 식구가 당근만큼은 다 골라내던 음식. 50~60년 먹어온 끝에 CTM이라고 보다 편리하고 다정하게 부르게 된 오늘날의 치킨 티카 마살라도 영국 사람들 개인에게 그와 비슷한 음식일지도 모르겠다. 이주자 공동체의 문화나 식민지 역사의 감각을 넘어선, 어떤 가치 판단이 개입되지 않은 채로 그냥 살면서 누구나 자연스럽게 흡수한 맛.

인도의 치킨 티카를 살피다가 영국의 치킨 티카 마살라에 접근하게 되면서 나는 실체 없는 감상에 젖었다. 인도에 가기 전이었고 영국도 안 가봤으니 대상을 잘 모르지만 어쩐지 알 것 같은 모호한 감정에 사로잡힌 것이다. 사실 자주 그랬다. 경험이 일천한 음식을 카잘 가족의 말로, 각종 문서와 영상으로 먼저 접할 때마다 내게 그와 비슷한 의미를 갖는 음식은 무엇이었나를 돌이켜보곤 했다. 짜장면을 둘러싼 기억을 돌아보고 카레 속 당근의 이미지를 확대하면서 나는 서서히 이해에 다가갔다. 바로 일치시킬 수 있는 음식이 항상 적절하게 떠오르진 않았고 비슷한 것이 존재하지 않는다고 느낄 때도 있었다. 그만큼 인도와 한국의 식문화는 다르다. 고독하고 막연하지만 반드시 필요했던 이 시간은 인도에 도착한 뒤로 새로운 국면을 맞게 되었다. 나는 마침내 인도의 치킨 티카를 먹으면서 실체가 명확한 일화를 얻었다. 술과 함께 먹었다. 술과 고기가 암묵적으로 금지된 날에 식당도 집도 아닌 차에서 먹었다. 여기엔 새로운 등장인물이 있다. 카잘의 배우자 야시의 남동생인 아시시, 그리고 아시시의 친구인 수키다. 그리고 이름 모를 술꾼들이다.

고기와 술

다바의 메뉴판은 구이 요리 항목에 애피타이저·스타터·스낵 같은 제목을 달아놓은 경우가 많다. 탄두리 치킨이나 치킨 티카처럼 그레이비 없는 고기 요리가 이 카테고리에 해당한다. 사람에 따라서는 이른바 '메인'처럼 느껴지지만, 북인도 사람들의 관점에서 이런 건조한 고기 요리는 전채다. 식전에 가볍게 먹는 것이다. 술을 마시는 사람에게는 훌륭한 안주가 된다. 베지에게도 선택권이 있다. 파니르 티카가 좋은 예다. 치킨이 들어갈 자리에 우유를 굳혀 단단하게 만든 파니르를 꼬치에 끼워 탄두르에 구운 것이다.

펀자브에선 고기(와 술)를 다 먹고 나면 그때 끼니를 챙긴다. 일부 한국 사람들이 인분 수대로, 혹은 인분 수 이상으로 삼겹살을 다 먹고 밥이나 냉면을 주문하는 것처럼 펀자브 사람들도 구운 고기(와 술)를 먹고 난 뒤에 카레와 밀전병을 먹는다. 좀 과식처럼 느껴졌지만, 카잘 가족과 루디아나 집에 머무는 동안 나는 이 패턴에 적응해야 했다. 하루는 야시와 이렇게 먹었다. 다음 날에는 이웃집 미스터 싱과 이렇게 먹었다. 이어진 날에도 그렇게 먹다가 카잘 가족이 다 떠난 뒤에는 야시의 동생인 아시시가 친구 수키랑 찾아와서 또 그렇게 먹고야 말았다.

델리에서 건축 중개업을 하는 아시시는 카잘 가족보다 먼저 한국에 다녀갔다. 10여 년 전에 서울 어느 대학의 한국어 어학당에서 2년 과정을 수료해 한국말을 꽤 잘한다. 술이 들어가니까 더 잘했다. 나와 이범학을 보자마자 치킨과 술타령을 하던 아시시는 취기가 오르자 '식빵'을 좀 굽더니 '이 새끼' '저 새끼'까지 나왔다. 한국어를 잘하는 만큼 용례를 알기에 나한테 쓴 표현은 아니다. 그는 그저 그런 말로 한국 사람을 웃길 수 있다는 걸 아는 유쾌한 언어 능력자다. 이범학을 사장님이라고 부르고 나를 사모님이라고 부를 때만큼은 농담이라는 걸 알면서도 쓴웃음이 좀 나왔지만 말이다. 그런 말은 누가 가르쳐주는 걸까. 한국 떠난 지 10년이 넘었다는데 아시시는 하필이면 왜 그런 말을 안 까먹는 걸까. 그런 호칭은 왜 필요한 것일까.

어떤 힌두교도에게 화요일은 '하누만의 날'이다. 지역에 따라, 믿음의 깊이에 따라 치르는 의식이 다르긴 하지만 요일마다 각각 모시는 힌두 신이 있고(하나의 신일 수도, 여러 신일 수도 있다) 요일마다 지켜야 할 것이 다르다. 어떤 날에는 짠 음식을 피하고 어떤 날에는 금주하라는 식이다. 펀자브에서 화요일은 하누만이라는 힌두 신을 모시는 날이고, 그날은 술과 고기를 먹지 않는 것이 권장된다. 카잘은 결혼 전까지 화요일마다 아침에는 겨울에도 차가운 물로 목욕을 하고 저녁이면 집 앞 사원에 다녀왔다. 화요일은 단지 저녁에 가는 날일 뿐 매일 부모님과 함께 사원에 드나드는 일과에 스트레스를 느끼다가 결혼 뒤에야 해방됐다. "결혼할 때 고향에 신을 놓고 왔어요." 이제는 사원에 내킬 때 갈 수 있다. 나도 카잘 가족과 함께 보낸 어느 화요일 오후에 사원에 다녀왔다. 네 시가 되어야 신이 깨어난다고 해서("지금 가요?" "아직 신이 자고 있어요.") 시간에 맞춰서 다녀온 길이다. 그러나 그렇게 신성한 시간을 보낸 것이 무색하게도 저녁에는 '육식파' 야시의 의지를 따라서 고기를 파는 곳을 찾아다녔다. 시내는 그렇지 않지만 마을에선 화요일에 고깃집 찾기 어렵다. 대부분 문을 열지 않지만 드물게나마 있긴 하다. 찾고자 하는 사람에게 결국 발견되는 곳이자 그런 사람들이 몰리는 덕분에 하루 장사로 이른바 대박이 나는 곳이다.

일주일이 지나 다시 하누만의 날이 찾아왔다. 새로운 등장인물 아시시가 나타난 날이다. 우리는 그날 술을 마셨고 고기도 먹었다. 치킨 티카를 먹고 파니르 티카를 먹었다. 그런 날에 눈에 띄는 곳에서 육식에 음주까지 하는 것은 사실 인도에서 바람직하지도 않을뿐더러 위험하기까지 한 일이다. 내가 만난 거의 모든 인도 친구들의 일관된 강조에 따르면 그런 날 길에서 술을 마셨다간 경찰의 표적이 된다. 단속이 더 엄격한 날이다. 그런 특수한 날이 아니라 해도 눈에 띄는 곳에서 술을 마시는 것은 내외국인 모두에게 바람직하지 않다. 루디아나 일정을 마치고 암리차르로 이동해 산주와 차란지트가 운영하는 숙소에 머물 때, 옆방 투숙객 영국인 에스제이가 취한 채로 비틀거리며 걷다가 경찰에게 붙들려 차란지트가 이를 수습하느라 진땀을 빼는 것을 봤다. 인도의 경찰은 꽤 고압적인 편이라고 한다. 여러 인도 영화 속 경찰은 거의 항상 부패한 존재로 묘사된다. 늘 그들 사이에는 폭력과 뇌물이 있다. 콜카타에 갔을 때는 어지러운 도로 한복판에서 몽둥이로 보닛을 인정사정없이 내려치는 교통경찰을 본 적이 있다. 훼손된 건 단지 자동차만이 아니라 그 현장에 있던 모든 인간의 존엄이라고 느낀 순간.

식당에서 술을 파는 경우가 있지만 매우 드물다. 인도에서 술은 주류 전문점에서 취급된다. 그리고 와인숍 근처에는 대체로 치킨과 머튼을 탄두르에 굽는 고깃집이 있다. 이 근방에서라면 야외에서 술을 마시는 것이 용인된다. 하지만 하누만의 날에는 조금 더 깊숙한 곳으로 들어가야 한다. 집에서 마시는 것이 가장 안전한데, 우리가 머물던 집에는 술과 고기를 엄격하게 거부하는 사람이 있다(시크샤). 그런 날에 우리가 술을 마시러 나가는 것조차 싫어하던 시크샤의 편에 나는 종종 서고 싶었다. 그게 내가 머물다 가는 나라의 종교와 문화를 존중하는 길이라고 생각했다. 하지만 시크샤의 다른 가족은 종교적 믿음보다 환대를 우선하는 것 같다. 신성한 날이라 해도 찾아온 손님에게 좋은 것을 먹여야 하고 재미있고 짜릿한 것을 경험하게 해줘야 한다고 생각한다는 것이다. 그게 비록 규범과 어긋난다 해도 위법은 아니라고 여기면서.

우리 일행을 차에 태운 아시시의 친구 수키는 와인숍과 치킨집 사이에 차를 대더니 여기서 마시자고 한다. 여기서.

파니르 티카 | paneer tikka

북인도 사람들의 관점에서 치킨 티카 같은 건조한 고기 요리는 전채다. 식전에 가볍게 먹는 것이다. 술을 마시는 사람에게는 훌륭한 안주가 된다. 베지에게도 선택권이 있다. 파니르 티카가 좋은 예다. 치킨이 들어갈 자리에 인도 코티지치즈인 파니르를 꼬치에 끼워 탄두르에 구운 것이다. 160루피.

식당정보 Al Jawahar Restaurant | 8, Near Matia Mahal Rd, Bazar Matia Mahal, Jama Masjid, Old Delhi, New Delhi, Delhi 110006

그러니까 차 안에서. 그의 차는 미쓰비시 랜서다. 그가 14년 전에 산 것이고 그 전에는 다른 사람이(한 명이 아닐 수도 있다) 26년간 몰았다는데, 오른쪽 백미러가 부서진 것을 빼면 40년이라는 연식을 도저히 믿기 어려울 만큼 깔끔하게 썼다. 이 멋진 빈티지 차의 카시트가 포근한 벨벳 소재라는 것을 걱정하는 사람은 한국인인 나와 이범학뿐이다. 어느 차 안에든 발이 닿는 바닥이 아니고서야 식탁처럼 평평한 면은 별로 없다. 우리는 거기서 스티로폼 탈리에 나온 치킨 티카와 파니르 티카를 먹어야 하고 펀자브에서만 판다는 특제 위스키를 마셔야 한다. 치킨은 방금 꼬치에서 나왔다는 걸 증명하듯 한가운데에 구멍이 나 있었고 치킨과 함께 구운 야채도 맛이 상당히 좋았지만 그 맛을 깊게 음미하고 모양새를 제대로 살필 여유는 없었다. 티카는 건조한 음식이지만 탈리는 흥건했다. 건조한 음식에 곁들이라고 치킨집 사장이 각종 처트니를 아낌없이 퍼 줬기 때문이다. 쉽지 않았다. 나풀거리는 스티로폼 탈리를 무릎에 얹고 한 손에 술잔을 들고서 그 이상한 술자리를 즐기는 동안 자세와 균형에 매우 신경 쓴 덕에 그 모든 것을 단 한 방울도 카시트에 떨어뜨리지 않았다는 것에 나는 작은 자부심을 느낀다.

웃음이 멈추질 않았다. 한 손에 고기를 들고 한 손에 술을 들고서 과거를 돌이켜보니 나는 차에서 술을 마신 기억이 없다. 차에서 고기를 먹어본 기억도 없다. 차창 밖으로 눈을 돌리니 착한 눈을 한 개 몇 마리가 인간이 남기는 고기와 뼈를 기다리면서 얌전하게 앉아 있고, 그 옆엔 또 다른 차 한 대가 서 있다. 저 차에도 우리 같은 인간이 있는 것이냐고 아시시에게 묻자 그렇다고 한다. 눈에 띄는 곳에서 술과 고기를 먹어선 안 되는 날이지만, 술집이나 고깃집 앞에 차를 세우고 먹는 건 되는 이 이상한 날을 즐기는 우리와 같은 사람들인 것이다. 취한 아시시는 옆 차의 문을 두드리고는 인사를 했고, 아시시만큼 취한 옆 차 일행이 나와서 우리에게 악수를 청했다. 이름을 말하기도 전에 자기 일행은 보드카 세 병을 마셨다는 무용담부터 늘어놓았다. 어딜 가나 술꾼들이 주량 자랑하는 건 똑같다. 그런 술꾼들에게 아시시는 우리를 '자랑스럽게' 소개했다. "얘네 한국에서 왔어. 한국 좋은 나라야. LG 있어. 삼성 있어." 왜 부끄러움은 나의 몫인가.

인도의 술자리에도 2차가 있다. 밥이다. 위스키가 동이 나자 아시시와 수키는 로티와 카레를 파는 전형적인 다바로 우리를 데려갔다. 고기라는 건조한 음식을 먹었으니까 부드럽고 촉촉한 것으로 배를 채워야 한다면서. 치킨 티카와 파니르 티카로 배가 꽉 차서 못 먹겠다고 거절하니 그들은 그것보다 덜 부담스러운 걸 먹으면 되겠다면서 수프만 파는 곳으로 데려갔다. 인도 사람들 정말 잘 먹는다. 정말 많이 먹는다. 술고래들은 더 많이 먹는다. 그리고 바로 잔다. 이미 매우 늦은 시간이니까.

인도의 점심시간은 (놀랍게도) 오후 서너 시다. 저녁은 아홉 시부터 먹는데 날씨가 더워지면 더 늦어진다. 가정이라면 이 시간을 조금 당길 수는 있지만 그렇다고 한국처럼 점심이 열두 시가 되고 저녁이 여섯 시가 되지는 않는다. 나는 대체로 한국식 시계에 맞춰 식사를 했는데, 그래야 주목받을 일 없는 고요한 식당에서 허락을 구하고 사진도 찍고 때에 따라 직원에게 음식에 대해 질문할 수 있었기 때문이다. 그 시간에 밥을 먹는 사람은 거의 없었다. 두 시가 넘어야 식당에 사람이 찾아오기 시작했다. 세 시가 되면 제법 붐볐다. 저녁도 마찬가지였다. 여섯 시에 찾아간 식당에서 브레이크 타임이라는 안내를 듣고 돌아간 적도 있었다. 술은 일곱 시 무렵부터 마실 수 있다. 그래야 아홉 시 이후에 밥을 먹을 수 있기 때문일까.

밖에서 먹고 마신다면 차리고 치우는 노동은 마땅히 식당이 하지만 집에서라면 좀 복잡한 이야기가 나온다. 먹고 마시는 성별이 따로 있고 차리고 치우는 성별이 따로 있다. 카잘은 그걸 인도 문화라고 말한다. 어떤 문화적 사실은 숙지하면서 감정을 많이 쓰게 된다. 그건 사실이기 전에 불합리이기 때문에.

양이 아니라 염소야

머튼
mutton

염 소 고 기 로 만 든 각 종 요 리

◎◎◎ 루디아나에 머무는 동안 염소 떼가 도로에 진입하는 광경을 본 적이 있다. 백 마리는 족히 넘을 것 같았다. 긴 막대를 들고서 이 염소 무리를 통제하는 사람이 셋이나 됐는데, 어린 사람은 아니니까 목동은 아니고, 양치기는 아니니까 염소치기라고 불러야 하는 걸까 잠깐 고민했다. 이 많은 염소에게 책임감을 느끼는 존재는 인간만이 아니었다. 영특한 눈빛을 하고 염소 떼 주변을 부지런히 돌던 늠름한 셰퍼드도 무리의 일원이었다. 그 많은 염소들은 침착했지만 염소의 행렬을 기다려줄 관용이 없는 차들의 요란한 아우성으로 도로는 어지러웠다. 염소 떼가 떠난 자리에 흔적이 잔뜩 남았다. 고작 몇 미터를 이동하면서 참 많이 싸고 갔다.

염소는 계속 눈에 띄었다. 마을의 가정에서 한두 마리씩 묶어놓고 키우는 걸 봤다. 시장과 정육점에 가면 늘 죽은 염소가 있었다. 시공간을 이동해 관찰한 인도에서도 염소는 산 채로든 죽은 채로든 자주 등장했다. 영화 「베일에 싸인 동행자」(2013)는 도시로 일하러 떠난 뒤 돌아오지 않는 가족을 찾기 위해 한 모녀가 산골 마을 치컬Chitkul부터 델리까지 가는 고단하고 슬픈 여정을 다룬다. 차로 최소 열다섯 시간이 걸리는 거리다. 이 험난한 길에 반려동물이면서 교환 가치까지 있는 염소가 함께한다. 이처럼 염소는 어디에나 있었지만 양은 한 번도 못 봤다. 여러 논베지 다바의 메뉴판에서 '머튼' 요리를 매번 접했던 것과 다르게. 그렇다면 인도에서 인간에게 양고기를 제공하는 양은 어디에 있는 것일까.

양 대신 염소

인도 축산낙농업부가 2014년 공개한 자료에 따르면 인도에서 소비되는 육류 가운데 가장 큰 비율을 차지하는 것은 가금류로, 45%에 달한다. 주로 닭이다. 그 뒤를 잇는 것은 버팔로(19%)·염소(16%)·돼지(8%)·양(7%)·젖소(5%)다.[136] 인도에서 먹는 육류 중에서 단 7%를 차지하는 양은 대부분 양모 생산을 위해 사육되다가 경제적 수명이 다했을 때 도축된다(인도에서 소비되는 전체 육류의 약 40%가 이 같은 방식으로 나온다).[137] 인도에서 매년 4월 양이 한 마리당 평균 4kg씩 양모를 내주면[138] 인간은 등급을 분류하는데, 약 85%는 카펫, 5%는 의류를 만드는 데 쓴다.[139] 즉 인도에 양은 있지만 울 생산에 특화된 농장에서나 자라며 육류 시장에서 차지하는 비율은 무슬림이 안 먹는 돼지보다도 낮은 편이다.

인도에서 머튼으로 통하는 것은 다른 나라들과 다르게 양이 아니라 염소에서 온다. 돼지고기는 포크pork, 쇠고기는 비프beef다. 같은 방식으로 양(lamb)이 고기로 유통될 때 머튼이라고 부르는 것처럼 염소(goat)의 고기에도 셰본chevon이라는 표현이 있는데, 인도 사람들은 염소 요리를 하면서 셰본이 아닌 머튼이라는 용어를 쓰기를 택했다. 왜 이런 일이 벌어졌는지를 추적하기 시작했을 때 인도의 정육점에 가서 양고기를 달라고 하면 염소 고기를 줄 것이니 외국인이라면 당황하지 말 것을 알려주는 친절한 가이드, 진짜 양고기를 쓰면 염소 고기와 다르게 기름이 너무 많아 '인도식 머튼 요리법'을 적용할 수 없다고 불평한 요리 전문가, 단어의 오용을 이제는 바로잡아야 한다고 주장하는 음식 평론가를 (인터넷에서) 보긴 했지만 어떻게 해서 이런 잘못된 표현이 자리

잡게 됐는지를 알아내진 못했다. 마치 인도에서 길을 물으면 열 사람이 열 가지 길을 안내한다는 통설처럼. 어쩌면 그건 동태에서 나온 맛살을 게로 만들었다고 착각하고 살아온 어떤 과거와 비슷할까. 진실은 용어가 아니라 생활 속에 있다. 인도 사람들은 머튼이라는 표현을 쓰면서도 그게 양이 아니라 염소 고기라는 것을 다 안다고 한다. 그래도 주변 지역의 무슬림 사이에서는 진실한 표현이 통한다. 육류 소비가 많은 파키스탄과 중앙아시아 등지에서는 염소 고기를 영어 표현과 비슷하게 고슈gosht라고 쓰고 불러준다.

인도 시장에서 거래되는 염소에는 계급이 있는 것 같다. 넷플릭스 영화 「젓가락 행진곡」(2019)에는 팔자가 다른 염소가 나온다. '바후발리'라는 멋진 이름이 있고(인도에서 크게 흥행한 블록버스터 영화 제목이다) 보호자가 체계적으로 짠 식단표를 따라 유기농 야채를 먹는 염소다. 대회에 나가야 하기 때문이다. 대회를 앞두고 언론 보도까지 된 이 귀한 염소로 납치극이 벌어진다. 납치범은 보호자에게 전화로 협박을 한다. "내 말 잘 들어. 바후발리가 소스에 잠겨 떠다니는 꼴 보기 싫으면…" 이어서 납치범은 음식 여러 개를 보낸다. 배달된 플라스틱 용기에는 각 음식의 이름이 쓰여 있다. 하나는 머튼 챱mutton chaap(갈비)이다. 그 밖에도 파야paya(다리), 카푸라kapura(고환) 등 그레이비에 버무린 머튼 요리가 부위별로 잔뜩이다. 납치범은 대회를 앞두고 애지중지 키운 염소를 진짜로 요리한 것일까. 사랑하는 가족을 잃은 보호자는 과연 제정신으로 살 수 있을까. 꽤 재미있는 영화라서 직접 보고 확인하는 걸 권하고 싶어진다. 흥미진진한 전개를 따라가면서 인도 식문화의 일부도 봤다. 인도에서는 염소로 만든 요리를 머튼이라고 부른다는 사실을 다시 확인했다. 그건 양이 아니라 염소로부터 온다는 것을 인도 사람들 대다수가 안다는 사실까지도.

나도 '머튼' 요리를 준비하는 카잘 가족을 따라서 '염소 고기'를 사러 잠깐 시장에 다녀왔다. 정육점의 문을 여니 털만 없을 뿐 염소의 크기와 모양이 그대로 살아 있는 붉은 고기가 주렁주렁 매달려 있었다. 마치 염소를 먹으려는 사람들을 징벌하려는 것처럼. 용건을 말하니 푸주한은 매달린 염소를 꺼내 거칠게 조각을 낸 뒤에 봉지에 담아 주었다. 함께 시장에 갔던 카잘의 딸 야시카는 잠깐 마트에 들러 머튼 마살라를 샀다. 그건 결국 사용되지 못했다. 요리 담당자 카잘은 그런 공산품을 썩 좋아하지 않는다. 직접 향신료를 섞어서 사용하는 게 더 맛있고 건강하며 깨끗하다고 생각하는 카잘은 우리가 돌아오길 기다리면서 재료 준비를 해놨고,

고기가 도착하자 압력솥에 넣고 30분 이상 끓였다. 일단 만들고는 있지만 몇 분간 익혀야 맛있는지 사실 잘 모른다고 덧붙이면서.

우리는 카잘이 만든 머튼 카레를 로티와 함께 맛있게 먹었지만 이 식사에 참여하지 않는 사람이 둘 있었다. 하나는 시크샤다. 다른 한 명은 이 요리를 만든 카잘이다. 그들은 정성이 깃든 자신의 요리를 나누는 것을 좋아한다. 하지만 그렇게 기쁨을 주고 때때로 식사엔 동참하지 않는다. 시크샤는 여전히 고기와 계란을 절대로 먹지 않고 카잘은 일부만 먹는다. 카잘의 배우자와 아이들은 잘 먹는다. 도시화로 인해 고기를 먹는 인도 사람이 늘고 있으며 대도시로 갈수록 더 많이 먹는다고 하지만[140] 인도에서 유행 이상으로 공고한 것은 종교적 전통과 관습이다. OECD 통계에 따르면 2017년 1인당 연간 육류 소비량 1위 국가는 미국으로 98.6kg이다. 한국은 55.89kg, 일본은 36.45kg다. 인도는 3.16kg이다.[141]

인도의 거리에는 개가 많다. 도심의 개보다는 동네 개의 건강 상태가 더 좋아 보인다. 개마다 자기 구역이 있어서 외출할 때면 같은 자리에서 같은 개를 보곤 하는데, 그런 개에게는 동네 사람들이 붙여준 이름이 있다. 내가 기억하는 이름 하나는 칼루Kaalu다. 털이 까만 개였다. 바둑이나 누렁이처럼 색깔로 개 이름을 붙이는 문화가 있는지 영화 「아쉬람」(2005)에도 검은 개에게 같은 이름을 붙여주는 장면이 있다 (칼라kaala는 힌디어로 검정색을 뜻한다). 자기 자리 잘 지키는 개들이 구역을 이탈할 때가 있다. 이래서 개코라고 하는 것인지 어느 집에서 고기 요리를 할 때면 진짜 귀신같이 알고 찾아온다. 우리가 함께 집에서 머튼을 먹은 날 칼루가 대문 앞에 찾아와 한참을 알짱거렸다. 귀여운 칼루에게 뼈를 던져주면서 언젠가 옆집 미스터 싱과 나눈 이야기를 떠올렸다. 인도 음식은 양이 너무 많다고, 식당에서 남길 때마다 죄책감과 씨름한다고 내가 고충을 털어놓았을 때 그가 말했다. "너무 걱정하지 마. 남긴 음식이 베지면 소랑 새한테 주면 돼. 논베지라면 개에게 주면 돼."

카림스에서

카잘에게 인도에서 가장 대표적인 머튼 요리가 무엇인가 물으니 종류가 너무 많아 꼽기 어렵다고 말한다. 그 말도 맞지만 여러 논베지 다바에 가서 살펴보니 그래도 몇 가지 유형은 있다. 가장 보편적인 것은 직화로 구운 머튼 케밥과 쌀

머튼 코르마 mutton korma

인도에서는 염소 고기를 머튼이라고 부른다. 머튼 코르마는 토막 낸 염소 고기를 넣고 만든 매콤한 스튜다. 찜에 가까운 상태가 되도록 푹 끓여 익히기에 고기 맛도 국물 맛도 좋다. 215루피.

식당정보 Karim's Hotel Pvt Ltd | 16 Urdu Bazar Road In Front of Jama Masjid Gate No.1, Gali Bhairo Wali, Kababiyan, New Delhi, Delhi 110006

을 넣고 찐 머튼 비르야니다. 그 밖에 머튼 찹mutton chaap(스틱을 사용해 고깃덩어리를 뭉쳐놓은 것, 혹은 뼈가 밖으로 나온 갈비 부위)·머튼 키마mutton keema(다진 고기를 쓰는 것)·머튼 프라이mutton fry(튀김이나 부침)·머튼 코샤mutton kosha와 머튼 코르마 mutton korma(스튜) 등이 있다. 머튼은 부위에 따라 조직이 다르지만 뼈에 붙은 살은 좀 질기다. 케밥처럼 살을 발라 굽지 않는다면 찜이 되도록 푹 끓이는 게 답이고, 긴 시간이 걸리는 음식 대부분은 맛있다. 나도 인도에서 치킨 요리보다 머튼 요리에 감동할 때가 많았다.

인도식 머튼 요리를 맛있게 먹을 수 있는 가장 신뢰할 만한 방법은 무슬림이 운영하는 식당에 가는 것이다. 올드 델리에서는 무슬림 상권 밀집 지역인 자마 마스지드Jama Masjid로 가는 것을 권장하고 싶다. 마스지드는 모스크mosque를 뜻한다. 모스크는 이슬람 사원의 영어 표현, 마스지드는 아랍어 표현이다. 자마 마스지드는 무굴 제국이 세운 것으로, 델리에서 가장 큰 무슬림 사원이다. 사원 내 야외 공간에 2천 5백여 명을 수용할 수 있을 정도라는데, 나도 곁눈으로나마 그 규모를 실감했다. 어마어마한 무슬림 인구가 모여 반정부 시위를 하고 있었다. 그들에게 투쟁이 필요한 시기였다. 모디 총리의 인도 정부는 2019년 12월 시민권법을 개정했다.

2014년 12월 31일 이전에 종교 박해를 피해 인도로 유입된 방글라데시·파키스탄·아프가니스탄 출신 불법 이민자 가운데 힌두교·시크교·불교·자이나교·조로아스터교·기독교 신자들에게 시민권을 준다는 내용이다. 이슬람교도는 해당되지 않는다. 무슬림은 이를 인종 청소라고 말하지만 모디 정부는 무슬림은 종교 박해를 받는 소수 민족이 아니라고 말한다. 인도의 무슬림 인구는 1.7억 이상이다. 어마어마한 인구로 느껴질 수 있지만 인도 전체 인구의 14.23%에 해당하는 숫자다(힌두교도는 79.8%). 개정안 발표 이후 무슬림 시위대와 경찰이 대치하면서 여러 명이 사망했다. 일부 지역에서는 인터넷을 차단했다. 이런 뉴스를 보고 싶지 않다.

자마 마스지드 주변을 여러 번 오갔다. 더러는 택시를 탔다. 그 길로 향하는 우리에게 이 지역 고유의 문화를 설명하면서 무슬림의 특징을 나열하는 힌두교도 기사를 만난 적이 있다. 말은 굉장히 친절했지만 그 말 속에 좋은 내용은 없었다. 이런 여론이 모여서 차별이 되고 정책이 되는 것일까. 어쩌면 그 기사는 내가 외국인이기 때문에 브레이크를 잡지 않고 특정 종교인 혐오 발언을 했을지도 모른다. 인도에서 종교는 이름으로 쉽게 유추할 수 있는 것이며(무슬림이라면 샤르마라는 성을 쓰지 않을 것이며 힌두교도라면 카림 같은 이름을 쓰지 않을 것이다) 사소하게는 의복·자동차의 액세서리·먹는 것·언어 습관·인간관계 등에 이르기까지 삶을 통해 바로 드러나는 표식이다. 그럼에도 불구하고 인도 사람들 사이에서 종교란 매우 개인적인 정보로 통한다. 카잘에 따르면 인도 사람들 누구도 상대의 종교가 무엇인지 직접적으로 묻지 않는다. 그건 눈치 없는 외국인에게나 용인되는 것이지 인도 사람들 사이에서는 대단히 무례한 질문이라고 한다.

　도착한 식당의 이름은 카림스다. 1913년 설립해 4대째 운영 중이며 이 식당의 이름이 곧 이 지역의 이름으로 통한다는 말이 있을 만큼 사랑받고 있지만 그 유명세만큼 맛에 대한 평가도 분분하다는데, 나로서는 인도에 머무는 동안 가장 만족했던 식당이다. 염두에 두고는 있었지만 뉴델리에서 잠깐 스쳐 간 인도인 친구에게 모티 마할에 다녀왔다고 했더니 거기보다 더 맛있다며 강하게 권하기에 더 큰 신뢰를 안고 찾아갔는데, 며칠 뒤에 루디아나로 이동해 거기서도 카림스를 찾았을 정도다. 두 지점의 음식은 맛과 스타일이 달랐지만 이렇게 차이조차 흥미롭다면 인도 전역에 10여 개의 지점이 있다는 카림스 프랜차이즈 지도만 가지고 다시 여행을 해도 가치 있을 것이라는 생각까지 했다. 나는 음식을 조사하러 인도로 간 것이라 처음엔 맛은 나중 문제였다. 특징을 아는 게 더 중요하다고 생각했지만 카림스에 다녀온 뒤로는 맛을 따지기 시작했다. 제한된 시간 속에서 나는 가급적 더 맛있는 걸 먹고 '영업'하고 싶어졌다. 좋은 걸 더 많이 돌아보고 나누고 싶어졌다.

머튼 코르마를 먹었다. 토막 낸 염소 고기를 넣고 만든 적당히 매큼한 스튜다. 굉장히 오랜 시간 고기를 끓인 것이 분명하게 느껴지는 깊은 맛이 났다. 당연히 고기는 엄청 부드러웠다. 오래 끓여 풀어진 고기의 일부는 그레이비에 섞여 국물 맛도 상당히 좋았다. 여긴 무엇보다도 난이 정말 맛있다. 북인도의 일반적인 다바에서 하는 것과 다르게 여기서 만드는 밀전병은 발효에 긴 시간을 쓴 것이 분명한, 빵처럼 도톰하게 부푼 것이다. 하나만 먹어도 배가 꽉 차고, 푹신한데다 엄청 고소한 맛이 나서 이것만 먹으러 다시 가고 싶어질 정도다. 같은 지역에서 운영되는 무슬림 식당 대부분이 그렇게 통통한 난을 만든다. 하지만 어디도 카림스만큼 맛있지는 않았다. 루디아나로 이동해 다시 카림스를 찾은 건 그 난을 또 먹고 싶어서였지만 그건 올드 델리 자마 마스지드 지점에서나 하는 방식인지 한국의 인도 식당에서도 먹을 수 있는 평범한 것이 주어졌다. 대신 여기선 내가 여태까지 먹어본 머튼 카레 가운데 가장 훌륭한 것이 나왔다. 이 맛에 반해 다시 찾아가 버터 치킨을 주문했더니 내가 여태 먹어 본 버터 치킨 가운데 가장 훌륭한 것이 나왔다. 머튼 비르야 니도 마찬가지였다. 아쉬운 구석 하나 없는 완벽한 밥상을 받았다.

나는 눈을 감고 싶어진다. 잠깐이나마 내가 카림스에 다녀오는 방법이다. 그 식당의 테이블 세팅과 좌석과 조도까지 다 그려진다. 무뚝뚝한 표정으로 일하지만 찾아온 의도를 설명하고 사진을 찍어도 되느냐는 내 물음에 고개를 좌우로 흔들면서 흔쾌히 그러라고 했던 직원의 표정까지도(고개를 좌우로 흔드는 건 인도 아대륙 사람들이 긍정을 표현하는 전형적인 제스처다. 즉 '예스'의 사인이다). 그리고 맛이 떠오른다. 그건 고기 부터 야채와 향신료까지 좋은 재료를 죄다 불 앞에 끌어모아 참을성 있게 기다린 결과라고 생각했다. 요리는 누구나 할 수 있다. 하지만 아무나 좋은 요리를 하지는 않는다.

내 친구의 친구

카잘은 머튼은커녕 계란도 안 먹는 가정에서 자랐지만 머튼 문화를 잘 안다. 그건 고향 친구의 일상이었다. 카잘이 나고 자란 말레르코틀라는 시크교도와 힌두교도가 주류인

머튼 스튜 mutton stew(dil bazaar do pyaza)

머튼이 들어간 그레이비 요리가 많다. 식당마다 이 요리에 이름을 붙여주는 방식이 다르다. 무엇이라 부르든 대체로 맛이 좋았다. 고기부터 야채와 향신료까지 좋은 재료를 죄다 불 앞에 끌어모아 참을성 있게 기다린 결과라고 생각했다. 290루피.

식당정보 Karim's | 41-F, Malhar Cinema Rd, F-Block, Sarabha Nagar, Ludhiana, Punjab 141001

펀자브에서 유일하게 무슬림이 주요 인구인 지역이다. 7세기
부터 시작된 이슬람 세력의 이동으로 1454년 아프가니스탄
세력이 차지한 땅, 그 후예들이 다스리는 동안 다른 지역에
비해 종교 화합이 잘 이루어져 1947년 파티션으로 펀자브
가 지옥이 됐을 때도 폭동이 단 한 건도 기록되지 않은 평화
의 땅이다. 인도의 독립에 이어 파키스탄과 인도의 대대적인
인구 교환이 이루어지는 동안 여기선 원주민 다수가 고향에
남았다. 말레르코틀라의 무슬림 인구는 약 9만 3천 명으로,
이는 지역 전체 인구의 68.5%에 해당한다.

　이슬람의 금식 기간인 라마단이 거의 끝나 축제가 시작될
때면 하굣길 구석구석에서 염소가 우는 끔찍한 소리가 들
렸다. "건강한 염소는 목이 잘리고도 30분 동안 꺽꺽대면서
울어요." 바닥이 온통 핏빛이었던 것도 기억한다. 저마다 집
에서 직접 알라의 방식으로 도축을 마치고 마당을 물청소하
면 피가 담장을 넘어 거리로 흘러나왔다. 그 광경을 카잘이
자주 본 것은 아니다. 무슬림이 많은 지역이라고 해도 힌두
교도와 무슬림이 사는 구역은 다르다. 반면 루디아나에 있
는 카잘의 시가는 옆집과 앞집이 다 시크교 가정이다. 카잘
은 먹는 것 때문이라고 생각한다. "시크와 힌두는 생각이 좀
다르긴 하지만 베지가 많아서 같이 살 수 있어요. 무슬림이

옆집이면 힘들죠. 고기 냄새 못 참아요." 남녀노소 구분 없이 가족 모두가 이 도축 의식에 참여하는 것도 힌두교도에 겐 용납하기 어려운 일이다.

종교가 다르고 사는 곳이 달라도 학교에 가면 친구가 생긴다. 카잘에게도 그런 친구가 있다. 고등학교 2학년 시절에 만난 나스린이다. 나스린 같은 친구가 학교에 많지는 않았다. 카잘의 기억에 당시 한 반의 정원은 70명이었는데, 무슬림 친구는 네다섯 명밖에 되지 않았다. 딸 여섯인 가정에서 다섯째로 태어난 나스린 같은 경우는 더욱 드물었다. 지금은 변화했기를 바라지만 카잘이 고등학교에 다닌 1990년대 중후반만 해도 무슬림 가정은 좀처럼 여아를 고등학교에 보내지 않았다. 무슬림의 딸들은 교육 기회를 누리는 대신 일찍 결혼을 한다. 아이도 많이 낳는다. "임신을 하면 알라가 주신 선물이니까 받아야 한다고 말해요. 그렇게 생각만 하는 게 아니라 진짜 그렇게 말해요. 모든 인도 여자가 그렇지는 않죠. 어디나 그런 것처럼 교육을 더 많이 받을수록 더 적게 낳아요."

카잘은 나스린의 넷째 언니 결혼식에 초대를 받은 적이 있다. 가겠다고 조르는 카잘을 먹을 게 없을 거라면서 어머니가 말렸지만 우정만큼 중요한 건 없던 시절이라 결국 갔는데, 어머니가 맞았다. 나스린의 어머니는 정말 많은 음식을 준비했지만 카잘은 어느 것도 먹을 수가 없었다. 거의 모든 음식이 머튼이었기 때문이다. "돈(축의금)만 주고 왔어요. 냄새 때문에 너무 힘들어서 음식은 제대로 쳐다보지도 못했어요. 지금은 50%지만 그때는 진짜 100% 베지였으니까. 게다가 어리니까 가리는 게 많았죠. 먹어본 음식이 많지 않으니까요."

잔치 이전에도 나스린의 집에 갈 때마다 카잘은 차이만 홀짝이고 왔다. 친구 집에 갔다 온 날이면 할머니는 논베지 냄새가 난다면서 당장 목욕하라고 재촉하곤 했다. "어느 나라에 가든, 또 어느 집에 가든 나는 냄새가 있잖아요? 먹는 게 달라서 나는 냄새 같아요." 고기를 안 먹는 사람이 상대적으로 이런 냄새에 더 민감한 것 같다. 친구를 좋아했지만 친구 집에 갈 때면 음식과 냄새로 늘 곤란했던 카잘과 달리 나스린은 카잘의 집에 놀러 올 때면 카잘의 어머니가 만들어주는 모든 것을 맛있게 먹었다.

고등학교를 졸업한 뒤로 카잘은 나스린을 만나지 못했다. 서로의 삶이 많이 변했다. 카잘은 결혼을 계기로 고향을 떠나 루디아나로 갔고, 이어서 10여 년째 한국에 살고 있다. 카잘은 어머니를 통해 여전히 고향에 사는 나스린의 소식을 가끔 듣는다. 나스린의 남편은 일을 하러 두바이로 갔다. 나스린은 고향에 남아 시모와 함께 살고 있지만 둘의 사이가 좋지는 않다. 그리고 자신의 어머니만큼 아이를 많이 낳지는 않았다.

펀자브의 강을 건너서

암리차리 마치
Amritsari macchi

펀 자 브 식 생 선 튀 김

◎◎◎ 거대한 반도 국가인 인도의 해안선은 약 7,500km
에 달한다. 그건 내륙 지방인 펀자브가 전혀 갖지 못한 것이
다. 그러나 바다 없는 펀자브에서도 생선이 꽤 많이 잡힌다.
사실 펀자브라는 이름이 증거다. 펀자브어로 펀즈punj는 숫자
5, 압aab은 물이니 펀자브는 다섯 개의 강이 흐르는 땅(land
of five rivers)을 의미한다. 펀자브 관개청에 따르면 펀자브를
가로지르는 운하 시스템의 규모는 약 14,500km다.[142] 그 풍
요로운 물로 기원전부터 지금까지 원활하게 농사를 짓고 있
으며 약 30~40년 전에는 양식업이라는 비전을 찾았다.

펀자브라는 이름의 기원이 된 다섯 개의 강(Beas, Satluj,
Ravi, Chenab, Jhelum)은 델리부터 아프가니스탄까지 이어

진다. 파티션 이후 구 펀자브를 인도와 파키스탄이 나눠 갖게 되면서 강도 나뉘었다. 인도 펀자브가 차지한 것은 기원전 알렉산더 대왕이 정복했던 베아스강의 상류, 인더스강의 극동쪽 지류인 수틀레지강의 상류다. 두 강 모두 결국 파키스탄 펀자브로 이어진다. 한편 라비강 상류의 물길은 두 나라의 국경선을 따라 흐른다. 이 모든 물의 흐름은 두 나라가 원래는 하나의 땅이라고 말해주는 것만 같다.

펀자브 양식장

펀자브를 가로지르는 강을 극히 일부나마 다녀올 수 있었다. 2주간의 루디아나 일정을 마치고 생선 요리로 유명한 도시인 암리차르로 이동하면서 건넜다. 강물을 바라보면서 내가 곧 먹게 될 생선 요리를 상상했다. 그건 베아스강에서 올까, 수틀레지강에서 올까. 감상을 깨는 건 통계다. 인간이 먹는 생물은 늘 그렇듯 운신의 폭이 좁다. 2016년 보도된 한 기사에 따르면 펀자브에서 잡히는 생선의 67%는 연못에서 온다.[143] 양식장이라는 통제된 조건에서 나오는 것이다.

양식업은 펀자브가 최근 발견한 주요 산업이기도 하고, 인도 전반의 어업 경향이기도 하다. 펀자브는 2012~2013년 인도에서 단위 면적당 어획량이 가장 많은 지역이다.[144] 타 지역에 비해 총 생산량은 적어도 효율적인 생산 구조를 갖추고 있다는 뜻이다. 2018년 인도에서 생선이 가장 많이 잡힌 주는 안드라프라데시·웨스트벵골·구자라트 순으로[145] 모두 바다를 끼고 있는 지역이지만, 그해 인도에서 잡힌 생선의 65%는 내륙 지방에서 왔고 총 생산량의 50%가 양식장에서 나왔다.[146] 2016년 해수어가 가장 많이 잡힌 나라는 중국이다. 그 뒤로 인도네시아·미국·러시아·페루·인도·일본·베트남·노르웨이가 이어진다. 담수어 최대 시장도 중국이지만 2위가 인도, 3위가 방글라데시다.[147] 인도는 다른 나라와 거래할 수 있는 자원도 많다. 이 분야에서 가장 인기 좋은 품목은 2017년 인도가 수출한 해산물의 65%를 차지한 새우다.[148]

지구촌 관점에서 보면 인도는 어마어마한 규모의 어장이지만 평균의 관점에서 보면 인도 사람들이 먹는 생선의 양은 그에 비해 매우 미미한 편이다. 2013년 1인당 연간 생선 소비량을 보면 중국은 32.4kg, 스리랑카는 24.7kg, 방글라데시는 19.4kg이고 세계 평균은 19.5kg이다. 인도는 고작 6kg인데, 1960년대 초반에는 2kg이었다.[149] 그러나 평균과 달리 생선이 폭발적으로 소비되는 지역이 있다. 트리푸라(내류)와 락샤드위프(섬)는 2005년 1인당 매월 생선을 8kg 이상 먹었다.[150] 그 뒤로 고아(해안)·아루나찰프라데시(내륙)·케랄라(해안)가 이어지는데, 이는 바다를 끼고 있는 지역에서 상대적으로 더 많은 생선이 잡힐 수는 있어도 인도에서는 지리적 요건과 생산력이 곧장 소비로 연결되지는 않는다는 것을 보여준다. 내륙 지방에서도 강이나 양식장을 통해 생선 수요를 충족할 수 있기 때문이다. 그렇다면 강이 있고 양식업이 발달한 지역 모두가 생선을 많이 먹을까? 그렇지도 않다. 이런 예외로 손꼽을 만한 지역은 2015년 여성 인구의 2%, 남성 인구의 3.9%만이 생선을 먹은 펀자브다.[151]

펀자브는 물도 많고 늪도 많아 어업과 양식업을 조성하기에 유리한 배경을 갖추고는 있지만, 전통적으로 농지였던 데다 힌두교도와 시크교도의 베지 인구가 많아 생선 요리를 선호하는 지역이 아니다. 애초에 펀자브에서 양식업이 시작된 배경도 우연에 가까웠다. 1980년대 초반 루프나가르 Rupnagar라는 지역에서 밀과 쌀 농사가 5년간 실패하면서 연못이 생기자 시도한 실험이다. 처음에야 고전했지만 차차 주변 대학과 연구소 등 학계가 참여해 양식업에 대한 과학적 접근이 이루어지기 시작했고, 생선 수요도 전보다는 조금 늘었다.

이는 원주민의 의식 변화로 이룬 것이 아니라 유입된 인구가 만든 결과다. 가장 두드러지는 지역은 펀자브에서 인구가 가장 많으며 공업이 발달한 루디아나다. 일자리를 찾아 이주한 대다수는 공장에서 일하지만 일부는 양식장으로 간다. 펀자브에서 잡히는 생선 또한 원주민이 아니라 고향에서 생선을 먹어왔던 이민자 가정이 소비한다. 특히 방글라데시 근처 비하르 출신의 비율이 높은 편이다. "열 살부터 낚시를 한다. 물고기는 자연스럽게 우리에게 온다"고 지역적 정체성을 표현하는 그들은 펀자브 양식장을 구성하는 협동조합의 노동자이면서 펀자브 양식업의 수혜자다.[152] 사실 펀자브 생선의 상당량은 펀자브 바깥의 더 넓은 시장으로 나간다. 더 많은 이민자가 섞여 사는 델리의 수산시장으로 간다.

펀자브의 양식업은 지역의 농업 및 축산업과도 유기적이다. 연못이나 호수 등 양식이 이루어지는 가둬둔 물에는 양분이 많아 농업용수로 사용하면 비료를 아낄 수 있고, 농장에서 사육되는 가금류의 배설물은 물고기의 먹이가 될 수 있다.[153] 나는 그간 펀자브 주 정부를 대상으로 지역 양식업의 현황과 경제적 가치를 검토한 산학 연계 보고서를 꽤 많이 봤다. 2007년 기준 펀자브 양식업 종사자는 고졸 이상이 70%가 넘는다는 평균 학력 데이터까지도.[154] 펀자브의 양식업은 이처럼 학계가 적극적으로 동참할 만큼 미래 가치가 높은 사업일 수도 있다. 하지만 동시에 펀자브의 농업 중심적인 가치관과 종교의 벽을 허물기는 여전히 어려워 주 정부가 권장하려 수십 년째 애쓰고 있는 사업이다. 나도 가까운 거리에서 이를 실감했다. 나는 카잘과 생선에 관한 긴 이야기를 나누지 못했다. 카잘은 전형적인 펀자브 사람이자 힌두교도다. 생선을 좋아하지 않는다. 사실 생선을 잘 모르는 사람이다. 내가 펀자브에서 가장 많이 먹는 생선을 물었을 때 한참 검색하더니 힌디어로 어떠한 답을 줬는데 찾아보니 고등어였다. 민물에서도 고등어가 나긴 한다. 하지만 이름도 몰라 검색해야 하는 카잘은 그게 바다에서 왔는지 강에서 왔는지 모른다.

긴 강을 여러 개 끼고 있는 환경에도 불구하고 전통적인 가치관에 따라 생선을 외면해온 펀자브에서 그나마 저항감이 덜한 생선 요리는 튀김이다. 뼈를 걷어내고 조각으로 잘라서 튀기기 때문에 피시 티카fish tikka라고 부르기도, 밋밋한 영어식 표현을 따라 피시 프라이fish fry라고 부르기도 한다. 이는 암리차르에서 특히 유명하다 하여 암리차리 마치라고 부른다. 마치는 힌디어로 생선이다. 각종 향신료와 소금에 생선을 재운 뒤에 베산besan(병아리콩 가루)을 살짝 입혀서 튀기는 것이다.

생선 요리로 유명한 암리차르는 펀자브에서 루디아나 다음으로 인구가 많은 도시다. 그게 내가 암리차르를 일정에 넣은 이유였다. 나는 루디아나가 아닌 곳에서도 펀자브 음식을 확인하고 싶었다. 결과적으로 암리차르 음식은 그간 루디아나와 델리에서 먹은 것과 비슷했다. 그리고 펀자브에서 드문 편이라는 생선 요리를 접해보고자 했다. 결론부터 말하자면 암리차르의 생선 요리가 대단히 만족스럽지는 않았다. 그렇다면 나는 암리차르에 괜히 간 것일까? 그렇지는 않다. 별미가 아니었을 뿐이지 어쨌든 나는 목적을 달성했다. 그리고 음식을 둘러싼 모든 이야기가 늘 맛으로 귀결되지는 않는다. 훌륭한 맛 바깥에도 오래 기억될 만한 여정이 있다.

생선 튀김의 도시에서

44번 고속도로를 탔다. 루디아나와 암리차르는 약 150km 떨어져 있다. 택시로 세 시간. 논스톱으로 쭉 가도 무방한 거리라서 이번엔 다바에 안 가는 것인가 했는데 기사는 목적지를 딱 15km 남겨두고 차를 세웠다. 두 시 무렵이었다. 인도에서 슬슬 점심 식사가 시작되는 시간이고 승객을 태운 택시 기사가 다바를 잊는 법은 없다. 앞서 쓴 것처럼 인도의 고속도로 다바에서 기사의 밥은 공짜다. 손님을 데려온 사람이니까. 꼭 시장하지 않아도 인도의 운전자는 차를 한 번 세운다. 그만큼 노동했으면 차이 한 잔쯤은 마셔야 한다.

다바에서 적당히 휴식을 취하고 목적지인 암리차르 숙소로 가려는데, 루디아나 사람인 기사는 고작 15km를 남겨두고 길을 잘 모른다는 신호를 보냈다. 정확한 의미를 읽기는 어렵다고 해도 인도 사람들의 생활에 영단어가 꽤 많이 들어와 있어서 단어를 조합하고 정황을 살피면 눈치코치로 얼추 의미를 읽을 수 있다. 그가 곤란한 표정으로 "호텔 호텔" "어드레스 어드레스" 했을 때 감을 잡았다. 그가 "내비 내비" 했을 땐 내 동반자 이범학이 목적지가 입력된 구글 내비게이션 화면을 열고 휴대폰을 줬다. 그가 "랭귀지 랭귀지" 했을 땐 내비의 언어를 바꿔줬다. 문장 속에 영단어가 있었을 뿐 그는 모든 의사 표현을 펀자브어로 했고 나와 이범학은 한국어로 상의하면서 답을 찾았다. 언어의 벽은 높지만 소통의 벽까지 항상 높은 것은 아니다. 구글과 네트워크만 활성화된다면 한국 사람인 우리가 길을 잃은 인도 사람을 도울 수도 있다. 이렇게 사소하고 뿌듯한 일화로 우리의 여행은 더 오래 기억된다.

암리차르 시내에 도착하니 인도의 모든 도시가 교통지옥이지만 내가 느끼기에 여긴 정말이지 델리보다 더 심한 것 같다. 암리차르엔 국제공항이 있고 숙소가 많다. 그리고 한국어로 황금 사원, 영어로 골든 템플이라고 부르는 하르만디르 사힙Harmandir Sahib이 있다. 인도에서 가장 큰 구르드와라gurdwara(시크교 사원)다. 그리고 파키스탄과 인도의 첫 번째 국경이 있다. 와가 보더Wagah border다(와가 아타리 보더Wagah-Attari border라고 부르기도 하는데, 와가는 파키스탄 지명이고 아타리는 인도 지명이다). 매일 오후 정해진 시간에 양국의 군대가 국경을 사이에 두고 15분간 절도 있는 퍼레이드를 한다. 그 국경은 이른바 '국뽕'에 심취해 경쟁하듯 노래하고 춤추고 자국의 구호를 외치는 양국 사람들로 물결을 이루지만 경비는 철저하고 휴대폰은 안 터지는 특수 구역인데(2014년 파키스탄 쪽에서 자살 폭탄 테러로 60여 명이 사망한 일이 있다), 국적과 종교에 아랑곳하지 않고 그 경계를 자유롭게 통과할 수 있는 존재가 있었다. 들고양이였다. 공항, 사원, 고양이가 드나드는 국경까지 암리차르의 명소로 향하는 길을 나도 따라가면서 수없이 많은 관광버스와 승합차와 수트케이스를 봤다. 여긴 외국인 관광객은 굉장히 드물지만 인도 사람들에게 매우 사랑받는 여행지다. 내가 암리차르에서 머문 숙소는 한 층을 집으로 쓰고 다른 한 층을 투숙객에게 내주는 홈스테이였는데, 주인 가족이 내게 말하기를 살면서 처음 본 한국인이라 한다.

그들은 따뜻했다. 루디아나에 카잘 가족의 집이 있다면 암리차르에는 비록 부킹닷컴의 결제 시스템을 통해 맺은 인연일지언정 산주와 차란지트 부부의 집이 있다고 느낄 만큼 고마운 빚이 잔뜩 쌓였다. 나는 그들로부터 많은 이야기를 들었고 많은 것을 얻어먹었으며 그들의 옥상을 내 집처럼 썼다. 나도 자연스럽게 암리차르에 오게 된 배경을 말하게 됐다. 책을 만들기 위해 펀자브 음식을 조사하고 있으며 암리차르에서 유명한 생선 요리를 먹는 것이 이 도시 방문의 주된 목적이라고 말하니 그들은 마칸 피시Makhan Fish라는 식당에 꼭 가보라고 했다. 반가운 마음으로 나도 그 식당을 안다고 답했다. 사실은 안 가봐서 잘 몰랐지만. 그건 내가 암리차르에 도착하기 전부터 찾아놓은 식당이었다. 예감이 좋았다. 내가 가려고 했던 곳을 그들이 보장하고 있다는 점에서.

그렇게 해서 암리차르에서 가장 유명한 생선 요리 전문점에 갔다. 이 식당의 대표 메뉴는 피시 프라이드 상가라fish fried sangara와 피시 프라이드 소할fish fried sohal이다. 상가라는 무엇이고 소할은 무엇일까. 지역 이름일까, 생선 이름일까. 구

글에게 먼저 물어봤더니 파키스탄에 상가라라는 지역이 있다기에 식당의 직원에게 확인을 받고 싶었다. "상가라는 파키스탄의 지명인가요?" "우리 식당의 모든 요리는 다 인도 요리입니다." 동문서답 이후 사라진 직원과의 소통을 포기하고 카잘에게 상가라와 소할에 대해서 물었다. 카잘(생선 잘 안 먹는 사람)이 가족과 상의하는 동안 나도 검색을 이어간 끝에 답을 찾았다. 상가라와 소할은 어종의 이름이다. 결국은 해결된다 하더라도 언어의 벽은 높다. 영어를 많이 쓰긴 하지만 지역마다 다른 수많은 언어가 오가는 인도에서라면 더더욱 그렇다. 인도에선 똑같은 생선을 부르는 이름이 지역마다 다르다. 고등어만 해도 종에 따라서, 각 지역에 따라서 부르는 이름이 열 가지가 넘는다. 식당마다 다른 철자를 쓸 수도 있다. 메뉴판에 상가라sangara라고 쓰는 식당이 있고 싱하라singhara라고 쓰는 식당이 있다. 생선뿐 아니라 인도의 식당은 같은 음식을 두고 저마다 자유로운 알파벳 표기를 한다. 어차피 로마자에 기원을 두고 있는 이름들이 아니라는 걸 상기시켜주듯이.

찾은 답을 말하자면 상가라는 메깃과의 민물고기인 자이언트 리버 캣피시giant river-catfish를 인도 일부 지역에서 부르는 이름이다. 상가라는 강 말고도 바다에서도, 그 경계에서도 잡혀서 인도에서 마린 캣피시^{marine catfish}라고 부르기도 한다. 맛이 순하고 뼈를 발라내기 쉽다. 한편 소할은 솔^{sole}을 말한다. 한국에서 서대라고 부르는 가자밋과의 생선으로, 지방질이 적고 조직은 연하며 맛은 부드럽다. 이 같은 내용을 확인하면서 참고한 웹사이트가 있다. 시푸드 인디아^{seafood-india.com}다. 일반인을 위한 기초 상식부터 무역 업계 종사자들 사이에서 통용되는 전문 지식까지 공유하는 해산물 전문 포털 사이트인데, 사이트의 대문에는 "해산물을 둘러싼 불안감을 해소하는 데 필요한 사실과 자신감을 제공한다"는 친절하고 흥미로운 안내가 있다. 생선을 둘러싼 자신감을 제공한다니. 인도가 어마어마한 해산물의 보고라고 해도 지역마다 생선을 받아들이는 태도가 다르니 이처럼 궁극적으로 먹거나 거래하는 것을 권장하는 통합 정보 시스템이 필요한 모양이다.

펀자브에서 선호되는 것은 서구 사회에서 많이 먹는 틸라피아 같은 흰살 생선이다. 뼈를 걷어내고 살만 바른 필렛^{fillet} 형태로 먹는다. 그렇게 손질해둔 생선을 탄두르에 구울 수도 있고(피시 탄두르) 그레이비와 섞어서 카레처럼 먹을 수도 있는데(피시 마살라), 암리차르에서 보다 대중적인 방식은 생선살에 튀김옷을 살짝 입혀 기름에 튀긴 것이다(피시 프라이).

환경과 문화에 따라서 생선을 통으로 굽는 것이 훨씬 먹음직스럽게 보일 수도 있지만, 채식 인구가 많은 펀자브에서는 활어의 원래 형태로부터 최대한 벗어나 접시에 올리는 방식이 권장되는 것 같다. 뼈를 걷어낸 뒤에 조각을 내는 것이다(피시 티카). 어떤 인종은 이 같은 인도의 생선 튀김으로부터 영국의 피시 앤드 칩스를 떠올린다고 하는데, 한국인인 나는 생선가스가 생각났다. 게다가 생선 튀김을 먹는 방식은 어디나 비슷하다고 말하는 것처럼 사이드메뉴로 상큼한 마요네즈 소스가 나왔다. 인도에서 많이 먹는, 계란 없이 만든 베지 마요네즈에 레몬즙을 섞은 것이다. 말하자면 인도식 타르타르소스다. 이 친근한 생선 튀김에서 내가 읽은 유일한 인도의 표식은 토핑으로 약간의 가람 마살라를 쓴다는 것이었다.

맛은 사실 그리 특별하지 않았다. 나는 펀자브에서 생선 요리가 가장 유명한 지역에 갔고, 그 가운데 가장 유명하다는 생선 요리 전문점에 찾아갔지만 그게 큰 만족으로 이어지진 않았다. 병아리콩으로 만든 튀김옷은 바삭하고 고소했지만 그건 세계의 모든 튀김 요리가 갖춰야 할 기본이라고 생각한다. 다바보다 급이 높은 레스토랑에서 내가 먹은 생선 튀김의 가격은 한국 식당의 생선가스 평균가와 비슷했

암리차리 마치|Amritsari macchi

인도에서 생선 튀김은 조각으로 잘라서 튀기기 때문에 피시 티카라고 부르기도, 영어식 표현을 따라 피시 프라이라고 부르기도 하지만, 이 같은 조리법은 암리차르에서 특히 유명해 암리차리 마치라고 부르기도 한다. 마치는 힌디어로 생선이다. 410루피.

식당정보 Makhan Fish and Chicken Corner Amritsar SINCE 1962 | 21A, Near Madaan Hospital Makhan Chowk, Majitha Rd, Amritsar, Punjab 143001

지만 양은 훨씬 적었고(한국과 달리 밥은 안 나온다) 생선은 엄지손가락만 한 크기로 잘려 나왔는데, 먹기는 편했지만 통으로 구운 생선의 뼈를 스스로 발라 먹는 일에 매우 익숙한 한국인에게 식욕을 자극하는 모양새가 될 수는 없었다. 어린이용 도시락 반찬 같은 느낌이랄까. 한국인 입장에서 그리 거창할 것 없던 이 생선 튀김으로부터 내가 확실하게 확인한 것은 펀자브 고유의 오래된 문화였다. 펀자브는 물이 많아 생선이 많이 잡히지만 문화적으로 생선을 진심으로 사랑하지는 않으며 따라서 생선 요리가 큰 발전을 이루지 못한 곳이다. 주어진 시간은 짧고 먹은 것은 적은 이방인의 펀자브 생선 요리 체험 소감은 대략 이렇다.

그러나 일부 인도 사람들은 그렇게 생각하지 않는다. 그들은 미각이란 살아온 환경과 쌓아온 경험에 따라 다르게 형성된다는 걸 새삼 절감할 만한 이야기를 들려준다. 닥터 소디라는 암리차르 거주자는 그간 영국을 여행하면서 여러 해산물 요리를 먹었지만 고향 음식인 암리차리 피시만큼 뛰어난 것은 없었다고 말한다. 프라샨트라는 또 다른 사람은 생선을 많이 먹는 벵골 지역 사람들과 나눈 경험을 이야기한다. 벵골 친구들에게 암리차리 마치를 먹여봤더니 고향의 생선 요리보다 맛있어서 깜짝 놀랐다는 반응이 돌아왔다는 것이다. 그들이 인정한 이 맛은 나도 다녀온 식당의 고유한 조리법에서 나오는데, 그들은 육질을 보다 부드럽게 하기 위해 생선을 24시간 동안 얼린다. 그리고 병아리콩 가루·계란·향신료를 적당한 비율로 섞어 입에 넣자마자 부서지는 부드러운 튀김옷을 만든다. 이는 암리차르의 생선 요리 문화를 취재한 한 인도 언론의 기사에 나오는 내용이다. 이 기사는 다소 거창하지만 나도 실감한 문장으로 시작한다. "암리차르 사람들은 호스트로 태어났다. 그들에게는 좋은 음식을 알아보는 입이 있다."[155]

나는 이를 암리차르에서 가장 유명한 생선 요리 전문점이 아닌 내가 묵은 숙소의 호스트 산주에게서 느꼈다. 나는 산주가 정성스럽게 만든 맛있는 달을 먹었고 차이를 마셨다. 산주는 지역에서 유명한 촐레 쿨차 식당에서 사 온 음식을 나와 나눴다. 이어서 산주 가족은 지역에서 가장 유명한 다바를 알려주었고 나는 여기서 최상의 파라타를 받았다. 숙소 근처 야시장에서 길거리 음식을 먹고 왔다고 내가 말했을 때, 그러다 탈 날 수 있는데 정말 괜찮은 것이냐고 산주는 진심으로 나를 걱정했다. 한편 내가 마신 '인생 라씨'는 암리차르에 있었다. 생선 때문에 찾아간 도시에서 만족할 만한 생선 요리는 만나지 못했지만 다른 많은 것을 얻었다. 친구네 집과 같은 환대를 경험했고 펀자브 미식 기행을 이어갔다. 나아가 인도 사람들의 여행 문화를 체험했고 국가와 국경이라는 인간의 땅따먹기를 조롱하는 도도한 고양이를 보았다. 언제나 목표와 계획은 필요했다. 하지만 어떤 만족과 기쁨은 우연에서 왔다.

Chapter 3

끼니와 끼니 사이

짜릿한 물폭탄

골가파
golgappa

양 념 수 로 가 득 찬 비 스 킷

◎◎◎ 전직 레슬링 선수 마하비르 싱 포갓은 아들을 국
가 대표로 키워 자신이 갖지 못한 올림픽 금메달을 따고 싶
었다. 딸 넷을 낳고 내려놓은 꿈이다.

시간이 흘러 10대가 된 첫째 기타와 둘째 바비타 자매는
어느 날 동네 남자아이들을 흠씬 두들겨 패고 들어온다. 기
타는 아버지의 눈치를 살피며 사정을 말한다. "쟤들이 시비
를 걸었어요. 저더러 바보라고 하고 바비타한테 마녀라고 하
길래."

마하비르는 맞은 남자아이들 부모에게 정중하게 사과하고
는 두 딸에게 어떻게 때렸는지를 설명하라 하고, 방금 전의
쌈박질을 몸으로 실감나게 복기하는 딸들로부터 잊고 살았

던 꿈을 되찾는다. 먼저 딸들에게 당근부터 준다. "내일 다 섯 시에 나와라." "왜요, 아빠?" "너희가 좋아하는 골가파 사 주려고. 다섯 시야, 알았지?"

마하비르는 약속한 대로 두 딸에게 카트에서 파는 골가파 를 사주고는 맛을 묻는다. 둘째 바비타가 덜 맵다고 하자 마 하비르는 골가파왈라에게 더 맵게 해달라고 하고는 딸들에 게 미래를 예고한다. "먹고 싶은 만큼 먹어라. 오늘부터 둘 다 레슬링 선수가 될 테니까. 레슬링 선수는 짜고 맵고 기름 진 걸 먹으면 안 된다. 너희가 좋아하는 음식이지. 이게 마지 막 간식이다."

천국 같은 간식 뒤에 두 딸을 기다리고 있는 것은 전 선수 이자 현 코치인 아버지가 주도하는 지옥 같은 훈련이다. 머 리 깎고 운동하는 여자아이에게 따르는 동네 사람들의 조 롱과 멸시다. 그 딸들은 레슬러가 되고 싶지 않았다. 억지로 훈련을 이행한 끝에 또래 남자아이들이 출전하는 지역 대회 와 전국 대회를 씹어 먹고, 이어서 국제 대회라는 더 큰 목 표가 생기기 전까지는.

인도의 국민 배우 아미르 칸이 출연하고 제작한 「당갈」 (2016)은 실화를 기반으로 한 흥미진진한 영화로, 펀자브 아래 하리아나의 작은 마을 발랄리Balali에서 나온 여성 레슬러 기타 포갓의 이야기를 다룬다. 전개가 순조롭지만은 않다. 영화는 인도의 뿌리 깊은 남아 선호 사상과 여성이 겪는 사회적 제약은 물론 가부장적 훈육과 스포츠 인재 양성을 둘러싼 선수 협회의 문제까지 다양한 이슈를 고루 보여준다. 이 위대한 레슬러의 마지막 간식인 골가파가 나오는 장면을 몇 번이고 돌려서 본 내게는 인도의 음식 문화를 살펴볼 수 있는 교본까지 됐다.

골가파는 인도 전역의 노점에서 파는 간식이다. 모양은 공갈빵이고 크기는 탁구공만 하다. 통밀이나 세몰리나 반죽을 비스킷처럼 튀긴 뒤에 작은 구멍을 뚫어서 먹는데, 이 입구 안으로 많은 것이 들어갈 수 있다. 마살라에 버무린 병아리콩을 넣을 수도, 으깬 감자를 넣을 수도 있다. 완두나 다진 양파를 쓰는 지역도, 요구르트를 끼얹어 주는 지역도 있다. 지역마다 부르는 이름도 다르다. 펀자브에선 골가파 혹은 골가페golgappe라고 부른다. 골가페는 골가파의 복수다. 그걸 하나만 먹는 사람은 없을 것이다. 콜카타를 포함하는 웨스트벵골에선 푸치카puchka라고 부른다.

골가파는 파니 푸리pani puri라고 부르기도 한다. 파니 푸리는 이 간식의 특징을 가장 잘 설명해주는 이름이다. 힌디어로 파니는 물, 푸리는 튀긴 밀전병이다. 그래서 파니 푸리는 영어로 '워터 브레드water bread'로 설명된다. 각 지역에서 어떤 이름으로 불리든, 병아리콩부터 으깬 감자까지 어떤 부가 재료를 쓰든 간에 이 간식에는 항상 물이 가득 들어간다. 그 물은 맹물이 아니라 맛이 있는 물인데, 고기로 낸 국물은 아니니까 육수가 아니라 주스 혹은 양념수라고 해야 할 것 같다. 그 양념수의 이름은 임리 파니imli pani다. 임리는 타마린드를 힌디어 사용자가 부르는 이름이다. 열대 지방에서 쉽게 접할 수 있는 시큼한 과육으로, 인도에서는 설탕과 기타 재료를 섞어서 붉은색 처트니를 만드는 데 주로 쓴다. 임리는 그냥 못 먹을 만큼 시기 때문에 설탕과 물을 섞어 케첩 대용으로 쓰는데, 골가파에 들어가는 임리 파니가 항상 새콤하지만은 않다. 달콤한 것도 있고 짠 것도 있고 매운 것도 있다. 붉은빛과 주황빛부터 초록색까지 색도 다양하다.

내가 북인도에서 본 모든 골가파 카트에는 임리 파니의 종류가 최소 다섯 가지는 됐다. 다 맛이 다른 물이다. 어떤 왈라는 딱 한 가지 임리 파니만 쓰는데 그런 경우라면 병아리콩이나 감자 같은 다른 묵직한 재료가 있을 것이고, 어떤 왈라에게는 열 개가 넘는 임리 파니 양동이가 있는데 그런 경우라면 푸리에 여러 가지 물만 채워 주는 방식일 것이다. 그 물을 구성하는 재료는 보편적으로 미네랄워터와 타마린드 외에 민트·고수·망고 파우더·고추·고춧가루·소금 등이다. 골가파왈라는 이러한 재료로 만든 임리 파니를 기본으로 갖추고 영업을 하고, 고객의 요청에 따라 즉석에서 맛의 강도를 조절해준다. 아마도 「당갈」 속 왈라는 덜 맵다고 말한 바비타에게 미르치mirch(청양고추처럼 맵고 푸른 고추로 그린 칠리라고 부르기도 한다)를 넣어 줬을 것이다.

마지막 간식을 허겁지겁 먹던 「당갈」의 기타와 바비타가 그랬듯이 그걸 하나만 먹는 인도 사람은 드물다. 좋아하는 맛을 골라서 먹을 수도 있지만 마치 와인 샘플러처럼 골가파 세트를 먹을 수도, 추가로 더 먹을 수도 있다. 카잘에 따르면 인도 사람들은 다양한 '물 맛'을 즐기기 위해서 일단 종류별로 다 먹고(최소 다섯 개), 그 가운데 가장 맛있는 것을 또 먹는다. 자신은 물론 남동생까지 앉은자리에서 골가파를 마흔 개쯤 먹을 수도 있다고 했는데, 미디어로 가면 조금 더 과장된 숫자가 나온다. 배우 R. 마드하반은 어느 TV 프로그램에서 말했다. "100개는 먹을 수 있죠."[156]

골가파는 어른의 한입에 쏙 들어가는 크기다. 아직 한입에 넣기엔 버겁다고 해도 맵고 짜고 달콤하고 바삭하기까지 한 것을 거부할 아이는 인도에서 매우 드물 것이니 자신의 의사와 상관없이 아버지에 의해 레슬러로 길러지면서 이런 것을 절제해야 했던 소녀들이 문득 안쓰러워지는데, 그 소녀들의 미래로 예상되는 이야기를 소재가 비슷한 다른 영화 「마리 콤」(2014)에서 봤다. 북동부 마니푸르의 여성 복서, 2012년 런던 올림픽 동메달리스트 마리 콤은 큰 대회를 앞두고 델리에 갔다가 목에 물이 걸려 켁켁거린다. 시내의 스낵바에서 골가파를 먹던 중에 응원차 같이 갔던 동네 친구가 갑자기 청혼했기 때문이다. 이런 결정적인 장면에서 오로지 주인공의 목에 걸린 골가파를 확인하기 위해 일시 정지 버튼을 누르면서 생각했다. 이건 인도 어디서든 아이나 어른이나 좋아하는 간식이 확실하다.

인도의 학교에는 간식 카트가 들어온다. 그 시절의 카잘과 친구들은 쉬는 시간이면 운동장에 열 개쯤 늘어선 카트 가운데에서 이것저것 골라서 사 먹곤 했다. 각종 튀김이 가장 인기가 좋았다. 역시 튀긴 반죽으로 만드는 골가파는 알루 티키(으깬 감자를 패티로 만들어 부친 뒤에 요구르트 및 처트니와 함께 먹는 간식)와 함께 그 시절의 카잘이 가장 좋아한 간식이다. 그러한 튀김 간식을 아우르는 표현이 있다. 차트chaat 라고 부른다. 감자나 콩 등 탄수화물 성분을 튀긴 것에 요 구르트나 처트니를 듬뿍 얹어 먹는 것인데, 대부분 노점에 서 파는 것이라서 차트는 길거리 음식(street food)과 같은 말 로 통한다. 골가파와 알루 티키는 물론 곧 만나게 될 파코라 와 사모사도 넓은 의미에서 차트에 속한다. 차트의 어원은 의견이 분분하지만 힌디어로 손가락을 핥아 먹는다는 단어 도, 소리를 내면서 맛있게 음식을 먹는다는 단어도 차트와 발음이 비슷하다고 한다. 차트는 인도 어디에나 있지만 특 히 인기가 많은 지역은 삶은 바쁘고 물가는 비싼 발리우드 의 도시 뭄바이다. 인도의 지역 문화가 만나는 대도시이자 세계의 문화가 만나는 항구 도시라 노점에서부터 퓨전 음식 이 시작되는 곳이다. 뭄바이 사람들은 24시간 간식뿐 아니 라 끼니를 거리에서 많이 먹는다고 한다.[157]

차트는 보통 노점에서 하지만 일부 식당에서도 한다. 카 잘 가족과 그런 식당에 찾아가 골가파와 알루 티키를 먹은 날이 있었다. 카잘의 딸 야시카는 별 흥미를 보이지 않았다. 야시카 말로는 요새 학교에는 이동식 카트가 아닌 식당이 입주해 있으며 햄버거가 가장 인기가 좋다고 한다. 카잘의 시대에는 없던 것이다.

골가파 golgappa

노점에서 파는 간식이다. 모양은 공갈빵이고 크기는 탁구공만 하다. 통밀이나 세몰리나 반죽을 비스킷처럼 튀긴 뒤에 작은 구멍을 뚫어서 먹는데, 이 입구 안으로 많은 것이 들어간다. 병아리콩이나 감자를 넣을 수도, 맵고 시고 짠 물을 넣을 수도 있다. 개당 10루피.

식당정보 Shri Savariya Ji Golgappe Wale | 3159 Street No.34, Biddenpur, Karol Bagh, Near Gaffar Market, Aram Bagh, Paharganj, New Delhi, Delhi 110015

아직 낯선 물폭탄

콜카타에 머물면서 임리 파니 말고도 삶은 감자를 즉석에서 으깨서 마살라에 버무려 푸리에 넣어 주는 노점을 많이 봤다. 카잘에 따르면 펀자브에서도 많이 그렇게들 먹는다고 하는데, 내 시야가 좁았는지 펀자브와 델리에 머무는 동안 감자나 콩 없이 오로지 여러 가지 양념수만 넣어 파는 것만 봤다. 푸리라는 비스킷과 임리 파나라는 물로만 구성된 것이니 파니 푸리라는 힌디어 이름에 딱 부합하는 방식이다.

먹어보니 푸리의 두께와 촉감은 일반적인 감자칩과 비슷하다. 그만큼 얇고 바삭거린다. 임리 파니의 맛은 여러 가지다. 어떤 것은 고추 맛이 난다. 어떤 것은 새콤하고 어떤 것은 달콤했지만 둘 다 미미하게 매운맛이 났다. 어떤 물에선 믿을 수 없게도 와사비에 설탕을 탄 맛이 났다. 경험이 없었기에 익숙해지기까지 좀 긴 시간이 필요한 맛.

골가파는 작은 접시에 나온다. 손바닥보다 작은 접시 위에 구멍 뚫린 푸리를 올리고 왈라가 푸리 가득 채워 주는 물을 함께 먹는 것인데, 북인도 사람들이 먹는 걸 지켜보니 모두가 비스킷과 물로 구성되는 골가파를 여러 개 먹고, 마무리로 비스킷 없이 물만 접시에 받아서 홀짝 마신다. 모든 골가파왈라는 물 인심이 아주 좋다. 비스킷을 더 시키지 않아도 물만 더 달라고 하면 다 준다. 내게도 권했는데 거절해서 좀 미안했다. 카잘은 진작부터 내가 골가파를 먹고 어떤 반응을 돌려줄지 궁금해했다. 왜 그랬는지 알 것 같다. 이런 식의 간식 문화는 한국에 전혀 없다. 나는 내가 먹은 골가파 한 개의 양과 느낌을, 후련하지는 않지만 일반적인 감자칩 두어 쪽과 110ml짜리 한국야쿠르트 절반쯤을 한꺼번에 입에 넣는 경험이라고 표현하려 한다. 이렇게 바삭한 것과 이러한 주스가 동시에 주어지는 세트형 간식을 먹어본 기억이 없고, 특정한 과자와 음료수를 매칭하는 문화조차 없는 환경에서 살아왔던 내가 묘사할 수 있는 최선이다. 하지만 완전하지는 않다. 골가파의 맛이 가상의 감자칩−한국야쿠르트 세트와 같을 수는 없다. 비스킷의 맛은 감자칩보다는 싱겁다. 주스의 맛은 야쿠르트보다 자극적이다. 그보다 달고 새콤하며, 그와는 다르게 맵고 짤 수 있다.

골가파를 겨우 세 개쯤 먹으면서 이것은 내가 보다 긴 시간을 들여 적응해야 할 맛과 형태라고 생각했다. 그런 것의 존재조차 몰랐던 사람이라면 맛은 물론 먹는 방식에 익숙해지기까지 시간이 좀 필요하다는 것이다. 솔직히 말하자면 나는 맛있게 먹지 못했다. 이 여행의 동반자인 이범학도 마찬가지였다. 특히 물이 들어올 때 목이 좀 막히는 기분이었다.

같이 카트에 매달려 있던 인도 사람들의 깨끗한 접시와 다르게 우리의 접시는 다 비우지 못한 물로 출렁거렸고, 인도 사람들처럼 추가로 물을 주문해서 마시지도 못했다. 앉은자리에서 마흔 개를 먹을 수 있다는 카잘에게 더 원한다는 적극적인 반응을 돌려주고 싶은 마음과 달리 바삭한 비스킷과 달고 시고 맵고 짠 풍성한 물이 입 안에서 동시에 구르는 것에 도무지 익숙해지지가 않았다. 내가 혼자 찾아서 먹었을 때도 그랬고 카잘이 데려간 곳에서도 마찬가지였다. 내가 먹어왔던 간식은 이런 것이 아니다. 대체로 씹는 것이었지 이렇게 향미가 강하면서도 흥건한 것은 모르고 살아왔다. 감자나 콩이 있었다면 조금 더 기억이 좋았을까.

촌스러운 이방인이 이렇게 당황할 때, 어린 시절부터 골가파를 먹고 자랐던 인도 사람들은 멋진 표현으로 이 간식을 예찬한다. "이 작고 맛있는 폭탄이 입 안에서 폭발할 때, 입에 남는 것은 순수한 기쁨이다."[158] 누군가는 그 폭탄이 주는 짜릿한 자극을 묘사하는 데 집중하기도 한다. 그 자극은 요청에 따라 조절할 수 있는 매운맛에서 온다. "입 안에서 물폭탄이 터지면 코와 귀도 덩달아 뜨거워질 것이다. 용감한 사람이라면 여기서 미르치(고추)를 더 넣어달라고 할 것이고, 현명한 사람이라면 달콤한 임리 파니를 요청할 것이다.

그 물폭탄이 아무리 자극적이라도 주어진 6~8개를 다 먹기 전까지 우리는 항복하지 않을 것이다."[159]

한 지역에서 그 물폭탄의 폭발에 제동이 걸린 일이 있다. 2011년 노점의 도시 뭄바이에서 위생에 대한 심각한 문제가 제기됐다. 한 왈라가 매우 불결한 작업장에서 골가파를 제조했다고 누군가 폭로한 것이다. 2018년 7월 구자라트의 바도다라Vadodara에서는 푸리(비스킷) 4,000kg, 파니(양념수) 1,200L, 감자와 병아리콩 3,350kg, 식용유 20kg을 폐기했다. 그해 초여름에 설사 및 구토 사례가 늘었다는 보고를 접한 바도다라 지역 정부가 수인성 질병 위험이 높은 장마철을 앞두고 50개 이상의 골가파 재료 도매상과 노점을 집중 단속한 결과다. 이를 보도한 한 언론은 판매자와 소비자 모두의 마음을 고려한 다음과 같은 내용으로 글을 맺었다. "많은 사람들은 사랑하는 파니 푸리가 사라지는 것을 보고 낙담했지만 건강을 염두에 둔 조치였기 때문에 한편으로 안도했다. 하지만 이로 인해 판매자들의 손실이 크니 금지보다는 위생 규제가 마련되어야 한다고 강조했다."[160]

골가파의 양념수는 이처럼 때에 따라 위험 요소가 될 수도 있지만, 어떤 환경에서는 위생 시설을 갖춘 공장 라인을 통해 보다 안전한 먹거리로 생산된다. 캐나다에서 운영하는 한 인도 식료품 전문 브랜드에서는 가공식품의 하나로 '골가파 워터'를 내놨다(인도 출신 이민자가 많은 나라에서나 수요가 있는 것일 뿐 언제 어디서나 신선한 골가파 워터를 구할 수 있는 인도에선 이런 공산품이 전혀 필요하지 않다고 카잘은 말한다). 골가파 워터는 만드는 사람의 상상력에 따라 맛의 바다가 될 수도 있다. 도시의 펍에서는 양념수 대신 술을 넣어서 외국인 관광객을 유인한다(파니 푸리 보드카 혹은 보드카 골가파). 누군가는 비스킷의 입구에 초콜릿을 넣기도, 심지어 달이나 버터 치킨 같은 카레를 넣기도 한다. 실험의 폭이 넓은 골가파는 이공계 꿈나무들의 비전이 되기도 했다. 남서부 카르나타카에 있는 매니펄 공과대학 내 한 동아리가 2016년 골가파 자동판매기를 제작해 한 과학경진대회에서 우승했다. 개발 배경에 대해 한 팀원은 골가파 노점을 둘러싸고 순번을 기다리는 번거로운 문제와 함께 위생 문제까지 해결하는 자동화 시스템을 구축한 것이라고 설명했다.[161] 아직 대중적이지는 않지만 현재 카르나타카의 주도 벵골루루Bengaluru에서는 이 자판기가 상용화된 상태다.

골가파를 식당이나 호텔에서 먹을 수도 있다. 하지만 어떤 인도 사람은 그 맛이 길에서 먹는 것과 같지는 않다면서 노점 음식의 맛은 세균에서 나올 때가 많다고, 그게 자신의 면역 체계를 만들었다고 농담한다.[162] 유튜브로 가면 인도의 노점을 취재한 무수히 많은 영상이 있다. 그건 내가 골가파 같은 음식을 북인도 한복판에서 경험하기 전에 항상 먼저 참고한 유용한 자료였다. 거리 음식이 어떻게 만들어지는지를 보여주는 그런 영상 아래에 달린 전 세계인의 댓글 가운데에는 음식에 대한 애정이나 호기심 외에 조리 환경과 도구의 위생 문제를 지적하는 내용이 적지 않다. 인도가 됐든 다른 어디가 됐든 노점의 위생을 둘러싼 규제나 의식 개선이 필요한 것은 사실이다. 앞서 바도다라의 사례가 말해주듯 그런 변화가 장기적인 관점에서 노점으로 생계를 유지하는 사람이나 노점의 음식을 반기는 사람 모두에게 옳은 길이다. 사실 내 인도 일정에 대한 주변 사람들의 (경험담을 포함한) 걱정도 다 거기서 나왔다. 나는 노점 앞에서 무엇이든 다 시도할 용기를 갖춘 대담한 모험가가 되기도 했다가, 닥치는 대로 다 먹는 게 호기가 아닌 부주의가 되어 끔찍한 배앓이로 책에 대한 의욕부터 인도에 대한 애정까지 식어버린 냉소주의자가 될까 봐 마음을 졸이기도 했는데, 결과적으로 음식과 관련한 나쁜 일은 전혀 일어나지 않았다. 화구 없는 노점에서 골가파를 먹고 나서도 아무런 문제가 없었으니 먹는 것에 대한 쓰린 기억 없이 흘러간 시간을 돌아볼 수 있어서 매우 다행이라고 생각한다. 한 달간 내가 경험한 인도의 음식이란 또 먹고 싶은 것과 시간을 더 들여 적응하고 싶은 음식으로 구분될 뿐이다.

기원전의 골가파

골가파를 고대 인도의 서사시 『마하바라타』에서부터 언급된 음식이라고 보는 설이 있다. 진위 여부는 확실하지 않다. 나도 책을 펼쳐봤지만 골가파에 대한 언급은 없었다. 내 손에 잡힌 것이 축약판이라서 그런 것일 수도 있다. 20만여 구절에 이르는 방대한 원전을 1978년 R. K. 나라얀이라는 작가가 주요 사건 중심으로 한 권짜리 책으로 요약한 것이다. 한국어로 번역된 책을 열어봤더니 축제가 벌어지는 장면이 있었다. 원전에는 이 축제에 참여한 100여 명의 이름이 모두 언급된다면 나라얀이 편집한 버전은 독자에게 양해를 구하고 인명을 생략한다. 그렇게 줄이고 줄여도 『마하바라타』에는 서로 싸우고 사랑하는 수많은 캐릭터가 쏟아진다. 가계도가 없으면 내용을 파악하기 어려울 정도로 넘치는 인명 가운데 반드시 기억해야 할 이름 하나는 '드라우파디'다. 그리고 드라우파디와 결혼한 '판다바' 가의 다섯 형제들이 이

서사시를 구성하는 주요 인물이다.

드라우파디 공주가 사는 판찰라 왕국에서 신랑감 선발 대회가 열린다. 이 대회에서 판다바 가문의 청년 '비마'가 우승해 드라우파디와 결혼할 자격을 갖추게 되자 집으로 달려가 소식을 전한다. "어머니, 나와 보세요. 오늘 우리가 어떤 시주를 받아 왔는지 보세요." "너희 모두 함께 나누어 가지렴."[163] 판다바의 형제들은 브라만이다. 카스트가 가장 높은 성직자 계급이라 탁발을 한다. 집집마다 돌아다니면서 얻은 음식을 가지고 돌아오면 어머니인 '쿤티'가 나눠왔는데, 쿤티는 아들이 말한 시주가 사람이 아니라 음식인 줄 알고 늘 그래왔듯 나누려 한 것이다. 쿤티는 나중에야 상황을 파악하고 그 말을 후회하지만 늘 어머니의 말씀을 명령으로 여긴 판다바 형제들은 드라우파디를 '나눠 갖는' 구체적인 계획을 세운다. "공주는 다섯 형제 중 한 사람과 꼬박 1년을 함께 살면서 아내 노릇을 하고, 1년 뒤에는 다음 남편으로 옮겨갔다. 그녀가 한 사람과 함께 사는 동안, 다른 형제들은 마음속에서 그녀의 모습을 완전히 지우겠다고 맹세했다."[164]

편집된 책에서는 쿤티가 드라우파디의 운명을 그렇게 만든 것에 상당히 미안해하면서도 새 식구로 따뜻하게 환영한다. 그러나 어떤 인도 사람들은 쿤티가 예비 며느리를 테스트하는 과정이 있었다고 믿는다. 주어진 자원을 잘 관리해서 다섯 아들과 무탈하게 결혼 생활을 할 수 있을 것인가를 걱정해 로티 한 장 분량의 밀가루와 전날 먹다 남은 감자만 주고서 다섯 형제에게 먹여보라 한 것이다. 이에 드라우파디는 밀가루를 작게 반죽해 푸리 다섯 개를 만들고, 구멍을 뚫어 감자 외에 주스로 푸리를 채우는 지혜를 발휘해 퀘스트를 '통과'한다. 그것이 골가파의 발명이라는 것이다.

축약해 출판된 나라얀의 『마하바라타』에 없는 이 이야기는 네이버 지식인처럼 네티즌끼리 질문하고 답하는 큐앤에이 플랫폼 쿼라quora.com에 2013년 처음 올라온 뒤로 여러 소셜 미디어로 확산되면서 큰 호응을 얻었다. 이 답을 얻은 질문은 "왜 인도 소녀들은 파니 푸리를 좋아할까?"였다. 답으로 드라우파디의 이야기를 풀어놓은 사용자는 덧붙인다. "파니 푸리는 보통 한 세트에 다섯 개가 나온다. 드라우파디의 이야기는 왜 파니 푸리가 다섯 개인지를 잘 설명한다. 파니 푸리를 먹는 인도의 소녀들은 남몰래 좋은 남편을 원하고, 다섯 명의 남자에게 자신의 능력을 보여주고 싶어한다."[165] 여성의 미래를 결혼으로 한정하는 이야기는 좀 재미없지만, 더 진지해지자면 어차피 사실도 아니다. 『마하바라타』는 기원전의 이야기다. 감자는 17세기에 포르투갈을 통해 인도에 왔다.

그러나 사실만 이야기로 남는 것은 아니다. 애초에 『마하바라타』부터가 과학이 아니다. 이 이야기 속의 주요 인물인 드라우파디는 자궁이 아니라 불에서 태어난 존재로, 전생에 신 앞에서 남편 이야기를 다섯 번 하는 바람에 현생에 다섯 남편을 얻었다. 그 남편들과 드라우파디를 둘러싼 비과학적인 이야기는 나중에 만나게 될 음식인 달 마카니에서 또 이어진다.

튀김을 둘러싼 소동

파코라
pakora

갖 가 지   야 채   튀 김

◎◎◎ 비가 올 때 한국 사람들이 부침개를 떠올리는 것처럼 인도에서도 그런 날이면 기름진 것을 찾는다. 그들은 튀김을 먹는다(물론 비가 안 와도 많이 먹긴 한다). 카잘에 따르면 그런 날 인도에서 챙겨 먹는 가장 이상적인 간식은 파코라다. 역시 튀겨서 만드는 사모사 또한 비 내리는 날의 적절한 간식이 될 수 있지만 2순위다.

파코라는 인도의 노점에서 파는 전형적인 튀김이다. 양파·콜리플라워·시금치 같은 각종 야채가 들어간다. 다른 것도 튀길 수 있다. 파코라 노점에서 특히 인기가 좋은 건 야채보다 조금 더 비싼 파니르 파코라다. 브레드 파코라는 꽤 든든하다. 프랑스의 몽테크리스토와 비슷하게 식빵 사이에 으깬 감자를 넣고 만든 샌드위치를 튀긴 것이다.

파코라는 파코다pakoda라고 부를 수도 있다. 중남부로 내려가면 바지bhaji라고 부른다. 어떤 이름으로 부르든 인도에서 튀김은 선명한 노란색이다. 튀김옷 반죽으로 밀가루가 아닌 베산(병아리콩 가루)을 쓰기 때문이다. 그렇게 만든 튀김옷은 한국의 분식점 튀김과 비교해 조금 더 점도가 높고, 콩가루로 만들기에 조금 더 고소하다. 소스도 다르다. 한국 사람들이 튀김을 짜고(간장) 매운(떡볶이 국물) 소스에 곁들일 때, 인도 사람들은 새콤달콤한 레드 처트니와 매콤한 그린 처트니에 듬뿍 찍어 먹는다.

파코라 노점에는 인도의 밀크티인 차이가 항상 있다. 같이 먹든 혹은 다 먹고 나서든 인도 사람들은 파코라를 먹을 때면 차이가 꼭 필요하다고 느낀다. 맛있지만 결국 느끼한 튀김으로 더부룩해진 속을 달래는 데 이 밀크티만 한 것은 없다는 것이다.

파코라노믹스

이 대수롭지 않은 간식이 2018년 1월 갑자기 정치적이고 경제적인 의미를 갖게 됐다. 나렌드라 모디 인도 총리가 파코라를 만드는 사람의 고용 상태와 임금에 대해 발언하면 서다. 이로 인한 논란은 파코라노믹스라는 거창한 이름으로 불리기도 한다.

2014년 제14대 인도 총리로 당선된 모디가 총선 전에 내 놓은 공약 하나는 천만 개의 일자리를 창출하겠다는 것이었 다. 그로부터 4년이 지나 이루어진 TV 인터뷰에서 공약 불 이행에 대한 의견을 묻자 총리는 답했다. "파코라를 팔고 그 날 저녁 200루피(약 3,200원)를 들고 집에 돌아간다면 그 사 람은 고용된 상태라고 말할 수 있는 것이 아닌가? 그 수입이 장부나 계좌에 기록되지 않는다 하더라도."

한 글로벌 시장조사 기관에 따르면 2019년 전 세계인이 가장 걱정하는 문제는 실업이다(32%). 인도에서도 똑같은 반 응이 나왔는데 그 비율이 훨씬 높다(46%).[166] 인도 노동고용 부가 발표한 2013~2014년 인도의 실업률은 4.9%다.[167] 모디 총리가 집권한 2015~2016년에는 5%로 늘었고[168] 같은 기간 동안 제조·건설·무역·운송업 등 여덟 가지 주요 산업 부문 에서 창출된 일자리는 약 65만 개로 추산된다.[169] 새로운 정 부가 예고한 장밋빛 미래와 달리 고용 시장이 크게 개선되 지 않았음을 보여주는 수치다.

이 같은 통계는 대부분 인도 정부 기관에서 나오는데, 이

것이 과연 신뢰할 만한 집계인가를 고려해볼 필요가 있다. 작업을 수행하는 측을 문제 삼기 전에 작업 자체가 문제다. 2007년 기준 인도 노동 인구의 93%는 조직화되지 않은 부문에서 일한다.[170] 인도 경제에서 조직화된 부문(organised sector)이란 세무기관에 등록된 상태로 GST(Goods and Services Tax)를 납부하는 사업체를 뜻하는데, 상장회사·법인·공장·쇼핑몰·호텔·식당 등이 여기 속한다. 그래서 납세의 의무를 다하는 식당에서는 2017년 이후 음식값의 5%를 추가로 부과한다. 모디가 고용 안정의 예로 든 일당 200루피 파코라왈라 같은 소규모 자영업자가 여기 해당할 확률은 대단히 낮을 것이다(인도 과세 기준에서는 연 매출 1,500만 루피 미만인 사업자에게 면세 혜택이 주어진다). 비조직화 문제로 인한 통계의 부정확성은 정부가 정책과 결과의 한계를 변명할 수 있는 좋은 구실이 된다. 문제의 파코라 발언으로부터 6개월이 지난 2018년 7월 모디 총리는 말했다. "일자리 부족이 문제라기보다는 일자리에 대한 데이터 부족이 문제다. (…) 인도의 전통적인 매트릭스는 오늘날 인도의 경제에서 창출되는 일자리를 측정하기에 충분하지 않다."[171]

　내가 북인도에서 가장 싸게 먹은 밥은 노점에서 40루피(약 640원)에 파는, 난 두 장과 야채 카레 2종으로 구성된 탈리였다. 이것이 북인도 노점 정식의 하한선이기를 바란다. 그보다 싸게 배를 채울 방법이야 있겠지만(이를테면 파코라 몇 개처럼) 밥다운 밥, 그러니까 최소 밀전병과 카레를 갖춘 균형적인 인도식 식단을 기대하기는 어려울 것이고 그런 밥을 사고팔면서 이루어지는 생계 혹은 생존을 바람직하다고 볼 수도 없을 것이다. 2017~2018년 인도의 자영업자는 전체 노동 인구의 42.3%로(농촌은 52.2%), 월평균 수입은 8천 루피다(약 128,000원).[172] 현실의 자영업자가 모디 총리가 말한 일당 200루피 파코라왈라보다 평균적으로 조금 더 번다는 걸 다행으로 여겨야 할까. 그가 길에서 일하는 자영업자들의 현실을 모를 리는 없을 것이다. 그의 부친은 기차역 근처에서 일하는 차이왈라였고 그는 정치계에 입문하면서 그런 아버지를 도와 일하던 청년 시절로 노동 계급 스토리텔링을 했다. 지금은 다른 방식으로 자영업자의 현실을 정치적 도구로 쓴다. 한 언론은 지적한다. "실제로 자영업은 이 정부가 인도의 끔찍한 실업 통계를 방어하는 데 사용된다."[173]

　모디 총리는 힌두교도 중심의 우파 민족주의 정당인 인도인민당(BJP)을 대표하는 인물이다. 전 인도공산당(CPI) 사무총장 프라카시 카라트는 모디의 파코라 발언을 "잔혹한 농담"이라고 비난했다.[174] 전 재무장관 P. 치담바람도 그런 논리라면 구걸도 마찬가지니 생계를 위해 구걸을 택한 사람과 장애인도 고용인으로 치자고 트위터에 썼다.[175] 이에 총리 대변인단은 파코라왈라를 거지와 비교한다는 것은 수치스럽다면서 수천만 인도인의 직업적 존엄을 훼손하는 일이라고 반박했지만,[176] 정부의 입장이 대세 여론이 되지는 못했다. 문제의 파코라 발언이 있은 뒤로 IT의 도시인 벵골루루에서는 청년 무리가 졸업 가운을 입고 개당 10루피에 GST를 붙여서 '모디 파코라'를 팔다가 경찰의 단속으로 구금됐다. 이 퍼포먼스에 참여한 일원은 말했다. "파코라나 차를 파는 건 나쁘다고 말할 수 없고, 그건 학위가 필요하지 않은 일이다. 총리는 책임감 있는 발언을 해야 한다."[177] 인도 총리의 임기는 5년이다. 모디는 2019년 5월 총선에서 압승을 거두며 재집권했다.

세금만 1억

파코라왈라의 일당은 모디가 말한 것처럼 정말 200루피일까. 모디 정부는 의미 있는 고용 기회를 정말로 만들지 못한 것일까. 나라얀바이 라즈풋이라는 사람은 그 말이 참인지 확인하기 위해 실험을 해보기로 했다. 여러 언론에 공개된 그의 프로필은 대략 이렇다. 지역 의회의 직원, 힌디어 문학 석사 학위 소지자, 인도 국민학생연합 회원. 모디의 발언 이후 구자라트 바도다라에서 시리암 달와다 센터Shriram Dalwada Center라는 이름의 작은 노점을 열기 전까지 그는 조직화된 부문에서 급여를 받고 일하는 전형적인 화이트칼라였다. 달과 병아리콩 가루 등 재료 10kg을 가지고 시작한 그의 노점은 순식간에 화제가 됐고 번창했다. 그의 일당이 공개되진 않았지만 200루피를 넘을 것은 확실해 보인다. 그가 요새 준비하는 재료의 양은 일일 500~600kg이다.[178] 그는 고용까지 창출했다. 모디의 발언과 같은 유사 고용이 아니다. 그의 노점은 서른다섯 개 지점을 둔 프랜차이즈로 확장됐다.[179]

모디의 발언 이후 이렇게 웃는 사람도 생겼지만 우는 사람도 생겼다. 앞서 적은 것처럼 2017~2018년 인도 자영업자의 월평균 수입은 8천 루피다. 그들 가운데 10%가 월 2만 루피 이상, 1%만이 5만 루피 이상을 버는데,[180] 그 1%로 추정되는 어느 파코라 대박집에 IT(Income Tax Department, 인도 재무부 산하의 소득세 관청으로 여러 유형의 세금 가운데 직접세만 관리해 징수한다) 소속 공무원이 제보를 받고 급습한 일이 있었다. 2018년 10월 담당 직원이 장부를 열람하고 카운

터에 장교까지 세워두고 일일 매출을 정산해 미신고 소득을 추정한 결과 이 튀김집의 누적 탈세액은 600만 루피(약 9,600만 원)라고 통보했다.[181] 이는 모디의 파코라 발언이 남긴 몇 안 되는 긍정적인 효과다. 누군가는 파코라로 고용 창출이 가능하다는 것을 증명했다. 누군가는 파코라로 얻은 부를 재분배(당)했다. 그러나 이것은 이례적인 사건이지 현상이 될 수는 없다. 파코라를 둘러싼 경제 활동의 보편적인 경향은 아니다.

두 파코라 대박집 가운데 하나는 찾기 쉬웠다. 세금만 약 1억을 냈다는 그 파코라집이 내 인도 여정의 동선 안에 있었다. 카잘이 진작 알려준 덕분에 가기 전부터 친숙했던 곳이다("장사가 엄청 잘돼서 세금도 많이 뜯겼다고 뉴스에 나왔어요. 대박."). 그 세금 뉴스는 카잘 가족을 비롯한 루디아나 사람들 모두에게 화제였다. 거긴 루디아나에서 모르는 사람이 없을 만큼 지역에서 가장 유명한 파코라집이기 때문이다. 이름은 S. 판나 싱 파코레 왈라S. Panna Singh Pakore Wala다. 1952년 문을 열어 현재는 지점 두 개가 운영된다.

파코라는 작은 노점에서 파는 경우가 많고 여기도 처음에는 그랬을지 모르지만 지금은 일반적인 식당급 규모를 갖추고 갖가지 재료를 튀겨 산처럼 쌓아놓고 판다. 여기는 모든

파코라pakora

병아리콩 가루로 만든 반죽에 각종 야채 및 파니르를 튀긴 것이다. 새콤달콤한 레드 처트니와 매콤한 그린 처트니에 듬뿍 찍어 먹는다. 파코라 노점에는 차이가 항상 있다. 같이 먹든 혹은 다 먹고 나서든 인도 사람들은 파코라를 먹을 때면 차이가 꼭 필요하다고 느낀다. 파니르 파코라 kg당 400루피.

식당정보 S. Panna Singh Pakore Wala | 580/2 New Cycle Market, Gill Road, Ludhiana, Punjab 141003

게 다 크고 많다. 튀김 솥도 대형이고 그 튀김을 건져 올리는 뜰채도 대형이다. 어느 솥에선 파니르 파코라만 나온다. 다른 솥에선 여러 가지 야채를 섞어서 튀기는 믹스 파코라만 나온다. 2~3인 1조로 하나의 파코라만 만드는 직원이 잔뜩이고, 그 파코라를 사려고 줄을 선 사람은 더 많다. 순번을 기다리는 사람 중에는 지역 공무원도 적지 않아서 그들의 합리적 의심으로 세무 조사가 진행된 것이라고 한다. 계산을 담당하는 직원 앞에는 저울이 있다. 파코라는 대부분 중량으로 값을 매긴다. 파니르 파코라는 kg당 400루피, 고비(콜리플라워) 파코라는 280루피 같은 식으로. 브레드 파코라만 개수로 값을 매긴다. 식빵 두 장을 포개서 반으로 자른 것이라서 덩치가 좀 있다.

맛있게 먹었다. 카잘 가족과 함께 찾아갔으니 입이 많아 다양한 종류를 맛볼 수 있었다. 파니르 파코라는 겉은 바삭하고 안은 부드러워서 좋다. 시금치와 양파를 섞은 믹스 파코라는 야채 이상으로 텐가스(일본에서 우동의 고명으로 쓰는 튀김 부스러기) 같은 것을 많이 준다. 씹는 소리만으로 즐거워지는 것이다. 인도 사람들은 파코라를 먹을 때 튀김옷의 수준 이상으로 처트니의 맛을 많이 따진다. 카잘 가족은 여기 말고도 루디아나의 파코라 맛집이 또 있다며 데려갔는데, 거긴 처트니가 맛있어서 유명한 곳이라고 한다. 카잘 가족이 처트니를 한 번 더 받아 오는 동안 주어진 것을 다 비우지도 못한 나로서는 그 맛의 차이가 잘 구분되지 않는다. 어느 튀김집에서나 레드 처트니는 달고 그린 처트니는 매콤했다는 것으로 단순하게 기억할 뿐이다. 그래도 파코라의 맛은 좀 구분할 수 있었다. 다른 파코라를 먹으면서 생각했다. 어떤 파코라집은 과연 세금만 1억을 낼 만했다.

사실 그보다 맛있는 파코라를 먹은 일이 있다. 지금으로부터 5년 전, 파코라라는 이름조차 몰랐던 시절에 먹었다. 카잘과 인연을 맺고 나서 처음으로 집에 놀러 갔을 때였다. 카잘은 내 눈에 샌드위치 튀김으로 보이는 것을 내놨다. 음식이 맛있으면 질문이 많아진다. 질문을 이어가면서 나는 이 샌드위치 튀김 사이에 으깬 감자가 들어 있다는 것, 튀김옷은 병아리콩 가루로 만든다는 것, 소스는 타마린드로 만든다는 것을 차차 알게 되었다. 그리고 그것의 이름이 브레드 파코라라는 것을 알게 되었다. 그날도 카잘은 차이를 잊지 않았다. 파코라와 차이는 카잘의 표현을 빌리자면 "부부 관계" 같은 것이다. 돌이켜보니 그건 내가 처음으로 경험한 인도식 환대였다. 미국에서 활동하는 코미디언 하산 미나즈도 비슷한 이야기를 들려준다. 10대 시절 백인 친구가 집에 놀러 오기로 한 날 "제발 평범하게 해달라"는, 즉 인도의 방식이 아니라 미국식으로 해달라는 그의 간청과 달리 그의 어머니도 손님을 맞기 위해 파코라를 튀겼고 놀러 온 친구는 좋아했다.[182] 하산 미나즈는 우타르프라데시 출신의 부모와 함께 1980년대에 캘리포니아에 정착했다. 그는 이주 2세대로서 자신의 정체성을 '뉴 브라운 아메리칸'이라고 설명하고, 스탠드업에서 자주 다루는 소재는 미국 사회의 유색 인종과 인종 차별이다.

시간이 흘러 카잘과 북인도 음식을 소재로 책을 함께 만들기로 했을 때 나는 가볍게 파코라 이야기부터 시작했다. 카잘은 비 내리는 날의 간식 문화부터 세금 1억짜리 대박집에 이르기까지 파코라를 둘러싼 여러 가지 이야기를 들려주면서 튀김옷은 밀가루가 아닌 베산으로 하고 임리로 소스를 만든다고 반복해 설명하는 것을 잊지 않았다. "임리가 뭐죠?" "그걸 민희가 모를 수가 없는데." 임리는 앞서 골가파 항목에서 적었던 것처럼 타마린드를 인도에서 부르는 이름인데 내가 외우기까지 시간이 좀 필요했던 것이다. 나는 그날 재료의 이름 말고 다른 것도 알게 됐다. 새삼스러울지 몰라도 잊지 않으면서 살고 싶은 것이다. 맛있는 음식은 오래 기억된다. 음식만 기억되는 것이 아니다. 맛있는 음식을 만

든 사람은 맛있게 먹은 사람까지 기억한다. 그 소중한 기억
을 기록으로 만들 수 있어서 기쁘다.

감자와 영원히

사모사
samosa

으깬 감자를 넣고 튀긴 파이

◎◎◎ 레드 벨벳의 ⟨Ice Cream Cake⟩는 아이스크림 케이크로 사랑의 달콤함을 노래한다. 더 자두의 ⟨김밥⟩은 김에 달라붙은 밥처럼 당신 곁에 꼭 붙어 있겠다고 약속한다. 인도 사람들도 친근한 음식으로 로맨스를 노래하기는 마찬가지다. "감자가 사모사에 있는 한, 오, 샬루, 나는 당신과 함께야."

사모사 속 감자로 사랑의 영원함을 은유한 이 노래의 제목은 ⟨Jab Tak Rahega Samose Mein Aaloo(감자가 사모사에 있는 한)⟩이다. 발리우드 영화 「미스터 & 미세스 플레이어」(1997)의 사운드트랙이자 카잘도 학창 시절의 히트곡으로 기억하는 유명한 노래다. 선거철이 되면 사모사 역할인 '나'는 지역 정치인의 이름으로, 감자인 '당신'은 지역 이름으로 개사돼 울려 퍼질 만큼 친숙하다는데, 2020년 2월 24일 이 노래가 인도에서 다시 여러 사람의 입에서 흘러나오기 시작했다. 감자가 없는 예외적인 사모사가 미디어를 강타하면서다.

브로콜리 너머저

사모사는 한국식으로 말하자면 튀김 만두다. 서양식으로 말하자면 파이다. 백밀가루로 만든 반죽을 얇게 편 뒤에 으깬 감자·완두·향신료 등을 섞은 소를 넣고 여며서 튀긴 것이다. 만드는 사람의 경험과 지역의 문화에 따라 크기와 형태에 조금씩 차이가 있지만 대체로 각이 예리하게 살아 있는 삼각뿔 모양이며 크기는 주먹만 하다. 앞서 만난 파코라와 마찬가지로 사모사 또한 달콤하고 매콤한 처트니와 함께 먹고, 북인도 사람들이 누리는 오후의 티타임에 차이와 항상 짝을 이룬다. 북인도에선 파코라를 파는 곳이라면 사모사를 같이 파는 경우가 많다. 파코라 없이 사모사만 취급하는 곳은 더 많다. 캠퍼스를 배경으로 한 드라마 「타지마할 1989」엔 공강 시간에 사모사를 먹는 장면이 있었다. 역시 차이와 함께였다.

인도의 사모사는 베지를 중심으로 만든다. 소의 핵심 재료는 으깬 감자고, 보조 재료로 고수·달·완두·병아리콩·양파·양배추·시금치·건포도·대추·견과류 등이 들어갈 수 있다. 물론 치킨이나 머튼, 더러는 생선으로 만드는 논베지 사모사도 있지만 감자 사모사만큼 흔하지는 않다. 그건 인도 바깥이면서 고기에 관대한 주변 국가에서, 이를테면 무슬림 비율이 높은 나라에서 보다 쉽게 찾을 수 있을지 모른다. 사모사의 기원은 중동에 있으며, 이슬람 세력이 지금의 인도 땅으로 세력을 확장해 세운 델리 술탄조(1206~1526)에 전파되었다고 전해진다. 왕권을 따라 이주한 요리사, 혹은 무역상을 통해 지금의 인도 아대륙 전반에 자리 잡게 되었다는 것이다.[183] 사모사의 어원은 페르시아어인 산보삭sanbosag에 있고, 주변 지역에서도 비슷한 이름으로 통한다. 동쪽 벵골 일부 지역에서는 싱하라singhara라고 부른다.

이 같은 기초적인 사실을 토대로 인도 아대륙 외 중국부터 아프리카 대륙까지 세계 여러 나라에서 먹는 사모사를 찾아봤다. 몹시 제한적인 방식이긴 했지만(=인터넷으로) 사진과 글로 미루어 어디에서 먹든 사모사의 대표적인 소는 감자와 고기였는데, 만드는 사람의 상상력이나 문화에 따라 '이상한' 사모사가 가끔 튀어나왔다. 어떤 사모사에는 중국식 볶음국수인 차우멘이 들어간다. 비슷한 방식으로 차우멘 대신 파스타를 넣은 사모사도 있다. 인도 사람의 관점에서 일반적이지 않은 사모사를 나열한 기사도 봤다. 그들에게 의문스러운 사모사는 이를테면 이런 것이다. 잼 사모사("이상하게 들리겠지만"), 버섯 사모사("터무니없이 들리겠지만"), 초콜릿 사모사("말도 안 되는 소리로 들리겠지만"). 그나마 인도 사람들이 허용할 수 있는 것은 이런 것이다. 계란 사모사("계란이 들어가면 다 맛있어지니까"), 당근 사모사("클래식에 대한 대안"), 양파 사모사("체중 조절이 필요하다면"), 치즈 사모사("누가 치즈를 거부하겠는가?"), 콜리플라워 사모사("벵골에서라면").[184]

2020년 2월 24일, 변종 사모사가 하나 더 추가됐다. 이틀 일정으로 인도를 방문한 도널드 트럼프 미 대통령이 나렌드라 모디 인도 총리의 고향인 구자라트 아마다바드Ahmadabad에서 가볍게 티타임을 가진 날이다. 방문 직전에 그날의 메뉴가 언론에 공개되자 각종 소셜 미디어는 아수라장이 됐다. 미 대통령을 위해 준비한 간식이 브로콜리와 옥수수가 들어간 사모사(broccoli and corn button samosa)였기 때문이다. 당일 메뉴 구성의 총책임자였던 ITC 호텔의 수석 셰프 수레시 칸나에 따르면 그 특제 사모사는 구자라트의 풍토를 반영해 구상한 것이다. 브로콜리와 옥수수는 감자나 파니르

보다 맛이 좋으며 특히 구자라트의 더위에 보다 강한 식재료다(트럼프 방문 당일 구자라트의 최고 기온은 31℃였다). 그러므로 이것은 트럼프 대통령이 인도의 채식 요리를 맛보는 동시에 건강에도 문제가 없게끔 만든 간식이다.[185] 당일 주방에서 일한 한 익명의 요리사는 일정을 앞두고 미 대통령의 입맛을 충족하는 메뉴를 고안하기 위해 상당한 압박에 시달렸다고 토로했다지만[186] 이 신중한 의사 결정 과정에 대한 보도가 그리 많지는 않았다. 관련 기사의 대부분은 이 일반적이지 않은 사모사에 대한 소셜 미디어의 밈을 인용한 것이다. 그 내용은 '브로콜리 너마저'로 요약되는 인도 사람들의 의문, 농담, 더러는 분노다.

그때 그 유명한 사모사 노래가 환기됐다. "감자가 사모사에 있는 한, 오, 샬루, 나는 당신과 함께야." 가사의 일부인 'samose mein aaloo(사모사 속 감자)'는 힌디어 사용자들 사이에서 통하는 유명한 관용구라고 한다. 반드시 짝을 이루어야 하는 어떤 것을 사모사와 감자로 표현하는 것이다. 때때로 재료를 바꿀 수는 있지만 버섯조차도 이상하게 느껴지는 인도라서 브로콜리와 옥수수를 사모사의 충전재로 도무지 용납하기 어려웠던 것이 분명하다. 게다가 인도 사람들은 스테이크와 햄버거 등 쇠고기를 많이 먹는 서양 사람들이 채식의 나라에 와서 무엇을 먹고 만족을 느끼는지 몹시 궁금해한다. 미국을 대표하는 인물의 방문이니 더욱 궁금했을 것이다. 그때 등장한 브로콜리 옥수수 사모사는 찬물 같은 것이었다. 이 대대적인 반발의 대열에 동참한 사람 가운데에는 유명한 셰프도 있었다.

이 이야기의 끝은 좀 허탈하다. 이후 쏟아진 여러 기사에 따르면 트럼프를 포함한 미국 방문단은 어떠한 이유에서인지 그날 주어진 티타임 메뉴 가운데 아무것도 먹지 않고 델리의 고급 호텔로 이동해 투숙했다고만 전해진다. 그렇다면 인도 사람들은 그가 그걸 먹지 않은 것을 다행이라고 여길까. 알 수 없다. 문제의 사모사를 검색하면 그걸 먹지 않은 트럼프에 대한 안도보다 그런 것을 만들었다는 사실에 대한 저항이 가득하다. 김에 항상 밥이 달라붙어 있어야 하는 것처럼 사모사는 영원히 감자와 함께해야 하는 것이니까.

기름 솥에서

트럼프를 위한 유일한 사모사는 인도 사람들에게 사모사의 정석이 무엇인가를 새삼 따져보는 계기가 됐다. 셰프 닉 샤르마는 사모사가 반드시 갖춰야 할 두 가지 요소를 이야기한다. 하나는 적합한 충전물이다. 그에 따르면 감자가 아닌 브로콜리를 사용한다면 수분이 많이 생겨 질척해질 수 있다. 다른 주요 요소는 페이스트리pastry다. 사모사의 겉면은 쉽게 부서지는 바삭바삭한 밀가루 과자여야 한다.[187] 반죽을 잘 만드는 것은 물론 잘 튀기는 기술이 필요하다는 것이다. 충전재의 선택 또한 페이스트리의 완성도에 영향을 줄 수 있다.

사모사에 대해 첫 번째 기록을 남긴 인도의 조상은 델리 술탄조의 궁정 시인 아미르 쿠스로우(1253~1325)라고 전해진다. 언제 어떤 배경에서 어디에 어떤 방식으로 썼는지는 확인되지 않지만, 한 음식 칼럼니스트에 따르면 아미르 쿠스로우는 사모사를 둘러싼 다음과 같은 수수께끼(riddle)를 남겼다. "왜 사모사를 먹지 않았지? 왜 신발을 안 신었지? 그 사모사는 튀긴 것이 아니고, 그 신발은 밑창이 없었다."[188] 사모사와 신발에는 인과관계가 없으니 정확한 해독을 자신할 수 없지만 튀기지 않은 사모사는 먹을 수 없는 것, 그러니 밑창이 없어 신을 수 없는 신발과 같은 것이라고 당대 시인이 문학적으로 비유한 것으로 추측된다. 충전재만큼이나 중요한 사모사의 정체성은 조리법이기 때문이다. 모든 사모사는 기름 솥에서 나온다. 요리 블로거 니디 반살은 집에서

사모사 samosa

백밀가루로 만든 반죽을 얇게 편 뒤에 으깬 감자 · 완두 · 향신료 등을 섞은 소를 넣고 여며서 튀긴 것이다. 고기가 들어갈 수도 있지만 인도에서는 감자를 넣고 만드는 경우가 압도적으로 많다. '사모사 속 감자'란 힌디어 사용자들의 관용구다. 20루피.

식당정보 Giani Tea Stall | Cooper Rd, Crystal Chowk, Near INA Colony, Amritsar, Punjab 143001

어머니가 만들던 사모사를 다음과 같이 회상한다. "예상대로 어머니는 밀가루를 반죽하기 위해 기름을 섞었고, 소를 만들기 위해 감자와 완두와 향신료에 더 많은 기름을 섞었다. 그런 뒤에 기름에 튀겼다. 이 작은 사모사에 기름이 얼마나 많이 들어가는지 상상이 되는가?"[189]

우리는 기름이 많이 들어간 음식이 몸에 좋지 않다는 것을 모르지 않는다. 많이 먹어서 좋을 게 없다는 걸 알아도 먹기 전에 냄새만으로 들뜬다. 튀김을 둘러싸고 이렇게 갈등을 하는 건 세계 어디나 다 똑같은 걸까. 여태까지 먹어왔던 것이 그렇게 나쁘지 않다고 누군가 말해주면 반가운 것이다. 결과적으로 그렇게 해석되어버린 연구 결과가 있었다. "신선 식품에는 초가공식품에 존재하는 화학 물질이 포함되어 있지 않다." 이는 뉴델리에 본부를 두고 있는 과학환경센터(CSE)가 2017년 11월 발표한 보고서 「신체 부담: 생활 습관에 의한 질병(Body Burden: Lifestyle Diseases)」에 적힌 내용이다. 인도의 한 매체는 이 연구 결과로부터 신선 식품을 사모사로, 초가공식품을 햄버거로 확대해 기사를 썼다. 연이은 복제 기사로 대중의 환호가 쏟아진 가운데("사모사가 햄버거보다 건강하대!") 먹거리에 대한 직업적 책임감이 요구되는 음식 평론가와 환경학자까지 이 논란에 참여했다. 사모사는 햄버거보다 건강한 음식인가? 사모사는 밀가루·감자·콩·향신료 등 신선한 재료로 만든다. 베지 인구가 많은 인도에서도 햄버거를 많이 먹는데, 고기 대신 감자 패티를 쓰는 경우가 많다. 그런 햄버거는 밀가루와 감자 등 신선한 재료 외에 마요네즈 및 치즈 같은 가공식품과 방부제·유화제·산도조절제·항산화제 같은 화학 물질이 들어가는 초가공식품이다. 이른바 전문가들의 논평은 이 같은 성분 차이를 설명하면서도 결국 둘 다 많이 먹어서 좋을 것이 없으며 특히 아이들에게 신선한 음식을 다양하게 공급해야 한다는 주장으로 마무리된다.[190] 서양식 간식의 무분별한 확산으로 소아 비만이 늘고 있는 추세이니 균형 잡힌 식단에 신경 쓰는 정책 또한 필요하다는 의견도 나왔다.[191]

전문가들의 조언이 아이들의 먹거리에 대한 걱정으로 연결되는 건 사모사든 햄버거든 결국 아이들과 더 가까운 음식이라는 뜻일 것이다. 유혹에 약한 아이들은 친절한 어른이 다가와 그런 것을 건넬 때 과연 쉽게 거부할 수 있을까. 2018년 3월 선교사들이 타지마할의 도시 아그라의 슬럼가에 찾아와 힌두 가정의 아이들에게 사모사를 나눠주고는 기독교로 개종을 권한 일이 있다. 종교가 삶에 큰 영향력을 행사하는 인도에서 이는 발견 즉시 신고해 경찰이 출동하고 체포해 구금으로 이어지는 심각한 사건이 된다.[192] 인도에서 발생한 일은 아니지만 종교 권력은 사모사를 위험한 것으로 규정하기도 했다. 2011년 소말리아에서 한 극단주의 이슬람 단체는 사모사를 금지해야 한다는 입장문을 신문에 실었고 스피커 달린 트럭을 동네마다 보내 이를 다시 고지했다. 사모사의 모양이 기독교의 삼위일체와 밀접한 관련이 있다고 판단해 내린 조치였다.[193] 아프리카 대륙 동쪽에 있는 소말리아는 무슬림 인구가 99% 이상인 나라다. 각종 종교가 복잡하게 얽혀 있는 이러한 이슈를 제삼자로서 이해하는 길은 사모사의 경로를 따라가는 과정이 됐다. 사모사는 아시아부터 아프리카까지 이슬람 세력이 다녀간 곳마다 다 있음을 다시 확인한 것이다.

사모사는 이처럼 여러 나라에서 먹지만, 이 음식을 파악하기 위해 읽은 여러 글 가운데에는 인도 사람이 쓴 것이 굉장히 많았다. 개종 같은 민감한 키워드에서는 진정한 분노가 읽혔다. 트럼프와 브로콜리 같은 이변에 대해서는 농담이 난무했으며 햄버거보다 건강에 나쁘지 않다는 불명확한 사실에 대해서는 열광했다. 기원에 대해서 진지하게 쓴 글은 '이럴 수가'로 시작하는 경우가 많았다. 작성자부터가 사모사가 인도 토종 음식이 아니라는 것을 뒤늦게 알고 놀란 것이다. 역사를 의심해볼 기회가 없을 만큼 인도 사람들의 삶과 가깝다는 뜻일 것이다. 인도에서 사모사는 내가 찾기 전에 찾아왔다. 외출한 카잘 가족이 돌아오면서 사다 준 것이 처음이었다. 파코라는 찾아다녀야 했지만 사모사는 시내든 동네든 밖에 나갈 때마다 하루에 한 번쯤은 보게 되는 간식이었다.

그렇게 흔한 사모사를 인도 일정이 끝나기 직전에 한 번 더 먹었다. 유난히 점심을 늦게 많이 먹어 간단하게 사모사와 차이로 저녁을 때울까 하고 여섯 시에 동네 카페로 갔는데, 딱 하나 남은 테이블에 앉아 붐비는 카페를 두리번거리니 다들 그렇게 먹고 있다. 어느 여행 정보 사이트는 지역의 유명한 식당을 소개하면서 줄 서지 않으려면 여섯 시에 가야 한다는 조언을 준다.[194] 인도에선 여섯 시가 티타임, 혹은 간식 시간이라는 뜻이다. 그렇게 먹고 카페를 떠난 그들은 늘 그래왔던 것처럼 아홉 시에 저녁밥을 먹었을 것이다. 나는 여섯 시의 사모사로 충분히 배를 채웠다. 많은 것을 모방하려 노력했지만 인도 사람들의 시계에는 끝까지 적응하지 못했다.

때때로 한 잔은 부족하니까

라씨
lassi

요 구 르 트 세 이 크

◎ ◎ ◎ 인도 대기업 고드레지Godrej에서 나온 세탁기를 산한 사용자가 장문의 후기를 썼다. 상품평의 요지는 '비추'다. 해당 모델은 성능이 매우 떨어지니 세탁은 됐고 라씨 만드는데나 쓰라는 것이다.[195] 나중에야 알게 됐지만 그건 인도 사람들이 품질 나쁜 세탁기에 퍼부을 수 있는 가장 웃기고 효과적인 조롱이다.

라씨에 대한 기록을 찾기 시작했을 때 이처럼 세탁기 (washing machine)라는 표현을 종종 접했는데, 처음엔 일부 영어 사용자들 사이에선 전동 블렌더를 세탁기라고 부르기도 하는 걸까 싶었다. 용도는 다르지만 블렌더나 세탁기나 무언가를 넣고 버튼을 누르면 빠른 속도로 돌려준다는 공통

점이 있으니까. 사람 입에 들어가는 걸 세탁기로 만든다는 걸 바로 상상하기는 어려웠으니까.

라씨는 요구르트로 만드는 인도의 전통적인 세이크다. 지역에 따라 과일·향신료·허브·견과류 등이 추가될 수 있지만 근본적으로 요구르트·물·설탕(혹은 소금)을 넣고 섞어서 만든다. 가정용 블렌더가 보급되기 전까진 섞는 작업을 수동으로 했고 지금도 이 방법을 고수하는 사람이 많지만, 많은 양을 만들어야 한다면 기계를 쓰는 게 합리적이니 발상을 바꾸면 작동 원리가 비슷한 세탁기에게 맡길 수도 있는 일이다. 그건 인도에서 실제로 있었던 일이다. 일반적인 방법은 아니지만 어떤 인도 사람은 정말로 라씨를 세탁기로 만든다.

주가드 정신으로

주가드jugaad. 힌디어로 예기치 못한 상황에서 발휘하는 창의력을 말한다. 낙후된 환경이나 모자란 자원을 탓하기 전에 머리를 써서 있는 것만 가지고 문제를 해결하거나 상황을 개선하는 것이다. 주가드는 언제부턴가 경제 경영 분야에서 전 세계인이 참고하는 혁신 사례가 됐다. 인도의 기업 및 사업가 개인이 저렴한 가격이나 빠른 생산 속도로 제품을 공급하는 마법 같은 방법을 설명할 때 동원되는 전문 용어로 자리를 잡은 것이다.

제조업 관점에서 주가드의 대표적인 모델은 대기업 타타가 2008년 출시한 소형차 타타 나노Tata Nano다. 초기 모델은 에어컨과 에어백이 없고 후면 트렁크가 열리지 않으며 용접이 필요한 부분은 본드로 해결해 생산했다. 타타 사의 목표는 세상에 없는 2천 달러짜리 차를 만드는 것이었다. 차차 기능이 개선된 한편 재료가가 상승하면서 처음보다 가격이 올랐지만 그래도 타타 나노는 세계에서 가장 저렴한 차였다. 2017년산 옵션 없는 기본 사양에 책정된 가격은 21만 5천 루피(약 343만 원)다. 타타 나노는 10년간 약 27만 대를 팔아치우고 2018년 생산을 중지했다.

손꼽을 만한 또 다른 주가드 사례는 뭄바이의 다바왈라dabbawala다. 복장을 갖춘 다바왈라가 오전 열 시 무렵 각 가정에서 수거한 도시락을 일터까지 세 시간 내에 배달하는 뭄바이만의 공고한 물류 시스템이다. 19세기 후반에 대도시 뭄바이로 급격하게 몰려든 이주자의 끼니 문제를 해결하기 위해 고안했다가(밖에 나가서도 아내의 집밥 타령하던 어느 영국인의 아이디어라는 설도 있다[196]) 이주자의 고용 창출까지 이룬 사업으로, 그로부터 100여 년이 흘러 우버이츠·조마토·

스위기 같은 배달 애플리케이션이 경쟁하는 지금까지도 디지털 서비스에 잠식되지 않은 채 약 5천 명의 다바왈라가 하루 평균 20만 개의 도시락을 배달한다.[197] 다바왈라는 하버드 비즈니스 센터 등 여러 대학과 연구소가 물류 시스템을 연구한 것으로도 유명하다. 페덱스 같은 국제 운송 업체와 비교할 수 없는 배송의 정확성 때문이다. 그 많은 사람과 물류 사이에서 발생하는 배송 오류는 도시락 통 회수를 포함해 놀랍게도 두 달에 한 번꼴인데, 확률로 따지면 주 5일 근무 기준으로 1,600만분의 1이다.[198] 종교적 신념에 따라 먹는 것이 다른 인도에서 다바왈라에게 "오배송이란 공포(Error is horror)"다.[199] 그렇게 드문 오배송은 드라마를 만든다. 영화 「런치박스」(2013)는 잘못 전달된 도시락으로 시작하는 아름다운 이야기이자 다바왈라의 하루를 꼼꼼하게 취재한 수작이라 권하고 싶어진다. 다바왈라의 또 다른 자부심은 저비용과 신속성이다. 뭄바이 철도는 운임이 저렴한 데다 매일 2천여 대의 전차가 4~5분 간격으로 운행되고 있고, 여기에 자전거까지 이용하면 다바왈라 한 명이 30~40개의 도시락을 세 시간 내에 배달하는 것이 가능하다고 한다. 월 이용료는 서비스 수준에 따라 800~1,500루피,[200] 다바왈라의 월평균 급여는 8천 루피다.[201]

전 세계의 인터넷 사용자들을 가장 즐겁게 한 주가드는 '라씨 세탁기'다. 요구르트·물·설탕을 세탁조에 넣고 돌려서 대량의 라씨를 뽑아내는 것이다. 펀자브의 한 라씨왈라가 낸 아이디어라는 설, 이를 계기로 펀자브에서는 라씨 전용 세탁기를 개발해 판매한다는 설이 있지만[202] 그 선구자의 이름부터 지역·매장 이름·세탁기 모델명까지 기원에 대한 정확한 정보는 없다. 명확한 사실보다 화제가 된 건 다국적 금융 그룹 HSBC가 2008년 만든 광고다. 40초짜리 이 광고 영상의 첫 배경은 폴란드의 한 전자 기기 회사다. 이상하게 인도에서 세탁기가 많이 판매됐다는 보고가 있어 담당 직원이 시장을 조사하러 뭄바이에 갔더니 라씨집 사장이 그를 반기고는 세탁기에서 라씨를 한 잔 내주면서 말한다. "덕분에 한 번에 열 배를 만들 수 있어요."[203] 자사의 금융 서비스를 통해 사업의 혁신이 가능할 수 있다는 메시지를 전한 광고로 이해되는데, 결국 전 세계 사람들의 의식에 남은 건 라씨 세탁기다. 인도네시아 발리에서 활동하는 작가 마크 율리시스는 이 광고 이야기를 자신의 책에 썼다. "펀자브에 가면 (…) 라씨 100L가 세탁기에서 나와." "농담이지?" "그걸로 은행 광고도 찍었는데?"[204]

한 친구가 떠올랐다. 엔지니어 출신으로 세탁기 해외 영업을 하던 친구다. 친구에게 라씨 세탁기가 무엇인지 설명하고 세탁기와 블렌더의 원리 차이를 물었다. 그건 정말 비슷할까. 친구의 설명을 참고하면 둘은 회전 방식이 다르다. 블렌더는 한 방향으로 빠르게 회전만 한다면, 드럼 이전에 나온 전자동 세탁기(이른바 '통돌이 세탁기')든 탈수기가 분리된 이조식 세탁기든 블렌더보다 높은 수준의 과학 기술이 들어 있어서 세탁인가 탈수인가에 따라 회전하는 방향과 속도가 다르다. 세탁은 탈수보다 느리고, 바닥에 있는 둥근 판이 좌우로 움직이면서 물살을 만드는 원리다. 친구는 이렇게 설명하면서도 세탁기로 라씨를 만든다는 것이 구조적으로 이해가 되지 않는다고 했는데, 재료를 넣고 물살로 라씨를 만들었다 쳐도 그걸 어떻게 세탁조에서 뺄 것인가 하는 의문이다. 답하기 어렵지 않았다. 그들은 세탁조 속 라씨를 그냥 용기로 퍼서 컵에 옮겨 담는다. 다른 방법도 있다. 세탁수가 흘러나오는 배수관으로 라씨를 받으면 된다. 못 미더워하는 친구에게 나도 마크 율리시스처럼 했다. 세탁기 라씨가 나오는 광고와 함께 인터넷에서 도는 라씨 세탁기의 이미지와 영상을 보여줬다.

친구는 깔깔 웃으면서도 세탁기의 세탁 코스는 블렌더와 회전 속도가 달라서 세탁기 라씨는 블렌더 라씨와 결과도 다를 것이라고 예상했다. 친구의 과학적인 추론대로 둘은 조직과 맛이 다를 수 있다. 세탁기는 블렌더보다 느리다. 하지만 그 느린 속도야말로 전통적인 라씨 레시피에 보다 근접한 것이다. 전통적인 라씨는 항아리에 요구르트·물·설탕을 넣고, 고르게 섞기 위해 펀자브어로 마다니madani라고 부르는 나무 봉을 세워 양손으로 돌린다. 마다니는 한쪽에 작은 날개가 달려 있는데, 블렌더의 칼날보다 도톰하고 무디지만 비슷한 역할을 해 물을 회전시킨다. 마다니를 다루는 방법은 마치 원시인이 불을 피우기 위해 연필처럼 작고 가는 땔감을 양 손바닥 사이에 넣고 비비는 행위와 똑같다. 많은 양을 만들 때는 마다니 대신 힘을 덜 들이기 위해 실을 연결한 도구를 쓰기도 하는데, 봉을 쓰든 실을 쓰든 인간의 손은 모터가 달린 전동 블렌더만큼 빠를 수 없다. 세탁기가 동작하는 동안 세탁물이 식별된다는 것을 생각하면 그 속도란 손과 블렌더 사이에 있지 않을까. 세탁기 라씨는 주어진 것을 다른 관점에서 바라보고, 용도를 바꾸고 생산 효율을 높인 결과다. 그런 것을 주가드라고 부른다.

한 책에 따르면 세탁기 라씨는 펀자브의 출장 요리사들이 쓰는 도구라고 한다. 결혼식처럼 큰 행사가 있을 때 가져와서 많은 양의 라씨를 공급한다는 것이다.[205] 그런 축제를 확

인할 길이 없어 펀자브 친구 카잘에게 정말 이런 것을 쓰는
지를 물었더니 미친 사람들이라면서 펄쩍 뛴다. 그건 일반
적인 라씨라고 말할 수 없다. 화제가 된 광고 말고도 인도의
미디어가 '돌발 영상'처럼 세탁기 라씨를 몇 차례 보도한 사
례가 있긴 한데, 어느 지역에서 이루어진 행사에서 란가르
로, 즉 무료로 라씨를 나누기 위해 이벤트로 단 한 번 세탁
기를 사용했을 때 여러 매체가 달려든 것이다. 행여 걱정할
지 모르니 다시 강조해야 할 것 같다. 어떤 인도 괴짜는 세
탁기로 라씨를 만들었다. 그러나 인도에서 라씨는 세탁기가
아닌 항아리나 블렌더에서 나온다.

펀자브 라씨

라씨를 만들려면 우유를 발효해 요구르트를 만드는 사전
작업이 필요하다. 요구르트의 어원은 응고의 의미가 있는 터
키어(yoğurmak)로 본다. 문명 전후 메소포타미아에 있었던
기술이 차차 고대 그리스로, 오늘날의 터키를 중심으로 활
약한 투르크족의 문화로 이어진 결과라고 보는 것이다. 이슬
람 세력이 이동해 지금의 인도 땅에 무굴 제국을 세웠을 때,
제국의 3대 황제인 악바르 대제(재위 1556~1605)의 궁중 요리

사들이 요구르트에 풍미를 살리기 위해 겨자씨와 시나몬을 넣었다는 기록이 있다.[206]

그러나 인도 아대륙의 요구르트는 이슬람 세력이 이동하기 한참 전부터 민간 영역에 있던 기술로 보기도 한다. 인도에선 우유를 발효한 것을 다히dahi라는 독자적인 표현으로 부르고 어원을 산스크리트어에서 찾는다. 고대 인도의 의학 지식 체계인 아유르베다는 여러 건강 정보를 전파하면서 다히의 제조법과 종류, 효능과 부작용도 알렸다.[207] 아유르베다는 고대 힌두교 경전 『베다Veda』를 통해 전승된 인도의 전통 의학이자 서양 의학 관점에서 바라보는 대표적인 대체 의학이다. 학자들마다 아유르베다의 출현을 선사 시대부터 인더스 문명(기원전 3300~1300 추정)까지 저마다 다르게 보고 있지만, 가장 꽃을 피운 시기는 베다 시대(기원전 1500~1100 추정)로 통한다. 한국어의 뿌리에 한자가 있다면 힌디어에는 산스크리트어가 있다. 산스크리트어로 아유르ayur는 장수, 베다veda는 지식의 의미가 있다. 이처럼 요구르트는 고대 인도에서 전수된 지식이었다. 건강에 좋지만 너무 많이 먹어서는 안 되는 것.

이슬람 세력의 요구르트와 인도의 다히 가운데 무엇이 먼저였는지는 알 수 없지만 각각 기온이 높은 지역에서 자연스럽게 발견된 결과로 볼 수 있을지도 모른다. 카잘은 인도에서는 여름에 우유에 요구르트를 조금만 섞어 밖에 서너 시간 두면 바로 굳는다고 말한다. 인도 사람들은 이렇게 쉽게 요구르트를 만들어 널리 활용한다. 카잘은 아침에 파라타와 요구르트만 가지고 밥상을 차리는 날이 많다. 어떤 인도 사람들은 입맛이 없을 때 밥에 설탕과 요구르트를 섞어 비벼 먹는다. 밀전병과 짜거나 매운 카레에 상큼한 요구르트를 더하면 식단의 균형이 산다. 순수한 요구르트에 여러 가지 재료를 섞어 풍미를 살린 라이타raita도 북인도의 밥상 위에 자주 올라오는 소스다. 요구르트는 카레의 재료가 될 수도 있다. 곧 만나게 될 카디는 요구르트 그레이비로 만든 카레다. 탄두리 치킨을 할 땐 요구르트에 치킨을 재운다. 그렇게 쓰임새가 많으니 요구르트는 가정에서 많이 만들기도 하지만 동네 유제품 가게에서도 항상 판다. 마트에서 접하는 식품 대기업의 요구르트는 한국 것에 비해 용량이 큰 편이고 설탕이나 과일이 없는 플레인 제품이 많다.

인류가 요구르트에 물과 설탕을 섞어 음료로 만든 것 또한 역사가 깊다. 인도 바깥에 있는 것은 기원전 4000년부터 고대 이란에 있었다고 전해지는 중동의 두그doogh다. 인도는 그걸 라씨라고 부른다. 라씨의 기원은 어원부터 발상지까지 정확하게 밝혀진 것이 없으나 보통 펀자브로 본다. 아래로는 인도 아대륙, 위와 옆으로는 중앙아시아와 중동이 있으니 인도에 뿌리를 내린 다른 이슬람 문화와 마찬가지로 펀자브가 허브 역할을 했다고 추정하는 것이다. 펀자브 출신 셰프 아룬 초프라는 예로부터 펀자브 사람들은 열을 가한 우유를 점토 용기에 냉각한 뒤 설탕을 섞어 봉으로 저어 마셨다고 말한다.[208] 그런 전통 때문인지 지금도 어떤 사람들은 라씨를 토기로 마신다. 무굴 제국을 몰아낸 영국도 라씨를 발견했다. 인도로 파견된 한 공무원은 부패한 우유만 접했는지 이 전통을 곰팡이와 악취로 묘사했다는데,[209] 정작 라씨가 세계로 퍼진 배경엔 그 시절의 영국이 있다고 한다.[210]

오늘날의 인도 사람들이 펀자브 라씨에 더하는 더 많은 의견은 지리학적 분석이 아니라 원조라서 더 훌륭한 맛과 양에 대한 것이다. 그건 추상적이지만 인도 사람들에게 보증과 같은 것이었고, 이방인인 내가 느끼기에도 정확한 것이었다. 델리에 머물 때 스쳐 간 인도인 친구 하나는 내가 곧 펀자브에 간다고 말하니 라씨 얘기부터 했다. 라씨는 인도 어디에서나 먹을 수 있지만 펀자브 라씨는 양도 많고 맛도 좋으니 꼭 마셔야 한다는 것이다. 나도 차차 실감했다. 델리에서 처음 마셔봤을 땐 설탕이 부족했는지 요구르트를 아낀 것인지 좀 밋밋해서 그날 이후 라씨를 잊었는데, 막 루디아나에 도착해 어느 식당에서 라씨를 마신 뒤로는 거의 매번 밥상에 올렸다. 델리 친구의 말대로 펀자브 라씨는 훨씬 진하고 맛있고 양까지 많았다. 심지어 한 레스토랑은 밥은 매우 별로였지만 라씨만큼은 매우 훌륭해 '여기 라씨 맛집이네' 했을 정도다.

그간 어느 나라엘 가든 밥을 먹을 때면 콜라를 주문하는 경우가 많았다. 그래야 기름지거나 향이 낯선 음식이 잘 넘어갔다. 인도에선 라씨가 콜라를 대신하는 날이 많았다. 아침부터 필요한 날도 있었다. 전날 야시가 주는 술을 다 받아 마시고 힘들어 죽겠다며 주스를 찾는 이범학에게 야시가 권했다. 펀자브에서 해장은 라씨로 하는 것이라면서. 이범학은 한국에 있을 때 요구르트를 찾는 사람이 아니다. 그런데 맛있는 펀자브 라씨를 몇 번 마시고 숙취까지 해결하더니 더 원하기 시작했다. 펀자브 라씨가 사람의 입맛을 바꿔놓은 것이다. 그렇게 라씨에 물들었을 때, '인생 라씨'라고 할 만한 것이 우리 앞에 나타났다. 카잘 가족과 작별한 뒤에 찾아간 암리차르에서였다. 걷다가 우연히 라씨 전문점을 발견했다. 이름은 지안 디 라씨Gian Di Lassi다. 유난히 맛있고 유난히 사람이 많길래 다녀와서 확인해보니 암리차르의 명소다. 암리

라씨 | lassi

요구르트로 만드는 셰이크다. 전통적인 라씨는 항아리에 요구르트 · 물 · 설탕을 넣고, 고르게 섞기 위해 펀자브어로 마다니라고 부르는 나무 봉을 세워 양손으로 돌린다. 하프 25루피, 풀 40루피.
식당정보 Gian Di Lassi | Golden Temple Out Rd, Chowk Regent Cinema, Katra Sher Singh, Katra Ahluwalia, Amritsar, Punjab 143006

차르엔 인도에서 가장 큰 시크교 사원이 있어 내국인 여행자가 많다. 그 라씨집은 사원 근처에 있어 순례자들이 항상 들르는 곳이다. 간판에 따르면 1921년 문을 열었다고 한다.

파는 곳마다 라씨를 만드는 방법이 다르지만 노점에서 파는 가장 일반적인 형태는 요구르트·물·설탕을 섞은 음료 위에 말라이malai(끓인 우유 표면에 생긴 얇은 지방층)나 마칸(말라이나 요구르트를 오래 회전시켜 수분을 걷어내고 더 단단하게 만든 것)을 올리는 것이다. 말라이와 마칸을 떠먹을 수 있도록 티스푼을 준다. 그게 보편적인 방식이라지만 전까지 식당에서 마신 라씨는 그런 고명 없이 간단하게 셰이크로만 나와 잠깐 낯설게 느껴졌는데, 입에 넣자 탄성과 웃음이 절로 나왔다. 순간 낯설 수는 있어도 맛보는 즉시 누구나 사랑에 빠지게 될 맛이었다. 말하자면 적절하게 기름진 라씨랄까. 적당히 새콤하고 적당히 달콤한 음료에 기분까지 좋게 만드는 묵직한 지방의 맛이 섞여 있었다. 그건 확실히 프라푸치노의 생크림과 달랐다. 양은 훨씬 적었지만 훨씬 단단하고 상큼하며 질이 좋은 것이다. 한 잔을 더 마셨다. 다음 날도 찾아가 왜 진작 몰랐을까, 남은 시간은 왜 이리 짧을까 슬퍼하면서 두 잔을 마셨다. 인도에선 지역 사람들은 물론 외지인까지 찾아가서 마실 만큼 인정하는 곳이라는데, 그런 델 우연히 발견했다는 기쁨까지 더해진 맛이었다. 머무는 시간이 길어지면 노력하지 않아도 이런 행운을 만난다. 잡기 어려운 행운이라는 것을 안다.

　라씨를 만드는 사람마다 쓰는 도구가 다르다. 식당에서는, 혹은 라씨 외 생과일주스까지 취급하는 노점에서는 가정용 블렌더를 쓰는 경우가 많다. 내가 다녀온 인생 라씨집은 매장 뒤에 작은 공장을 돌려서 엄청난 양으로 우유를 끓이고 발효를 하는 곳이었는데, 그렇게 수요가 많은 곳에선 전동 휘퍼를 쓴다. 거품기와 같은 것이다. 돌아가는 소음의 크기로 미루어 일반적인 블렌더보다 모터가 약한데, 손으로 만드는 것과 보다 가까워서인지 인도 사람들은 그렇게 만드는 라씨를 더 선호하는 것 같다. 앞서 말한 것처럼 전통적인 라씨는 마다니라는 나무 봉을 손으로 돌려서 재료를 섞는다. 이렇게 만드는 라씨왈라들의 유튜브 영상을 보다가 어느 순간부터는 소리에 귀를 기울이기 시작했다. 봉으로 라씨를 만들면 처음엔 사각사각하는 소리가 들린다. 설탕이 움직이는 소리다. 어느 순간 소리가 사라진다. 열심히 봉을 휘두른 끝에 설탕이 잘 녹았다는 뜻이다. 블렌더로 라씨를 만들면 들을 수 없는 소리다.

　라씨는 종류가 많다. 인도에 한 달을 머물면서 그 흔한 망고 라씨를 단 한 번도 본 적이 없는데, 암리차르 친구 산주 말로는 철을 잘못 만나서라고 한다. 망고는 여름에 맛있고 내가 머문 계절은 겨울이다. 카잘에 따르면 망고 라씨는 외국인이나 좋아하지 펀자브 사람들은 라씨를 하얀 것으로 안다. 라씨를 둘러싼 그들의 주요한 갈등은 플레인인가 과일인가가 아니라 소금인가 설탕인가다. 끈기를 가지고 요구르트를 오래 회전시키면 층이 분리된다. 마칸이라고 부르는 두꺼운 지방층이 생기고(마칸은 요구르트 외 다른 유제품으로도 만들 수 있다), 한국에서 유청(乳淸)이라고 부르는 물도 생긴다. 이것도 라씨라고 부른다. 그 유청 라씨로 인도 사람들은 머리를 감기도 하고(그러면 윤기가 흐른다), 갓난아기 목욕에 쓰기도 한다(피부에 좋은 것이라고 믿는다). 물 대신 카레의 그레이비로 쓸 수도 있고, 시원하게 보관해서 소금을 섞으면 펀자브 어른들이 좋아하는 여름 음료가 된다. 카잘은 야시를 "스위트 라씨보다 솔티드 라씨를 좋아하는 옛날 사람"이라고 설명하곤 한다. 그 유청 라씨는 동네 유제품 전문점에 가면 늘 있다. 카잘이 하나 사 왔길래 나도 옛날 사람처럼 소금을 타서 마셔봤다. 권하고 싶지 않다. 이렇게 유청 라씨로 만든 음료를 차스chaas라고 부르기도 한다.

어떤 지역에선 라씨를 만들 때 사프란을 넣어 색을 입힌다. 베다 시대부터 내려오는 약초인 방bhang(대마에서 추출한 성분)을 넣고 라씨를 만드는 것도 오래된 전통이다. 민트를 섞거나 토핑으로 쓰는 싱그러운 라씨도, 견과류를 올리는 묵직한 라씨도 있다. 정작 외국에서 인기 많은 과일 라씨는 인도에서 먹기 시작한 지 그리 오래되지 않았는데, 요구르트와 과일 모두 산도가 높은 것이라서 둘의 궁합을 좋지 않은 것으로 여긴 탓이라고 한다. 도구 문제도 있을 것 같다. 과일을 섞어 스무디로 만들려면 봉만 가지고는 안 되고 으깨는 과정이 필요할 것인데, 오늘날의 블렌더가 해결한 문제지만 그러면 손맛을 기대할 수 없다. 이처럼 내 경험 바깥에 다양한 라씨가 있지만 낯선 라씨에 대한 호기심보다 내가 아는 펀자브 라씨에 대한 그리움이 더 크다. 반면 카잘은 고향 라씨에 대한 그리움이 별로 없는 것 같다. 가장 좋아하는 라씨를 물으니 요샌 한국 편의점에서 파는 요구르트 음료가 가장 맛있다는 싱거운 말로 나를 웃긴다.

라씨의 출처

라씨가 있으려면 요구르트가 있어야 하고, 그 전에 우유가 있어야 한다. 인구 대국 인도는 2017년 기준 세계 최대 우유 생산국이다.[211] 인도에서 베지란 식물성 음식만 먹는 비건이 아니라 식물 외 유제품을 소비하는 락토 베지테리언을 말한다. 그 모든 유제품은 소로부터 나온다. 소는 우유 말고도 고기부터 가죽까지 인도에서 많이 소비하지 않아도 다른 시장에 팔 수 있는 많은 것을 주고, 인간은 그 관대한 소의 삶과 죽음을 통제할 수 있다. 그 때문에 인도 사회는 자주 어지럽다.

우리는 인도에서 소가 매우 존중받는 동물이라는 것을 알고 있다. 인도의 위대한 영적 지도자 마하트마 간디는 왜 인간이 소를 귀하게 여겨야 하는지를 평생 강조했다. 그는 소를 인류의 영원한 어머니로 간주한다. 인간의 어머니는 생후 몇 년간만 젖을 제공하지만, 풀과 곡물만 요구할 뿐인 소는 삶이 다할 때까지 우유를 주다가 살·뼈·뿔·내장·피부까지 내주고 떠나는 거룩한 희생의 존재이기 때문이다.[212] 한편으로 소는 간디에게 삶의 신념인 비폭력을 상징하는 영물이다. 그는 인간을 죽인다는 것은 소를 보호할 존재를 잃는 것과 같다고 말했다.[213] 간디가 있기 전에 힌두교도의 믿음 안에는 일찍이 소에 대한 존중을 가르친 신 크리슈나Krishna가 있었다. 그 신에게는 어른의 눈을 피해 마칸을 먹다가 걸린 꼬마 시절이 있다. 소년 시절에는 소를 키웠다. 크리슈나에 관한 더 긴 이야기는 나중에 만날 음식인 달 마카니 항목에서 이어질 것이다.

인도에서 소는 그냥 돌아다닌다. 그런 소에게 아침으로 먹다가 남은 로티나 파라타를 주는 가정이 많다. 소에게 먹이를 주는 걸 행운을 부르는 일로 여기는 사람도 있다. 사실 요새 인도 사람들은 그런 소에게 피로를 느끼기도 한다. 먹이를 찾기 위해 쓰레기를 뒤지다가 상당량을 비계획적으로 배설하고(물론 그것도 쓸모가 있긴 하다), 안 그래도 인도의 교통은 정신이 하나도 없는데 소로 인해 정체되고 사고까지 난다. 그러나 귀찮아졌다고 함부로 할 수 있는 것은 아니다. 2017년 기준 인도 전체 행정구역의 84%에서 소 도축 금지법이 적용되는데, 이는 인도 인구의 99.38%가 사는 땅이다.[214] 소는 힌두교 신앙의 핵심적인 형상이자 이슬람 왕조인 무굴 제국의 악바르 대제조차도 죽이지 말라고 명한 것이다. 이는 19세기 영국 또한 다분히 정치적인 이유에서 따른 정책이다. 그 무렵 소 보호 운동이 선전 형태로 본격화됐다. 긴 역사 속에서 누적된 무슬림과 힌두교도 사이의 갈등이 절정에 달해 소를 죽이고 사람을 죽이는 연속적인 폭동으로 비화한 때다. 19세기 말 인도가 소 보호를 위해 뿌린 전단에 묘사된 이미지는 신을 두려워하는 브라만과 칼을 찬 무슬림이었다고 한다.[215] 1947년 파티션에도 소는 다시 종교 갈등의 제물이 되었다. 그러나 항상 싸우고 살 수만은 없다. 인도 무슬림 사회는 20세기 초반부터 내부적으로 도축 자제 운동을 벌였다.[216] 적어도 라마단 이후에 식용으로 소를 도축하는 의식은 포기한 것이다. 무슬림은 육류 소비 인구가 많지만, 알리기 돼지고기를 불순한 것이라고 말했으므로 그들도 먹지 말아야 할 고기가 있는 입장이다.

영화 「슬럼독 밀리어네어」(2008)의 원작인 비카스 스와루프의 소설(2005)에는 주인공 람 모하마드 토머스가 뭄바이에서 다바왈라로 잠깐 일한 과거가 나온다. "힌두교도에게 쇠고기가 든 도시락을 배달하거나, 이슬람교도에게 돼지고기가 섞인 도시락을 배달하거나, (⋯) 자이나교도에게 마늘과 양파가 섞인 도시락을 배달하면 그날로 끝장이었다."[217] 고기를 둘러싼 문제가 해고로만 끝나는 것은 그나마 다행스러운 일이다. 현실은 그보다 심각하고 끔찍하며 복잡하다. 2015년 9월 우타르프라데시 다드리Dadri에서 50대 남성 모하마드 아클라크가 지역 주민들로부터 돌과 칼을 맞아 사망했다. 그의 아들은 중상을 입고 뇌수술을 받았다. 모하마드 가족이 소를 잡아 고기를 집에 뒀다는 소문 때문에 벌어진 증오범죄였다. 사건으로부터 9개월이 지나서야 기소된 18인의 피의자 중에 여당 의원의 자제와 친척과 친구가 있었고[218] 범행이 입증된 전원이 보석으로 풀려났다.[219] 수사에 참여한 지역 의사를 통해 확인한 결과 그 고기는 머튼으로 밝혀졌다. 비슷한 사건이 꽤 많았지만 이 사건은 가해자의 배경부터 처분까지 특히 논란이 되어 다드리 집단 폭행 사건(2015 Dadri mob lynching)으로 불린다.

인도 아대륙의 무슬림 사회에는 카삽qassab이라는 표현이 있다. 아랍어로 잘라낸다는 뜻이다. 카삽은 개인을 넘어 공동체가 될 수도, 관점에 따라서는 계급이 될 수도 있다. 카삽은 도축이 직업인 사람들로 구성된다. 인구는 백만여 명으로 추산되고, 인도 아대륙 전역에서 정육점을 운영하거나 도축 관련 사업장에서 일용직으로 일한다.[220] 무슬림의 엄격한 할랄 원칙과 힌두교도의 육류 거부가 결합한 결과다. 그들이 다루는 고기는 치킨과 머튼의 비중이 높지만 더러는 다른 고기도 있다. 인도 통계청이 10만 가구의 밥상을 조사한 결과에 따르면 2010~2011년 기준 쇠고기를 먹는 가정은 9.6%다. 이 표본을 전체 인구로 확장해 종교로 세분하면 인도에서 쇠고기를 먹는 인구는 무슬림의 40%, 기독교도의 26.5%, 힌두교도의 2%다.[221] 이 통계를 정확하다고 단정하기는 어렵다. 전체 인구를 대상으로 한 것이 아니기도 하지만, 힌두교도가 중심이 되는 인도의 정서상 도축장은 불법으로 운영되는 경우가 많으며 쇠고기 소비 또한 과소 보고될 수 있다는 뜻이다.[222] 소는 결국 죽는다. 치우고 먹어 처리해야 한다. 그 일을 하는 계층은 카삽 말고도 있는데 종교가 다르다. 불가촉천민(the untouchable)으로 알려진 달리트dalit다. 영국으로부터 독립한 뒤인 1948년 인도 헌법 제3장 제15조 외 여러 조에 카스트로 인한 차별 금지가 규정되었다.[223] 2018년 9월 인도 정보방송부는 사설로 운영되는 모든 TV 채널에 달리트라는 용어를 사용하지 않도록 하라는 권고문을 발표했다.[224] 오래전에 법률로 금지하고 정부가 오늘날까지 강조해도 그들은 존재하고 배제되며 종교와 결합된 계급 사회가 가장 열등하다고 여기는 노동을 부여받는다. 직업 선택의 기회가 태어나면서부터 박탈되는 것이다.

2014년 이후 카삽과 달리트의 상당수는 일자리를 잃었다. 그해 모디 총리가 당선되면서 소 살해를 금지하거나 전에 비해 엄격하게 규제하는 법안을 통과시킨 주가 늘었기 때문이다.[225] 모디는 힌두 민족주의 보수 정당인 인도인민당을 대표하는 인물이다. 2015년 집단 폭행 사건이 벌어진 우타르프라데시에서는 2017년 3월 여당 주 총리가 당선된 뒤 여러 불법 도살장을 단속하고 폐쇄 명령을 내렸다.[226] 이에 따라 5

천여 정육점도 문을 닫았다.[227] 우타르프라데시는 인도에서 인구가 가장 많은 주다(약 2억). 과거 무굴 제국의 근거지이자 무슬림 인구가 가장 많은 곳(3천8백만 이상), 인도 정부 허가 도축장 72개 가운데 38개가 있는 곳, 따라서 육식에 제재를 가할 때 가장 크게 타격을 입을 수 있는 지역이다. 이러한 변화는 모디가 2014년 집권과 동시에 비판한 핑크 혁명의 여파로 해석된다. 여기서 핑크란 고기다. 축산업자와 달리 도축업자에게 보조금을 지급해왔던 구 정부의 제도를 비판하면서 녹색 혁명을 인도의 미래로 제시한 것이다.[228] 모디의 색깔론으로 수출 시장부터 무너졌다. 인도는 진작 브라질을 뛰어넘은 세계 최대 쇠고기 수출국이다. 2014년 인도가 수출한 쇠고기는 147만 톤으로 가치는 44억 달러다. 2015~2019년에는 130만 톤대로 줄었다.[229]

우리의 삶은 정부와 정책의 영향을 받는다. 오늘의 밥상부터 거주지에서 발생하는 범죄까지, 우리의 안전과 생존은 그와 무관할 수 없다. 한 데이터 기관에 의하면 인도에서 소를 둘러싼 폭력 사건은 2012~2019년 사이 최소 133건으로 집계됐고, 그중 98%에 해당하는 130건이 모디가 당선된 뒤인 2014년 이후에 있었으며 사건으로 살해된 피해자의 74%는 무슬림이다.[230] 2015년 다드리 집단 폭행 사건으로 사망한 모하마드 아클라크도 무슬림이다. 일련의 증오 범죄로 목숨을 잃은 사람 가운데에는 힌두교도도 있다(20%). 그들 대다수는 살아 있는 사람보다 죽은 소와 가까운 달리트다. 다드리 집단 폭행 사건으로부터 한 달이 지났을 때 모디가 입을 열었다. "힌두교도는 무슬림과 싸울지 빈곤과 싸울지 결정해야 한다. 무슬림은 힌두교도와 싸울지 빈곤과 싸울지 결정해야 한다. 다 같이 빈곤과 싸울 필요가 있다. 그게 이 나라를 하나로 묶는다."[231] 그는 중재자로서 소와 죽음으로 귀결되는 이 첨예한 갈등과 혐오를 진압하려면 빈곤 같은 종교 바깥의 강력한 공적이 필요하다고 봤다. 그것이 구체적인 대책으로 연결되지 않고 공허한 연설에 그칠지라도.

그러나 이 모든 민감한 이야기는 젖소(cow)에만 국한된 것이다. 운명이 다른 소도 있다. 버팔로다(인도 버팔로의 주류는 버팔로 속(屬)의 머라murrah로, 펀자브에서 서식하기 시작한 소다). 인도 버팔로는 평생 값싼 사료를 먹고 밭일을 하고 번식을 하고 우유를 털리다가 간다. 종과 크기 및 영양 상태에 따라 다르지만 소가 한 번에 주는 우유의 양은 평균적으로 10L 전후인데, 2016년 펀자브의 한 소도시에서 라나라는 이름의 버팔로가 1회 23kg 수유로 기록을 세웠다.[232] 버팔로는 살아 있는 동안 인간을 위해 노동과 자원을 제공하지만 인간은 그 소를 조금도 존중하지 않는다. 카잘은 펀자브에서 날씬하지 않은 사람, 주로 여성을 마즈majh라고 놀린다고 말해 주었다. 마즈는 펀자브에서 버팔로를 부르는 이름이다. 참 몹쓸 별명이다. 앞서 열었던 책 『슬럼독 밀리어네어』에는 음악 선생님이 노래에 재능이 없는 주인공에게 "그만! 넌 들소처럼 노래를 하는구나"[233] 하고 혹평하는 대목이 나온다. 들소로 번역된 그 소는 원작 『Q & A』에 버팔로로 쓰여 있다 ("You sing like a buffalo."[234]). 인간의 눈에 아름답지 않은 것도, 재주가 없는 것도 다 버팔로로 수렴된다는 것이다.

그러나 젖소도 버팔로도 결국 인간의 욕망으로 관리되는 재화이자 제물이다. 소는 고기를 준다. 자국에서 매우 적게 소비되니 해외에 팔아 인도의 경제를 지탱하는 것이다. 소는 우유도 준다. 우유 제공에 있어서도 두 소는 비교적 '평등'한 편이다. 2015~2016년 인도에서 젖소가 49%, 버팔로가 51%의 우유를 공급했다.[235] 모든 우유는 암소로부터 나온다. 가축업 종사자들이 한 마리당 약 20년씩 키우는 것이다. 인도 전역에서 유유히 동네를 돌아다니고 도로에 난입하는 방치된 소는 수소다. 카잘의 표현을 빌리자면 "쓸데가 없는" 소다. 그러나 그런 소도 결국은 필요해진다. 송아지가 필요할 때 데려온다.

물만큼 혹은 물 대신

차이
chai

인 도 의 밀 크 티

◎◎◎ 카잘 가족의 집에 열흘 이상 머물면서 실감했다. 북인도 사람은 차이를 만들고 마시면서 일과의 절반을 보낸다. 과장이 아니라 내가 본 것이 그렇다. 그들은 하루에 최소 다섯 잔을 마신다. 아니 열 잔이라고 말해도 될 것 같다. 바깥에서 일하는 사람도 많이 마시기는 마찬가지다. 어느 초크chowk(힌디어 숫자 4(chaar)에서 온 표현으로 사거리를 뜻하는데, 사거리 이상의 교차로 또한 그렇게 부른다)에나 어김없이 차이 왈라가 있다. 모퉁이는 물론 대로변이든 골목이든 걷다 보면 어디에서나 500m 간격으로 차이왈라를 마주치는 것 같다. 시장으로 가면 그 거리는 더 촘촘해진다.

차이는 직원 복지가 되기도 한다. 야시의 루디아나 사업장에선 차이를 달아놓고 마신다. 차이왈라가 보온병에 차이를 담아 야시의 일터에 매일 배달하면, 야시는 한 달에 한 번씩 정산하는 것이다. 야시는 직원 두 명의 차이값으로 매월 1천 루피쯤 쓴다. 16,000원 정도니 놀랄 만한 액수는 아니지만 펀자브 거리에서 파는 차이 한 잔은 10루피다(약 160원). 야시가 고용한 직원 두 명은 일터에서만 한 달에 최소 100잔 이상을 마시는 셈인데, 야시 말로는 그들이 젊어서 "고작 이만큼" 마시는 것이라고 한다. 이 계산에 그들보다 나이 많은 야시의 몫은 거의 빠져 있다. 그는 한 달의 절반을 한국에서, 남은 절반을 펀자브 외 인도 전역에서 보내는 바쁜 사업가다.

우유에서 차이까지

차이는 물·찻잎·설탕(혹은 재거리)·우유를 냄비에 끓인 뒤에 찻잎을 걸러서 마시는 따뜻한 음료다. 추가 재료가 더해질 수 있다. 카잘은 슈퍼마켓에서 파는 티 마살라를 가끔 넣는다. 여러 가지 향신료를 섞어 빻은 것으로, 차이의 맛과 향을 풍성하게 만드는 것이다. 이렇게 만든 차이를 마살라 차이라고 부를 수 있다. 이러한 마살라와 찻잎을 섞어서 무게를 달아 팔기도 하지만 가정에서 만들 수도 있다. 어떤 날 카잘은 마살라 대신 아몬드나 카다멈을 절구로 빻아서 넣는다. 아몬드를 넣으면 보다 고소해지고 카다멈을 넣으면 은은한 생강 향이 난다. 내가 루디아나 시내에서 마신 10루피짜리 차이에는 생강이 들어갔다. 카잘이 설명해주기를 인도 사람들은 생강이 몸을 따뜻하게 해준다고 생각해서 겨울에만 넣는다고 한다. 생강과 향이 비슷하지만 보다 연하고 부드러운 카다멈은 반대로 몸을 식혀준다고 생각하기에 여름에 많이 쓴다. 불가마가 되는 인도의 여름에도 '아이스 차이'는 존재하지 않는다. 카잘은 이를 두고 "다이아몬드는 잘라도 다이아몬드"라고 비유한다. 차이의 본질은 계절과 상관없이 갓 끓인 것이다. 그래서 가람 차이라고 부르기도 한다. 가람은 뜨겁다는 뜻이다.

찻잎이나 설탕 같은 재료야 한 번 사면 오래 두고 쓸 수 있지만 우유는 그렇지 않다. 카잘 가족 집에 머물면서 미미하게나마 밥값을 할 일이 생겼다. 우유 심부름이다. 인도 어느 가정에나 있는, 편자브에서 돌루dolu라고 부르는 양철 우유 바스켓을 들고 나가서 우유를 사 오는 것이다. 집에서 10분 거리에 우유를 파는 곳이 있었다. 우유 가게라고 말하기도 뭐하다. 간판은 없고, 바깥에서 보면 가정집과 똑같지만 문을 열고 들어가면 마당을 축사로 개조해 암소 스무 마리쯤을 키우는 작은 목장이다. 거기서 손으로 소의 젖을 짜서 큰 양동이에 담아놓고 바로 판다. 카잘 말로는 다 버팔로라고 한다. 버팔로 원유는 요구르트처럼 묵직해 물이나 젖소 우유를 섞어서 팔기도 한다. 카잘에 따르면 우유가 묵직할수록 유지방을 굳힌 마칸이 맛있다. 마칸을 끓여서 정제한 기름인 기는 반대로 가벼울수록 맛이 좋고 비싸다. 두 우유는 이처럼 용도가 다르다.

며칠 못 가 우유가 떨어졌다. 훌륭한 통역가 카잘이 집에 없어 우유통을 들고 나가는 시늉을 했더니 시크샤는 시계를 한 번 쳐다본 뒤에 한 손을 쫙 폈다. 바로 알아들었다. 우유가 나오는 시간이 정해져 있으니 지금이 아니라 다섯 시에 가야 한다는 뜻이다. 시간 맞춰 우유 가게에 가서 똑같이 양철 우유통을 든 사람들 뒤로 줄을 섰다. 2L를 요청했더니 500ml 컵으로 네 번 따라 줬고, 며칠 뒤 3L를 달라 했더니 여섯 컵에 반 컵을 더 줬다. 우유 가격은 1L당 55~60루피다. 천 원이 조금 못 된다. 집에 있는 시간이 일정하지 않은 사람들이 이렇게 찾아가서 우유를 산다. 집에 항상 사람이 있는 가정에는 우유가 배달된다. 이 일을 하는 밀크맨을 두드왈라doodhwala라고 부른다. 두드는 힌디어로 우유다.

그렇게 우유를 배달해서 먹는 암리차르 친구 산주가 차이를 한 잔 내줬을 때 들은 얘긴데, 마트에 가면 봉지 우유를 팔지만 산주는 그걸 위험하다고 생각한다. 두드왈라가 배달하는 우유가 훨씬 위생적이라는 것이다. 산주와 거래하는 두드왈라는 두 가지 우유를 팔고, 산주는 카잘이 싱겁다고 생각하는 맑고 가벼운 젖소 우유를 선호한다. 매일 산주 집에 찾아오는 두드왈라는 한 달에 한 번씩 장부를 열어 수금을 한다. 식구는 셋, 직원 두 명을 쓰고 이따금 투숙객과 차이를 나누기도 하는 산주 가족이 우유에 쓰는 비용은 월 2,000~3,000루피다(약 32,000~48,000원). 2인 가구 구성원인 나는 2천 원짜리 1L 우유 하나면 닷새쯤을 버틴다. 내가 한 달에 우윳값으로 만 원가량을 쓸 때 산주 가족은 서너 배를 쓰는 것이다. 양은 더 많다. 진짜 많이 마신다고 내가 놀라니 산주는 펀자브라서 그렇다고 말한다. 인도 전역에서 차이를 마시니 어디에서든 우유가 필요하긴 하지만 펀자브 수준은 못 된다는 것이다.

티타임이 끝나고 자료를 찾아보니 산주는 정확했다. 인도 농림복지부가 발표한 2015~2016년 1인당 일일 우유 소비량에 따르면 선두 지역은 펀자브로 1032g이다. 그 뒤를 잇는 주는 펀자브 바로 아래이자 일일 877g을 소비하는 하리아나고, 인도 평균은 337g이다.[236] 펀자브 사람이라면 하루에 약 1L를 마신다는 통계대로 카잘은 아이가 있는 가정에선 보통 하루에 3~4L쯤 필요할 것이라고 본다. 우유는 아이들이 학교 가기 전에 늘 마시는 것이다. 펀자브 사람들은 자기 전에 우유를 마신다. 그래야 잠을 잔다고 생각하는 카잘과 야시에게 잠이 안 오는 날이란 우유를 마시는 일을 잊은 날이다. 집에 찾아온 손님에게 물보다 먼저 우유를 주는 것도 펀자브 가정의 문화다. 그 우유는 나아가 차이로, 여러 가지 홈메이드 유제품으로 변형된다.

도시 사람들이 마트에서 사는 우유라면 생략할 일인데, 마을에서 파는 우유는 막 나온 소젖이기 때문에 살균 작업이 반드시 필요하다. 어떤 우유 생산 공정에 있어서는 기계가 할 일이지만 동네 작은 목장에서 우유를 산다면 집에서 사람이 해야 하는 일이다. 내가 우유를 사 오면 시크샤는 체에 걸러서 냄비에 옮긴 뒤에 한 번 끓였다. 우유를 끓여서 식히면 표면에 두꺼운 지방층이 생긴다. 그걸 말라이라고 부른다. 말라이를 블렌더에 돌려 수분을 걷어 내면 조직이 단단한 크림 혹은 버터 상태가 된다. 그걸 마칸이라고 부른다 (요구르트로 만들 수도 있다). 인도의 전통적인 버터로, 밀전병에 얹어 먹는 경우가 많고 식빵에 발라 먹어도 좋다. 그 과정을 쭉 지켜보면서 처음엔 이 '셀프 살균'이 얼마나 번거로운 일인가 싶었다. 이틀쯤 마셨을 땐 한 번 끓여서 지방층을 걷어 낸 덕분에 맛있는 마칸도 먹을 수 있을뿐더러 인도의 차이에는 우유막이 형성되지 않는다는 걸 알았다. 훨씬 말끔하다. 살균한 우유를 발효해 요구르트를 만들 수도 있다. 보다 높은 열을 가해 파니르를 만들 수도 있다. 인도의 전통적인 코티지치즈다. 이탈리아의 리코타 치즈와 마찬가지로 산 성분을 넣고 우유를 끓여 유청을 분리한 뒤 커드curd라고 부르는 하얀 부분만 식힌 것이다. 파니르는 야채처럼 카레의 재료로 쓸 수도 있고, 구이(파니르 티카)나 튀김(파니르 파코라)으로 만들어도 맛있다.

시크샤도 살균을 직접 하기 때문에 끓인 우유의 부산물인 말라이와 마칸을 만들어 먹는다. 그러나 파니르나 요구르트까지 만들지는 않는다. 필요하면 동네 유제품 가게에서 사 온다. 그러면 살균한 우유로 무엇을 하는가. 인도에 머무는 동안 그들 가족이 우유를 그냥 마시는 걸 단 한 번도 본 적이 없다. 펀자브 사람들은 밤마다 우유를 마시고 잔다고 하니 그건 내가 놓쳤을지 모르지만 내가 관찰한 그들은 그 우유를 오로지 차이를 만드는 데만 썼다. 나는 처음에 시크샤가 차이를 한 번에 너무 많이 만든다고 생각했다. 못 마시고 남으면 재탕을 해서 쓰는 걸까, 그럼 맛이 처음과 달라질까 생각했다. 시크샤와 보내는 시간이 길어지면서 차차 알게 됐다. 남은 차이를 다시 끓일 일은 없다. 보다 정확히 말하자면 차이가 남을 일이 없다. 아무리 많이 만들어도 그들은 홀랑 다 마신다.

아침마다 가스레인지를 켜는 소리가 들리면 나는 눈을 뜨곤 했다. 그건 마치 알람 같았다. 나보다 일찍 일어난 시크샤가 눈뜨자마자 차이를 만드는 소리였다. 어느 날은 자정을 넘은 시간에도 그 소리가 들렸다. 안산에 있던 카잘 가족이 한밤중에 루디아나에 도착했을 때였다. 사람이 집에 왔으니 차를 내와야 하는 것이다. 나는 종종 주방에 아무도 없는 시간을 기다렸다. 내가 관찰한 방식으로, 내가 경험해본 맛으로 직접 차이를 만들고 싶어서 그랬다. 그런 시간은 좀처럼 나지 않았다. 거의 언제나 불 앞에 차이를 만드는 시크샤가 있었고, 그러다 내가 주방에 눈길을 주면 차 한잔 마시겠느냐고 보디랭귀지로 물었다. 어쩌다 내가 물을 올리면 시크샤가 다가와 간섭을 했다. 내게 신호를 주지 않고 물을 더 부었고 차와 설탕을 잔뜩 넣었다. 카잘이 별로 좋아하지 않는 방식이다. "시어머니는 내가 만드는 차이를 좋아하지 않아요. 내가 우유를 너무 많이 낭비한대요. 저는 시어머니가 만드는 차이가 별로예요. 물이 너무 많이 들어가서 싱겁거든요. 우유는 비싸니까 이해는 해요."

맛에 대한 카잘과 시크샤의 철학은 각각 다를지 몰라도 내가 보기에 둘은 비슷한 사람들이다. 하루 종일 차이를 마시는 사람들이다. 전까지는 몰랐다. 안산에서 수없이 카잘을 만났지만 우리가 하루에 함께 보낸 시간은 길어봐야 네 시간이었다. 아무리 많아봐야 차이 두 잔을 마실 수 있는 시간이다. 며칠간 24시간을 함께 보낸 '루디아나 카잘'은 달랐다. 다 같이 간식으로 파코라를 먹고 온 날이 있었다. 차이 없는 파코라는 없다. 그렇게 먹고 마시고 집에 돌아왔을 때, 카잘은 우리가 30분 전에 마신 차이를 전혀 기억하지 못하는 사람처럼 태연하게 물었다. "민희, 차이?" 난 정말이지 미국 사람처럼 '컴온'이라고 말하고 싶었다. 메모에 따르면 그날은 내가 차이를 다섯 잔이나 마신 날이었다.

그 무렵 나는 개에게 물렸다. 다행히 상처는 심각하지 않았다. 물린 즉시 카잘 가족이 아는 병원에 가서 주사를 맞고 약도 받아 왔고, 상처는 며칠 새 아물었다. 결과적으로 문제가 없었지만 좀 무섭긴 했는데, 그날 겪은 공포와 불안 이상으로 강렬한 기억은 내가 어쩌다 대면하게 된 펀자브 의사도 차이를 마시면서 진료를 본다는 것이었다.

차이와 다른 음료

'안산 카잘'은 하루에 차이를 최소 세 잔 마신다. 아침에 눈을 뜨면 마시고, 아이를 학교에 보낸 뒤에 집안일을 마치고 마신다. 네다섯 시 무렵에 또 마신다. 인도의 티타임이다. 사모사나 파코라 같은 튀김을 차이와 함께 먹는 시간이다. 카잘은 한국에 정착한 뒤로 보통 인도 사람들보다 튀김도 차이도 자제하게 됐다. 전까지 하루 열 잔이 기본이던 배우자 야시도 카잘이 "반으로 줄여놔서" 덜 마신다. 야시가 대안을 찾은 까닭도 있다. 야시는 커피믹스를 더 좋아하지만 한국 사람들과 스타벅스에서 만나 아메리카노를 마시며 일을 논하는 날이 많다.

나도 최근 1년간 차이를 꽤 많이 마셨다. 이 책은 매달 2~3회씩 카잘의 안산 집에서 나눈 대화로 시작됐다. 내가 도착하면 항상 카잘은 우유와 찻잎부터 냄비에 올렸고, 작은 절구로 카다멈을 부숴 넣은 뒤에 체에 걸러 차이를 '웰컴 드링크'로 내놨다. 우리는 오후에 만나 차이를 사이에 두고 북인도 음식에 관한 긴 이야기를 나눴는데, 어느 날 카잘은 같이 아침을 먹고 싶다며 열 시에 보자고 했다. 그날 우리는 알루 파라타를 먹었다. 으깬 감자가 들어간 기름진 밀전병이다. 그걸 배 터지게 먹고 일 애길 하자니 둘 다 너무 졸렸다.

이대로는 안 되겠다며 카잘은 물을 올렸다. 차이를 끓이겠다는 거였다. 적절했다. 찻잎에 있는 카페인 성분과 여기에 더한 설탕으로 인해 우리는 다시 대화에 집중할 힘을 얻을 수 있었다. 커피보다는 각성 효과가 약간 떨어지지만.

대부분의 부모가 아이에게 커피를 금지하는 것처럼 카잘도 어린 시절에는 차이 대신 우유를 마셨다. 근거가 있는 얘기인지는 모르겠지만 카잘 주변의 어른들은 아이가 차를 많이 마시면 피부가 까매진다고 생각해 먹이지 않았다. 그런 집안의 어른이 아이에게 차이를 스푼으로 떠먹이는 날이 있다. 아플 때다. 인도 사람들은 찻잎도 약초라고 생각하고, 몸을 따뜻하게 해주는 효과가 있다고 믿는다. 카잘도 안산에서 초등학교를 다니는 하빈이가 콜록거릴 때면 차이를 준다. 루디아나에서 고등학교를 다니는 야시카는 최근 학교 언니들을 따라 차이를 마시기 시작했다. 그건 카잘이 만드는 것과는 다르다. 훨씬 달고 우유보다 물이 많이 들어간다.

카잘은 한국에서 10년 넘게 살면서 입맛이 많이 변했다. 한국식 간에 익숙해져서 보통의 인도 사람들보다 덜 기름지게, 덜 짜게, 덜 달게 만들고 먹게 되었다. 카레를 만들 때 소금을 덜 넣는 것은 물론 차이를 만들 때도 설탕을 소량만 넣는다. 인도의 평균적인 당도는 아니다. 그렇다면 차이왈라에게 설탕을 조절해달라고 말할 수도 있지 않을까. 카잘이 웃으면서 말한다. "제가 만약 설탕 빼달라고 하면 잘난 척한 다고 생각할걸요. 건강에도 나쁜데 인도 사람들은 설탕을 너무 많이 먹어요. 인도 요리엔 설탕 안 들어가서 그럴까요. 설탕은 간식에만 들어가요. 진짜 많이." 그 말에 내가 몇 해 전 인도 옆 나라 스리랑카를 여행하던 시간이 떠올랐다. 한 달을 머물렀지만 차이는 있어도(인도만큼 과하지는 않다) 커피 는 잘 안 보였는데, 어느 소도시에서 커피를 발견하고 반가 운 마음에 주문을 하면서 설탕을 빼달라고 부탁했지만 접수 되지 않았다. '그렇게 먹는 사람도 있단 말이야?' 하는 눈빛 에 이어 설탕과 크림 가득한 부담스러운 커피를 받았다. 그 바리스타도 나를 잘난 척하는 관광객이라고 생각했을까. 설 탕 없는 커피를 마시는 방법이 없지는 않다. 스리랑카의 콜 롬보나 인도의 델리 같은 대도시의 스타벅스로 가면 된다.

스타벅스 외 옵션이 있느냐 묻는 내게 카잘은 남인도에 필터 커피filter coffee가 있다고 알려주었다. 카피kaapi라고 부르 기도 하는데 커피가 변형된 표현일 것이다. 드립 커피와 비 슷하다. 베트남의 카페cà phê처럼 촘촘하게 구멍을 뚫어 만든 금속 필터에 넉넉한 양의 분말 커피를 넣고 뜨거운 물을 부 어 거르는 것이 시작이다. 그렇게 내린 커피는 농도가 꽤 진하다. 마치 더치 커피처럼. 이 진한 원액에 따뜻한 우유와 설탕을 섞으면 완성이다. 마치 카페라테처럼. 한 가지 과정이 더 있다. 컵 두 개를 사용해 이 컵에 담긴 커피를 저 컵에, 저 컵의 커피를 이 컵에 계속해서 정신없이 옮기는 것이다. 그러면 거품이 생긴다. 마치 카푸치노처럼. 원두는 인도산을 쓴다. 인도에서 커피는 한때 무굴 제국의 무슬림 귀족이 즐기던 것이며 중동에서 가져온 원두를 심은 덕에 남부 지방에서 17세기부터 재배됐다. 커피는 식민지 시절의 차만큼 영국이 열광한 사업은 아니었지만 인도의 아라비카 생산량은 수년째 세계 10위권이다.

남인도를 경험하지 못했지만 펀자브에서도 필터 커피를 자주 마실 수 있었다. 시내 어디에나 있는 카페 커피 데이 Café Coffee Day(줄여서 CCD라고 부른다)에 자주 드나들었기 때문이다. 1996년 설립한 CCD는 인도 전역에 매장 1,700여 개를 두고 있는 유명한 프랜차이즈다. 거기서 마셔보니 사전에 레시피 영상을 보면서 상상했던 맛 그대로였다. 커피는 진했고 우유가 섞여 꽤 고소했다. 아주 만족스러운 라테의 맛. 나를 잘난 척하는 사람으로 생각할지는 알 수 없지만 여기선 다행히 '노 슈거'가 통한다. 필터 커피를 주문하면 설탕을 별도로 주는데, 점원이 나를 알아보기 시작했는지 언제부턴

차이|chai

어느 사거리에나 어김없이 차이왈라가 있다. 모퉁이는 물론 대로변이든 골목이든 걷다 보면 어디에서나 500m 간격으로 차이왈라를 마주친다. 시장으로 가면 그 거리는 더 촘촘해진다. 인도 사람들은 정말이지 물보다 차이를 더 많이 마시는 것 같다. 10루피.

식당정보 이름 없음 | 226, Civil Street, Video Market, Ghumar Mandi Chowk, near Bengali Sweet House, Ludhiana, Punjab 141001

가 설탕을 안 줬다. 이런 교감은 따뜻하면서도 슬프다. 나는 이 친절을 뒤로하고 곧 떠나야 할 사람이니까.

거리에서 파는 차이 한 잔의 가격은 평균 10~20루피다. 160~320원 꼴이다. 식당처럼 테이블을 갖춘 곳에서 마신다면 조금 더 비싸질 순 있어도 30루피 이상 하는 차이를 본 기억이 없는데, 인도 내 100여 개의 지점을 두고 있는 프랜차이즈 카페 차이 포인트Chai Point로 가면 100루피 이상으로 확 뛴다. 같은 조건에서 커피는 그보다 조금 더 비싼 편이다. 내가 자주 마시던 CCD 필터 커피의 가격은 152루피, 아메리카노는 171루피였다. 가벼운 가격은 아닌데 한국의 아메리카노보다 덜 깊은 맛이다. 한번은 CCD에서 아이스 아메리카노를 주문했더니 매우 부족한 양의 얼음이 나왔다. 레모네이드를 주문했을 때는 귀여운 걱정을 들었다. "얼음 들어가는데 괜찮겠어요?" 2월이었다. 추웠다. 인도 사람 누구도 얼음이 들어간 음료를 마시지 않는 시즌이다. 인도 바리스타가 걱정을 담아 만든 레모네이드를 한 모금 들이켰을 때 생각지도 못했던 맛에 좀 많이 놀랐다. 소금을 섞은 라씨가 떠올랐다. 집에서 과일을 먹으려는 내게 시크샤가 소금 통을 줬던 것도 생각났다. 인도에서 레모네이드를 마실 땐 '노솔트'라는 추가 주문이 필요할 수 있다.

코로나19로 전 사회적인 격리가 시작되면서 달고나 커피가 등장했다. 인스턴트커피·설탕·물을 같은 비율로 섞어 만든 거품을 우유 위에 올린 것이다. 전동 거품기를 쓰면 후딱 만들 수 있지만 외출을 자제하기로 한 우리는 집에서 천 번쯤 머랭 치기를 하는 것으로 시간을 죽였다. 한국의 달고나 커피는 소셜 미디어와 해시태그를 통해 역시 격리된 전 세계인에게 전달됐다. 이 갑작스러운 확산을 따라가던 길에 뒷짐 지고 관망하는 사람을 발견했다. "인도인으로서 달고나 커피에 침이 고이기는 어렵다. 우리가 커피를 마시기 위해 규칙적으로 하는 일이 바이러스 때문에 전 세계적인 트렌드가 됐다니."[237] 똑같은 커피가 인도에 이미 있었다. 역시 인스턴트커피로 하는 게 정석이고, 최소 5분 이상 끈질기게 커피와 설탕을 쳐서 거품을 만든다고 해서 비튼 커피beaten coffee라고 부른다. 혹은 인디언 카푸치노라고 부른다.

밥상이 나오는 순간만 기다리면서 그간 인도 영화와 드라마를 많이 봤다. 무언가 먹거나 마시는 장면은 참 많았고 먹는 것은 늘 달랐지만 마시는 것은 꽤 일정했다. 그들의 티타임은 필터 커피나 비튼 커피가 아니라 대체로 차이를 마시는 시간이다. 다른 것도 마시기는 하지만 굉장히 드물다. 그러니 기억된다. 남서쪽 해안가 고아를 배경으로 한 스릴러

「의혹의 맹점」(2015)은 내게 커피를 파는 동네 카페부터 떠오르는 영화다. 「스타트 업 & 다운」(2019)은 청년들의 스타트업 창업이라는 '힙한' 소재에 걸맞게 전형적인 아메리카노 머그를 쓰는 장면이 나온다. 인도에서라면 도시의 카페로 가지 않고서야 접하기 어려운 것이다. 「마스카의 맛」(2020)에는 핫초코가 나온다. 그건 본비타Bournvita다. 마일로나 네스퀵 같은 코코아 분말이고 마트에 가면 항상 있는 것이다. 차이가 나오는 작품은 열거하기 어렵다. 그건 내가 그간 봤던 거의 모든 인도의 극에서 늘 나왔기 때문이다.

우유와 설탕 없이 허브차를 마시는 것도 딱 한 작품에서 봤다. 뭄바이의 한 커플 이야기를 다룬 드라마 「우리 둘이 날마다」에서였다. 주인공 카브야(여)와 드루브(남)는 합의하에 결혼을 유예하고 월세 5만 루피(약 80만 원)짜리 전망 좋은 고층 아파트에 같이 산다. 화이트칼라 맞벌이 가정에서 자라 MBA를 수료한 카브야는 계속 승진해 연봉이 쭉쭉 오른다. 그 수입으로 가계를 꾸리고 저축도 한다. 수학자인 드루브는 아직 박사 학위 과정을 마무리하지 못해 주목할 만한 경력이 없고, 긴 시간 집에 머무르는 그는 카브야를 위해 장을 보고 요리를 한다. 한때 드루브에게 밀린 동창생이 학자로서 북유럽에서 큰 성과를 거둬 일간지에 보도되자 드루브의 '단

톡방' 친구들이 기사를 공유하면서 놀린다. "얘 드루브보다 못했잖아." "드루브 요즘 뭐 하냐?" "카브야한테 차이 만들어주고 있겠지(웃음)." "국화차야(웃음)."[238]

작품은 꽤 재미있다. 첫 번째 시즌은 유튜브에서 전편이 무료로 서비스되는데, 비현실적인 판타지라는 인도 사람들의 일관된 댓글로 도배되어 있지만 나는 그 안에 어떤 진실이 있다고 생각한다. 작품 속 두 주인공은 고학력자에 고연봉자다. 부모 주도의 중매혼과 지참금 문화 등 인도의 낡은 가부장적 가치관을 배반하는 이른바 '동거 커플'이다. 카브야는 바쁜 일정 속에서도 건강 관리와 기분 전환을 위해 러닝을 하는 규칙적인 습관이 있고, 멕시코 음식부터 태국 음식까지 뭄바이 시내에 생긴 새로운 맛집을 찾아다니며 일과를 인스타그램 스토리에 실시간으로 업데이트한다. 드루브가 '서프라이즈'로 선물한 허브차는 식후에 녹차를 마시고 자기 전에 카페인 없는 캐모마일 티를 마시는 카브야를 기쁘게 한다. 인도 사회의 특수성보다 '90년대생'의 사랑과 일, 미래에 대한 보편적인 고민을 담은 이 작품은 차이가 아닌 우유와 설탕 없는 건강한 허브차를 새로운 세대의 라이프스타일로 제시하는 것이다. 그 진보적인 취향이 성별 역할 고정관념에서 벗어나지 못하고 남성의 가사노동을 비웃는 이에게 빌미를 줄 수 있다는 것도 작품은 잊지 않는다.

그러나 이런 삶과 음료는 영화나 드라마 같은 극에서 굉장히 드물다. 녹차와 허브차는 거의 없지만 어느 작품에나 차이는 거의 항상 나온다. 대학가가 배경이면 공강 시간에 차이가 있다. 기혼자가 주인공이면 가족이 모두 나간 집 식탁 위에 차이가 있다. 경찰 조사가 이루어지는 책상 위에도 차이가 있고, 경찰서에 구금된 이들에게도 아침이면 차이를 준다. 마치 차이가 인간의 기본권이라고 말하는 것처럼. 일하는 중이든 쉬는 중이든, 서 있든 앉아 있든, 혼자이든 여럿이 모였든 간에 차이는 인도의 거의 모든 극에 등장하는 주요 소품이다. 연출 이상으로 취재에 집중하는 다큐멘터리로 가도 마찬가지다. 배경이 북인도든 남인도든, 도시든 시골이든, 종교 갈등으로 인한 문제를 제기하든 계급과 소득의 불평등을 고발하든 차이는 프레임 어딘가에 항상 있다. 차이는 극이 아니라 삶이 필요로 하는 것이다.

아삼에서 읽은 미래

시크샤 집에 머물 때까지만 해도 나는 카잘 가족을 비롯한 인도 사람들이 차이를 너무 많이 마신다고 생각했다. 한 달간의 북인도 일정을 끝내고 인도 여정의 마지막으로 콜카타에 왔을 때는 펀자브와 웨스트벵골의 맛이 다르다는 걸 확실하게 느낄 만큼 차이에 푹 젖어 있었다. 콜카타의 차이가 훨씬 진하고 달았다. 그래서 콜카타 사람들은 차이를 조금씩 자주 마시는 걸까. 우유 소비량은 펀자브, 차 소비량은 구자라트가 선두지만[239] 정작 인도에서 차이를 가장 많이 마시는 지역은 콜카타가 있는 웨스트벵골이라고 하는데,[240] 펀자브와 달리 콜카타에선 잔의 선택권을 주는 차이왈라가 많았다. 에스프레소 잔만 한 것이 있고 종이컵보다 조금 작은 것이 있다. 관찰해보니 콜카타 사람들은 작은 잔을 선호하는 것 같지만 우유가 넘치는 땅 펀자브에서 며칠을 보낸 나로서는 그거 가지곤 성이 안 찬다. 펀자브에선 보통 유리컵을 쓰지만 콜카타에서는 벵골어로 바르bhar, 힌디어로는 쿨하르kulhar라 부르는 일회용 토기 잔을 많이 쓴다. 후처리 없이 가마에서 한 번 굽기만 한 것이라 내구성이 약하긴 하지만 집어 던지지만 않으면 깨질 일 없다. 너무 말짱해서 버릴 때마다 아깝다고 생각했다. 종이컵과 플라스틱 컵은 아무 생각 없이 그냥 휙휙 버리면서. 그래도 이 토기 잔은 다시 흙으로 돌아간다.

콜카타에선 많이 걸었다. 마지막 일정이니 책이라는 숙제에서 벗어나 좀 놀기로 했다. 압박에서 완전히 자유롭지는 못했다. 굉장히 드물게 다바를 발견하면 역시 펀자비는 어디에나 있다며 반가워했고 다른 것이 눈에 띄면 바로 휴대폰을 열었다. 그리 피곤하진 않았다. 적당히 놀고 적당히 일을 떠올리는 시간 사이사이에 언제나 차이가 있었으므로. 밥을 먹고 나면 후식으로 차이를 마셨다. 걷다가 다리와 허리가 뻐근해지면 또 마셨다. 간식을 먹으면서 또 마셨다. 그렇게 종일 차이를 입에 물고 있다가 마트에 들러 250g짜리 공산품 찻잎 한 봉을 샀다. 봉지를 살펴보니 아삼Assam에서 손으로 딴 찻잎이라고 한다. 모든 일정을 마치고 서울 집에 도착하자마자 내가 가정과 거리에서 스쳐 간 수많은 차이왈라를 떠올리면서 편수 냄비에 물을 올리고 아삼에서 왔다는 찻잎과 설탕과 우유를 쏟아부었다. 그날 저녁에도, 다음 날에도 똑같은 일을 하면서 후회했다. 이런 속도라면 찻잎은 금방 동날 것이다. 맛있게 차이를 끓이는 방법을 알았다고 여기저기 자랑했는데. 한국에서 파는 홍차 대부분은 티백이거나 틴 케이스에 포장한 유럽산이다. 인도나 스리랑카에서 흔한, 찻잎만 봉지에 250~500g씩 담아 파는 저렴한 것을 구하기가 쉽지 않다.

차이를 맛있게 끓이는 방법은 별것 없다. 냄비에 물과 우유를 2:3 비율로 채우고, 가향 성분이 없는 순수한 찻잎과 설탕을 '많이' 넣고(각각 1큰술가량) 7~10분쯤 끓이면 된다. 생강이나 카다멈을 약간 넣으면 향이 좋아진다. 끓다가 냄비 벽에 붙은 우유는 잘 닦이지 않으니 냄비를 따로 쓰는 걸 권하고 싶다. 우유가 흘러넘쳐 가스레인지를 뒤엎는 참사가 일어나기 전에 불을 줄일 필요가 있으니 가급적 불 앞을 떠나지 않는 것이 좋겠다. 1인당 티백 두 개 분량은 써야 맛이 나온다. 수납장 구석에 잠들어 있던 홍차 티백을 죄다 꺼내 종이를 찢으면서 생각했다. 다음엔 아삼에 가야 한다. 그런데 가는 길이 좀 험하게 느껴진다. 이는 약 200년 된 인도의 차 역사로 향하는 길이고, 이 역사의 초입에는 지배와 피지배의 사슬이 있다.

홍찻잎을 주는 동백나무 속(屬) 차나무가 잘 자라려면 최소 8개월간 많은 물과 열이 필요하다. 평균 기온 23.2℃에 우기면 폭우가 쏟아지는 아삼은 그야말로 온실과 같아 고대부터 차가 자랐지만, 19세기 전까지 지역 사람들은 그걸 약초로 여겼다고 한다. 거래 업무로 인도에 왔던 스코틀랜드인 로버트 브루스가 1823년 아삼의 야생에서 차를 발견하고는 현지인에게 차를 끓이는 방법을 알려주었고, 그의 형제 로버트 찰스가 콜카타의 식물원에 찻잎을 보내 검사를 의뢰한 결과 품종이 있는 차로 공식 분류되었다. 당시 아삼은 영국과 전쟁을 치르고 있던 버마 땅이었지만 곧 휴전과 함께 영국령 아삼(Colonial Assam, 1826~1947)으로 전환되는데, 영국이 아삼의 잠재력을 발견한 뒤로 버마와 얀다보 조약(Treaty of Yandabo, 1826)을 체결하고 '인수'한 결과다. 동인도회사는 1834년 차 전문가로 구성된 위원회를 꾸렸다. 런던 시장으로부터 아삼 차에 대한 긍정적인 평가가 나오자 1839년 런던에 자국 최초 차 회사인 아삼 컴퍼니The Assam Company가 설립됐다. 아삼 컴퍼니는 1862년이 됐을 때는 다섯 개 주식회사 및 57개 민간 기업의 소유가 되어 160여 개의 농장이 운영될 만큼 규모가 커졌고,[241] 아삼 컴퍼니 외에도 50개 이상의 차 회사가 생겼다.[242] 약 20년에 걸쳐 아삼을 축으로 차 사업이 팽창한 이 시기를 농장주 제국(Planter Raj)이라고 부른다. 느슨한 부동산 규제 덕분에 부지를 마구잡이로 차 농장으로 개간하고, 1833년 노예제를 폐지한 영국이 부족한 노동력을 충당하기 위해 자필로 쓰게 한 계약서 한 장으로 타 지역 인구를 대거 아삼으로 이송한 시대다.

17세기 유럽에 차가 소개된 이래 영국 시장이 이상적으로 여긴 차는 중국 차였다. 동인도회사가 중국의 실크·도자기·차와 맞바꾼 것은 은과 면직물, 그리고 간접적으로 거래된 아편이다.[243] 중국 당국이 아편의 유독성을 파악하고 1800년 수입을 금지한 데 이어 1839년 임칙서가 아편을 몰수해 불태우자 영국은 아편전쟁(1840~1842)까지 벌였다. 그 요란을 떨고 전쟁에선 이겼지만 중국이 차를 독점하는 시장에서 차는 받고 싶고, 아편은 거부당하고, 그러나 중국만 한 생산 기술력은 없는 이 '불리한' 게임 전후로 아삼이라는 '금광'이 나타났다. 그 땅에 차가 자란다는 것을 알고 중국에서 가져온 씨앗을 심어봤더니 중국과 인도의 향토 품종을 섞은 개량종이 가장 잘 자랐고 품질까지 우수해 아삼이라는 지명이 곧 차의 이름이 되었다. 다르질링Darjeeling도 아삼과 마찬가지로 중국의 대안이 된 다원이다. 런던왕립원예협회는 로버트 포춘을 중국에 보냈다(1848~1851). 그는 스파이로서 많은 것을 했다. 중국인 복장을 하고 묘목을 훔쳤고 현지 차 공장의 운영 방식도 알아냈으며 훈련된 중국인 노동자 그룹까지 데려왔다. 거칠게 요약한 이 이야기가 우리가 다르질링이라고 부르는 차의 기원이다. 1852년에는 제임스 테일러가 실론, 지금의 스리랑카에 도착했다. 그 유명한 립톤Lipton은 그가 1890년 실론에서 매입한 땅에서 얻은 차를 가지고 만든 브랜드다. 실론의 원주민인 싱할라족보다 인건비가 싼 인도 남부의 타밀족이 바다를 건너 이주했다. 한 세기가 지난 지금까지 그들의 후예는 스리랑카의 저임금 노동 환경과 빈곤을 설명할 때 예로 제시된다.

'국산품'이 수입품을 대신할 수 있을 만큼 신용을 쌓기까지는 시간이 좀 걸린다. 아삼·다르질링·실론이 차로 정복된 1879년까지만 해도 런던에서 판매된 차의 90%가 중국산이었다가[244] 1900년에 이르러서야 50%가 인도, 33%가 스리랑카에서 재배된 차로 대체됐다.[245] 중국 입장에서는 이를 영국에 의한 자국 차 수출 시장의 붕괴로 본다.[246] 이 무렵 조직된 인도차협회(Indian Tea Association, 1881~)가 한 일이 많다. 표면적으로는 최저 임금 같은 노동 조건의 기준을 마련하고자, 즉 더 나은 조건을 제시하는 농장으로의 노동자 이탈을 막아 농장주의 이익을 유지하기 위해 설립한 단체다.[247] 그들은 차에 부과된 높은 관세를 낮추기 위해 애썼다. 1920년대 끝물에는 제1차 세계대전과 대공황의 여파로 차 가격이 폭락하자[248] 국제 시장에 대한 기대를 접고 '내수 시장'을 공략한 것도 그들이다. 인구 대국 인도의 미래 가치를 읽고 광고를 잔뜩 쏟아내며 공장 노동자들에게 차를 장려한 것도, 차이왈라를 기차역에 배치한 것도, 차 소비를 늘리기 위해 우유와 설탕을 섞는 레시피를 뿌린 것도 협회에서 한 일이다. 초기에 협회는 차이왈라가 차이를 만드는 방식을 못마땅하게 여겼다고 한다. 차를 많이 팔아야 하는데 차에 비해 우유와 향신료 비율이 높다고 느꼈기 때문이다.[249] 참 까다롭다.

인도를 적신 차이

아프리카 대륙 카카오 농장에서 일하는 아동이 초콜릿의 맛을 모른다는 것과 비슷할까. 그렇게 많은 차를 생산하면서도, 인도 사람들은 그때만 해도 차에 좀처럼 물들지 않았다. 그런 인도인을 대상으로 차를 팔고자 하는 측은 차를 마시는 사람은 '고상하고 우아하다'는 메시지를 전달하려고 했다. 차를 마시는 습관이 인도 사람들을 맑고 활기차고 시간을 잘 지키게 만들어준다는 식의 마케팅이다. 마치 영국 사람들처럼.[250]

"영국 사람들과 어울려 다니는 (인도인) 신사가 이 좋은 음료의 맛을 음미합니다."[251] 20세기 초반에 '신사적인' 인도 사람들을 표적으로 한 이 홍보 문구는 지금의 관점에서 좀 천박하게 느껴지는데, 그때도 잘 안 먹힌 것 같다. 20세기 초기차역에서 일한 차이왈라는 차이를 '힌두 파니' 혹은 '무슬림 파니'라고 외치면서 호객을 했다는 기록이 있는데(파니는 힌디어로 물이다), 차를 먼저 받아들인 쪽은 힌두교도와 달리 카스트가 낮은 사람이 만든 음식에 신경 쓰지 않는 무슬림 사회였다.[252] 계급 말고 건강에 있어서도 힌두교도는 차와 거리를 뒀다. 인도의 위대한 영적 지도자 마하트마 간디(1869~1948)가 암살되기 전에 쓴 책 『건강의 열쇠(Key to Health)』(1942~1944 집필)에는 차의 특징과 역효과를 설명한 대목이 있다. 차에는 타닌tannin이라는 성분이 있는데 이것은 사람에 따라서 몸에 해로울 수 있고, 차는 커피나 코코아와 마찬가지로 중독성이 있다는 내용이다. 그는 차의 대안도 제시한다. 야채로 끓인 맑은 수프·뜨거운 물·꿀·레몬이다.[253]

영국이 먼저 떠났고 이어서 간디도 떠났다. 차는 남았고 1947년 인도의 독립과 분할 이후로 본격적으로 인도 아대륙에서 소비되기 시작했다. 차의 생산성이 높아지고 가격이 떨어지면서 정부가 국산 장려 운동의 일환으로 소비를 권장한 결과다. 각 공장과 사무실에는 '티 브레이크' 지침이 내려왔다. 티타임이 업무 효율과 생산성을 높일 수 있다고 주입한 것이다.[254] 콜카타 출신의 역사가 가우탐 바드라(1948~)는 1960년대 콜카타 거리에 수많은 차 노점이 생겼고 소비층 대다수는 노동 계급이었다고 회고하면서 배경으로 차 생산 공정의 변화를 꼽는다. 1930년 첫선을 보여 1950년대부터 인도에서 폭발적으로 보급된 CTC 공법(crush·tear·curl, 기계로 찻잎을 부수고 찢고 마는 가공법) 덕분이다.[255]

시중에 차를 깊이 있게 다룬 책이 제법 나와 있다. 차라는 단어로 탐험을 시작하면 꽤 묵직한 논문부터 삶이 생생하게 녹아 있는 진솔한 에세이까지 무수한 기록이 쏟아진다. 이 정보의 바다에서 차의 범위를 인도로 좁혀도 결국 영국·중국·스리랑카 외 다른 세계가 촘촘히 연결된다. 그런 방대한 자료를 내 관점에서 선별하는 과정이 필요했는데, 누락된 것은 물론 편파적으로 해석될 여지가 있는 사실도 많다. 이를테면 지배자가 인도에서 차를 팔기 위해 만든 홍보 문구가 항상 속물적이지만은 않았다. 1947년 막을 내린 영국령 인도 시절이 아니라 2020년 해외 배송으로 주문할 수 있는 영국의 차 브랜드 가운데 이스트 인디아 컴퍼니 theeastindiacompany.com, 즉 동인도회사가 있다는 것을 확인한 뒤로 균형에 대한 감각이 마비된 것인지도 모른다. 그런데 역사의 해석에 있어 균형과 공정이라는 게 뭘까. 내가 트위터에서 발견한 한 사용자는 이 차의 이미지를 첨부하고 이런 가정을 더했다. "만약 오늘날 일본의 한 기업이 동양척식주식회사라는 이름을 가지고 사업을 한다면." 어떤 역사는 바꿀 수 없지만 어떤 역사는 우리가 다시 쓸 수 있다.

차의 기원을 따라가는 것 또한 중국에서 시작되는 세계 일주에 가깝다. 차는 중국에서 차(茶)라고 부른다. 한국과 일본의 차는 물론 터키의 차이처럼 비슷한 발음으로 부르는 나라가 많다. 영어권에서는 티[tea]라고 부른다. 중국에는 만다린어로 차라고 부르는 지역 말고도 테[te]라고 부르는 푸젠성 같은 시역이 있었기 때문이다. 육로인 실크로드를 통해 차를 들인 나라는 차와 비슷한 발음을 받아들였다(러시아·아시아 전반·중동·북아프리카·남미의 일부 등). 반면 민난항에서 시작되는 해상 무역로를 통해 중국과 차를 교역한 나라는 티라고 불렀다(서유럽·북미·남아프리카·오세아니아·인도차이나 일부·말레이시아·인도네시아 등). 인도는 두 무역로가 열려 있던 나라라 북부와 남서부에서는 차이라고 부르고, 남동부의 타밀족 사이에서는 티(theneer, ti)[256]에 가깝게 부르는 문화가 있다.[257] 나는 때때로 사실보다 의식에 마음이 기운다. 그것이 비록 사후적이고 기록된 역사와 무관한 해석일지라도. 콜카타에 사는 19세 대학생 키슈티는 둘의 차이를 이렇게 설명한다. "티는 음료예요. 차이는 문화고요."[258]

2017년 기준 아시아에서 차를 가장 많이 생산하는 나라는 중국이다(연간 2,460,000톤). 다음이 인도다(1,325,000톤). 그 뒤로 스리랑카·베트남·인도네시아·미얀마·방글라데시·

일본·태국·네팔·대만·말레이시아·라오스·한국이 이어진다.[259] 인도는 자국에서 생산된 그 많은 차의 약 80%를 소비한다.[260] 인도 차 위원회가 2007년 발표한 자료에 따르면 인도 인구의 약 64%가 차를 마신다. 차 소비량을 거의 무시할 수 있는 연령대는 인도 전체 인구의 25%를 차지하는 12세 미만이다. 차 소비 인구의 80%는 아침 식사 전에, 혹은 아침 식사로 차를 마시는데, 동인도에는 차를 "하루 중 아무때나" 마시는 것으로 간주하는 인구의 비율이 높다. 가정에선 차에 비스킷을 곁들이는 경우가 많지만 밖에선 차만 마시는 경우가 많다. 인도 가정에서 마시는 차의 80% 이상은 우유와 설탕이 들어간 전형적인 차이인데, 이는 북인도와 서인도에서 특히 선호되는 방식이다. 우유와 설탕 없이 차만 마시는 사람이 늘고 있다. 이는 건강에 대한 의식 개선과 녹차의 유행 등 라이프스타일의 변화와 관련이 있다. 차 소비량이 느는 시기가 있다. 축제 시즌과 겨울이다.[261]

보고서답게 형식과 문체는 딱딱하다. 하지만 그 내용 사이에 어떤 생생한 삶이 있는 것만 같다. 내가 듣고 보고 잠깐이나마 참여했던 인도의 일과와 크게 다르지 않은.

Chapter 4

다시 펀자브에 간다면

황제의 밥상

샤히 파니르
shahi paneer

파 니 르 를 띄 운 주 황 빛 카 레

◎ ◎ ◎ 샤히 파니르는 파니르를 넣고 만든 카레다. 대체로 토마토와 양파를 오래 끓이고, 크림·강황·고춧가루를 더하기 때문에 그레이비의 색은 주황색이다. 그레이비의 맛은 버터 치킨과 비슷하다. 토마토의 신맛을 적당히 잠재우기 위해 크림을 섞어 부드럽게 만들기 때문이다. 그런 뒤에 우유를 굳혀서 만든 파니르를 얹으면 완성이다. 버터 치킨이 그런 것처럼 샤히 파니르도 정말 맛있다. 로제 파스타가 그런 것처럼 토마토와 크림을 섞은 것이 맛이 없을 수가 없다.

토마토 양파 그레이비는 앞서 만난 라즈마 차왈이나 버터 치킨과 마찬가지로 토마토라는 현대 작물이 소개된 뒤로 오늘날 북인도에서 카레를 만드는 일반적인 방식이고, 어떤 사

샤히 파니르 shahi paneer

토마토와 크림 위주로 만드는 그레이비에 파니르를 올린 것이다. 샤히 파니르의 샤히는 로열과 의미가 같다. 왕을 뜻할 수도, 고급스러운 것을 뜻할 수도 있다. 그 이름에 걸맞게 묵직하고 맛이 좋은 카레다. 95루피.

식당정보 Satguru Dhabha | Ratan Lal Market, Kaseru Walan, Paharganj, New Delhi, Delhi 110055

람들은 샤히 파니르에 아몬드나 캐슈넛 같은 견과류를 갈아서 넣기도 하는데 이는 그보다 훨씬 오래된 무굴의 방식이다. 샤히 파니르의 샤히는 로열royal과 의미가 같다. 왕을 뜻할 수도, 고급스러운 것을 뜻할 수도 있다. 샤히는 고대 이란의 황제에게 주어진 이름인 샤Shah에서 온 표현이다. 한때 인도 땅을 통치한 무굴 제국에 그 이름으로 불린 왕이 있었고 오늘날에도 샤라는 성을 가진 무슬림이 많다. 한편 이 음식의 핵심 재료인 파니르의 어원은 페르시아어에 있다. 파니르는 오늘날의 이란과 그 주변 지역에서 치즈를 가리키는 여러 가지 표현 가운데 하나다.

이름의 기원이 몽고에 있는 무굴은 한때 인도 땅을 지배한 이슬람 정권의 이름이다. 그 제국은 영국의 점령으로 1857년 인도에서 막을 내렸지만 영향은 아직도 남아 있어서 여러 가지 상징적인 의미를 갖는다. 무굴은 인도 무슬림 문화를 설명할 때 늘 등장하는 역사적인 개념이다. 그 시대 왕족과 관련된 표현은 샤나 샤히처럼 화려한 수사가 되기도 한다. 한편 무굴은 한국어의 '조선 시대'나 '고릿적' 같은 표현으로 쓸 수도 있다. 여러 인도 영화와 드라마에서 뒤떨어진 사람에게 이렇게 눈치를 주는 장면이 곧잘 나온다. "지금이 무굴 시대인 줄 알아?"

오늘날 인도의 밥상도 무굴과 매우 밀접하다. 그 음식은 짧게 말하면 '무굴라이 퀴진'이라는 용어로 요약될 수 있고, 조금 더 길게 말하자면 다음과 같다.

무굴 제국으로

북인도에는 무굴라이 음식을 한다고 간판에 써둔 식당이 많다. 치킨과 머튼 요리를 취급하는 논베지 식당이 대체로 그렇다. 딱 무굴라이 음식만 하는 전문점은 못 봤다. 그런 식당이 있다기에 메뉴판을 뒤져봤더니 역시 다른 음식도 같이 하고 있다. 북인도 식당은 세계의 압축판인 경우가 많다. 전형적인 북인도 및 남인도 음식 외에 볶음밥·파스타·케밥·티카가 메뉴판에 다 있다면 아마 그 식당은 입구부터 차이니즈·이탈리안·무굴라이·아프가니스타니 같은 키워드로 어지러울 것이다. 그런 식당이 내놓는 중식과 양식은 경우에 따라 객을 조금 실망시킬 수 있지만, 무굴라이 음식은 인도에서 이국적인 것이 아니다. 그건 인도 아대륙에서 먼 옛날 힌두교와 이슬람교 문화가 만난 역사의 산물이다.

이슬람력(Islamic calendar)에 따르면 서기 2020년은 헤지라hegira 1441~1442년이다. 헤지라는 이주를 뜻한다. 인류를 인도하기 위해 보내진 마지막 선지자 마호메트Prophet Muhammad(570~632)가 포교를 지속하기 위해 메디나로 달아난 날을 원년으로 보는 것이다(622년 9월 20일). 그가 도주한 까닭은 포교 활동을 하다가 박해를 받아서였고, 박해를 받은 까닭은 신자 간의 평등을 주장했기 때문이다. 그 종교는 이슬람교다. 마호메트가 아랍인들 사이에 만연한 우상 숭배 문제, 이로 인한 분열 문제를 해결하기 위해 기독교와 유대교를 참고해 만든 종교다. 이슬람 세력은 마호메트 사후부터 본격적인 이교도 정복을 시작해 8세기에 이르러서는 아라비아 반도를 축으로 중앙아시아·서인도·이베리아 반도·북아프리카에 걸친 이슬람 대제국을 건설했고, 8세기 중엽에는 어느 땅에 살든 누구나 신 앞에서 평등하다는 사상을 토대로 아바스 왕조를 세웠다. 지금은 한쪽 성별에게는 없는 평등이지만.

영국인 역사학자 H. G. 롤린슨은 아랍인 무슬림의 최초 이동은 7세기 인도 아대륙이었다고 주장한다. 그들은 계절풍(monsoon)처럼 매년 일정하게 나타나는 상인이었다.[262] 장마철이면 배를 타고 캘리컷Calicut(지금의 케랄라 코지코드), 마드라스Madras(지금의 타밀나두 첸나이), 코칸Kokan(마하라슈트라 뭄바이와 주변 지역) 등 해안가에 찾아와 향신료와 대추를 팔았고, 철이 바뀌면 다른 거래처인 아프리카 대륙으로 떠났지만 유랑에 지쳤거나 사랑을 발견한 일부는 집으로도 다른 땅으로도 돌아가지 않았다. 인도에 정착했고 결혼을 했으며 사원을 짓고 이웃의 개종에 일조했다. 힌두교도는 여러 신을 믿지만 무슬림은 유일신 알라에 복종한다. 카스트를 따르는 힌두교는 카르마(불교의 업보와 비슷한 개념)와 사후 세계를 믿지만 기독교와 같은 하늘 아래 있는 이슬람교는 평등주의를 기반으로 하면서 심판의 날, 천국과 지옥의 개념을 가르친다. 지극히 상반된 종교 철학에도 불구하고 무슬림이 힌두교도의 땅에 처음 도달한 7세기엔 긴장과 갈등에 대한 기록이 없다고 한다.[263] 오히려 그 이방인의 교리는 일부 원주민의 인생관을 바꿀 수 있을 만큼 호소력이 강했다. 이를테면 카스트가 낮은 사람들에게. 아랍어로 쓰인 이슬람교의 경전 『코란』은 지금까지도 번역본을 인정하지 않는 문화가 있긴 하지만 가장 먼저 페르시아어로 번역되었고(7세기) 그다음은 힌디어였다(9세기). 인도는 그들에게 수학을 가르쳤다. 이것이 아랍 상인이 서구 사회에 전한 아라비아 숫자의 기원이다. 보다 공정하게 말하자면 '인도-아라비아 숫자'다.

평화는 곧 깨졌다. 8세기 초에는 신드Sindh(현 파키스탄 남부)에 도착한 아랍 무역선이 해적으로부터 약탈당했고, 712

년에는 아랍이 인도에 군사를 보냈다. 인도 이슬람 권력의 역사는 델리 술탄조(1206~1526)로 시작해 무굴 제국(1526~1857)에서 절정을 이룬다. 페르시아어를 쓰는 지배 계급과 행정 엘리트가 인도 사회를 장악한 시기, 지역 사회는 여전히 힌두교도가 다수였지만 둘의 문화는 차차 섞였다. 무굴 제국의 세 번째 황제 악바르 대제(재위 1556~1605)의 주요 업적은 중앙 집권적 관료제 정비 말고도 힌두교도 차별을 통제한 정책으로 평가된다. 15세기 말 구루 나낙(1469~1539)이 창시한 시크교는 힌두교와 이슬람교의 이상을 절충한 결과다. 오늘날의 힌디어 사용자는 우르드어(파키스탄의 공식 언어로, 인도의 무슬림 밀집 지역에서도 사용된다) 사용자와 대화가 가능하다. 힌디어엔 산스크리트어 단어가, 우르드어엔 페르시아어와 아랍어 단어가 많으며 표기 방식에도 차이가 있지만 문법이 같아 회화를 방해할 정도는 아니라고 하는데, 우르드어도 무슬림이 인도의 행정을 장악했던 시절에 나온 것이다. 예술과 건축도 빼놓을 수 없다. 연간 700~800만 명이 다녀가는 타지마할은 이슬람 양식의 미학으로 손꼽히지만 수많은 힌두교도의 길고 고된 노동이 없었다면 불가능했을 시공이다.

그 풍요로운 제국의 주방에선 중동에서 온 수백 명의 요리사가 일했다지만 음식 자체도, 음식을 만든 사람도 아닌 그 호화로운 음식을 먹은 인간이 늘 이런 역사의 주인공이다. 대상을 잘 이해하려면 역사를 볼 필요가 있는데, 어느 시대 연구나 마찬가지긴 하겠지만 무굴 제국의 왕조를 둘러싸고 축적된 방대한 지식과는 달리 계급 불문으로 생존과 가장 밀접한 물질문화인 음식은 과소평가된 구석이 있다. 그건 타지마할처럼 오랜 세월 땅에 박힌 것이 아니며 문자보다 행위로 먼저 전수되기 때문일까, 아니면 무엇을 먹었느냐 이전에 굶지는 않았나를 먼저 따져봐야 하는 다수의 비극 때문일까. 왕실이라는 통제된 조건에서 나온 요리라면 그래도 사정이 낫다. 그건 역사를 알고 요리를 아는 지식인이 결국 캐내고야 마는 사실이다. 고대 이란 역사 연구가이면서 요리 역사가이기도 한, ITC 호텔 체인의 컨설턴트 경력도 있는 살마 후세인은 적임자 가운데 하나다. 뉴델리를 중심으로 활동하면서 여러 권의 책을 썼는데 대부분 인도-페르시아 음식 역사 연구서와 레시피 모음집이다.

살마 후세인이 최근 번역한 『무굴의 향연(The Mughal Feast)』(2019)은 무굴 제국의 다섯 번째 황제인 샤 자한 Shah Jahan(재위 1628~1658)의 궁중 주방에서 나온 200여 가지 레시피를 모은 것이다. '샤 자한의 레시피(Nuskha-e-

Shahjahan)'라고 불리는, 여기저기 원고 형태로 흩어진 궁중 요리 기록 가운데 영국의 한 박물관이 소장하고 있는 일부를 발견하고 영어로 옮겼다. 책을 출간한 뒤로 살마 후세인이 샤 자한 왕실 요리의 특징으로 거론한 것에 따르면 재료는 풍부했지만 요리는 무겁지 않았고, 요리사들은 하킴hakim(왕실 의사)과 상의했기 때문에 건강한 요리가 나왔다. 물은 갠지스강에서 가져온 것과 빗물을 섞어서 썼다. 대부분의 고기 요리는 머튼 중심이지만 치킨도 있고 드물게는 거위가 있었으며, 육질을 연하게 만들고 신맛을 더하기 위해 요구르트를 썼고 견과류를 갈아 그레이비를 만들었다. 향신료와 허브는 비교적 적게 사용됐고(생강·고수·계피·후추·정향·사프란), 과일은 말린 것부터 신선한 것까지 디저트 말고도 요리에 두루 사용됐다. 음식의 시각적인 요소 또한 중요시했기 때문에 풀라오를 만들 땐 색과 빛을 입히기 위해 석류와 바크vark(지금도 인도 아대륙에서 디저트를 만들 때 사용하는 식용 은박지)를 썼다.[264]

넷플릭스 다큐멘터리 「길 위의 셰프들」은 왕이 먹던 그 고급스러운 음식이 어떻게 오늘날 우리의 밥상으로 이동했는지를 잘 보여준다. 1857년 무굴 제국은 영국으로 인해 붕괴된다. 제국의 멸망으로 일자리를 잃은 사람들 가운데에는 왕실의 요리사도 있었고, 그들 일부는 델리로 가서 자립을 모색했다. 앞서 머튼 항목에서 만난 올드 델리의 카림스도 그중 하나였는데, 개업과 함께 처음 선보인 것은 시크 케밥과 머튼 코르마였다.[265] 황제의 밥과 우리의 밥이 이제는 동등할지언정 똑같지는 않다. 당시에 쓴 재료 가운데에는 오늘날의 인도 사람들을 먹여 살리는 토마토·감자·고추가 없다. 이들은 16세기 이후 포르투갈과 영국을 통해 들어왔으니 당연한 것이다. 또 다른 차이는 조리에 들이는 노동과 비용의 스케일이다. 가축도 왕처럼 먹었다. 각종 향신료를 먹다가 갔다. 거위 요리를 할 땐 네 시간 동안 땅에 묻었다가 백단향을 입혔다(요새 인도에선 백단을 화장품 재료로 많이 쓴다).

반면 어떤 번거로운 왕실 조리법은 지금까지 지속된다. 보통 덤dum이라고 부르는 덤 푸크트dum pukht가 대표적이다. 찜이다. 재료의 수분이 날아가지 않도록 밀폐해 오래 익히는 것이다. 냄비 뚜껑 대신 밀가루 반죽을 씌워서, 혹은 뚜껑과 냄비 사이의 틈에 밀가루 반죽을 붙여 밀봉한 뒤에 약불에 올리는 경우가 많다. 넷플릭스 다큐멘터리 「셰프의 테이블」을 참고하는 것이 좋겠다. 런던 다르질링 익스프레스의 오너 셰프 아스마 칸은 밀가루 반죽을 냄비에 붙여 비르야니를 만들면서 말한다. "제가 만드는 비르야니는 덤 비르야니라고 해요. 덤은 찐다(steam)는 뜻이죠. 맨 밑에 고기를 깔고 감자와 쌀을 얹은 다음 반죽으로 틈을 메워요. 그럼 내 손을 떠나죠. 볼 수도 없고 어떻게 되는지 알 수가 없어요. 잘되길 믿고 기다려야죠." 또 다른 셰프 비벡 싱도 동의한다. "이 요리는 실패할 여지가 너무 많아요. 요리를 업으로 한 지 25년이 된 저도 진땀이 나는 요리입니다."[266] 그 고생과 긴장의 결과는 먹는 사람이 누리는 잠깐의 즐거움이다.

잘 먹었다고 잘 먹여 살릴 수 있는 것은 아니다. 샤 자한이 재위한 지 2년이 지났을 때 왕실 바깥에서는 비명이 쏟아졌다. 서인도와 남인도를 초토화한 흉년이 3년간 지속됐다. 인도 역사상 가장 파괴적인 기근으로 손꼽히는 데칸 기근(Deccan famine of 1630-1632)으로 약 740만 명이 사망했다고 쓴 익명 보고서가 있다. 네덜란드 동인도회사의 기록보관소가 1887년 공개한[267] 해당 보고서가 대기근의 원인으로 추정한 것은 샤 자한 부대의 배급 식량 수요와 가뭄이다.[268] 곳곳에서 마을이 무너졌다. 잔혹하게도 개가 먼저 인간의 먹이가 됐다. 채식을 하는 힌두교도들이 동물의 살을 취하고 뼈를 갈아 밀가루와 섞어 먹는 것으로 겨우 목숨을 연명했다. 거리는 시체로 가득했고 어떤 부모는 제 아이를 먹었다. 이때 활용한 대안이 란가르다. 시크교가 만든 공동 주방이자 샤 자한 정권이 기근의 희생자들을 구제하기 위해 지원한 것이다.[269] 동북쪽엔 없던 보릿고개였을까. 샤 자한의 권능을 보여주는 아그라의 타지마할은 재앙의 끝 무렵에 건설이 시작됐다(1632~1653). 짓는 데만 21년이 걸린 타지마할은 다섯 아내 가운데 그가 유일하게 사랑한 뭄타즈 마할의 거대한 무덤이다.

그로부터 20여 년이 흘렀을 때 샤 자한은 병에 걸렸다. 뭄타즈 마할의 8남 6녀 중 샤 자한이 가장 신뢰한 장남 다라 시코가 잠깐 섭정을 맡았고, 이에 적개심을 느낀 형제들이 계승 전쟁을 벌인 끝에 셋째 아들 아우랑제브가 무굴 제국의 여섯 번째 황제(재위 1658~1707)가 되었다. 샤 자한은 완쾌됐지만 아우랑제브는 아버지가 통치할 능력이 없다고 선언하고 아그라의 요새로 보내 고립시켰다. 타지마할만 바라보면서 여생을 버틴 샤 자한은 1666년 72세로 사망했는데, 아들에게 권력을 빼앗기고 8년간 감금된 그를 죽을 때까지 돌본 사람은 첫째 딸 자하나라 베굼이다. 전설에 따르면 황제가 된 아우랑제브는 육식보다 채식을 즐겼고, 가택 연금된 무능한 아버지의 호화로운 밥상을 탐탁지 않게 여기고는 한 가지만 먹을 것을 명했는데 샤 자한은 병아리콩을 골랐다.[270] 여러 가지 음식을 만들 수 있는 재료라는 요리사의 조언을 받아들인 것이다. 인도 사람들은 그 덕분에 지금까지 다양한 병아리콩 요리를 먹을 수 있다고 믿는다.[271] 병아리 콩이 아니라 달이었다는 설도 있다. 약삭빠른 요리사가 권세를 잃은 왕에게 요리하기 편한 것을 선택하도록 유도한 것이다.[272]

수라상에서 도시락으로

"마니Mani와 자인Zain은 어린이집부터 초등학교 6학년까지 함께한 절친입니다. 둘은 같이 놀고, 점심도 같이 먹습니다. 함께 도시락을 여는 시간에 자인은 마니의 어머니가 만든 도사와 이들리를 맛있게 먹습니다. 마니는 자인의 어머니가 싸준 샤히 파니르와 세와이얀sewaiyan(세몰리나와 우유를 끓여 만드는 디저트)을 좋아합니다. 자인은 펀자브 출신 무슬림이고, 마니의 부모는 타밀나두 출신의 브라만입니다. 자인은 케밥을 도시락으로 싸 가지 않습니다. 함께 밥을 먹는 마니가 베지이기 때문입니다. 둘은 집에서는 다른 언어를 쓰지만 학교에선 똑같이 영어와 힌디어를 쓰며 함께 만화를 보고 축구를 합니다."[273]

이 귀여운 이야기는 인도 어느 학교에서 쓰는 6학년(만 11

세) 사회 교과서 가운데 '다양성의 이해' 장에 실린 내용이다. 책은 다양성의 개념을 설명하기 위해 똑같이 교복을 입고 등교하는 한 반 친구가 생김새가 다를 수도 있고 집에서는 다른 언어를 쓸 수 있으며, 누군가는 크리켓 놀이를 좋아하고 누군가는 노래 부르기를 좋아할 수 있다면서 그 예로 마니와 자인의 이야기를 들려준다. 그 다양성이 인도를 구성하고 나아가 사회 발전의 토대가 된다는 서론 뒤에 이어지는 서술은 시험에 나올 법한, 각 지역의 역사·경제·사회 관련 상식과 이를 복습하는 퀴즈다. 이런 차이를 암기하는 것 말고도 차별에 대해서 토론하는 시간이 주어진다면 참 좋겠다. 그런 교육과 고찰이 쌓이고 쌓여 인도발 최신 뉴스를 검색하면서 종교·테러·사망자 같은 키워드를 보고 슬픔에 잠기는 일도 사라진다면 참 좋겠다. 이제 와서 교과서와 거리를 좁혀 보니 생각보다 참고할 것이 많다. 음식을 따라가다 보니 사회 이해가 필요해진 입장에서 보다 깊게 들여다보고 싶어지는 부분도 있다. 이를테면 자인의 도시락 같은 것.

지문 속 자인이라는 캐릭터의 지역적 배경은 펀자브고, 종교적 배경은 이슬람이다. 그런 배경에서 준비되는 도시락 메뉴의 하나로 샤히 파니르를 설정한 것은 아주 적절해 보인다. 샤히 파니르의 토마토 양파 그레이비는 펀자브의 전형적인 조리법이다. 인도 토마토의 역사는 그리 길지 않다. 식민지 시절에 영국이 들인 것이다. 이제는 토마토 없는 식단을 상상하기 어려운 중동도 마찬가지다. 페르시아어로 토마토(gojeh farangi)는 양배추와 비슷한 표현으로, 외국 자두(foreign plum)를 뜻한다. 중동에 머물던 18~19세기 영국 영사가 처음 심었다고 한다. 샤히 파니르에는 토마토 말고도 파니르가 들어간다. 한 인도 요리 연구가는 베다 문헌(기원전 1000 전후)에 파니르와 유사한 것이 언급된다고 주장하지만 이를 요구르트로 보는 시각 또한 있을 만큼 인도의 파니르는 논쟁적인데,[274] 파니르를 먹는 땅은 인도 말고도 많다. 똑같은 이름으로 불리는 유제품은 이슬람 세력이 다녀간 곳마다 대부분 있다. 설령 재료 선정과 조리법 전부를 인도 원주민의 방식이 원조라고 양보해도, 결정적으로 샤히 파니르의 샤는 이슬람 왕조를 통해 인도 땅에서 인식되기 시작한 이름이자 개념이다. 결국 이름이라는 정체성이 무굴에 있는 샤히 파니르는 이슬람 문화, 그리고 그와 지리적으로 가장 가까운 북인도 문화가 섞인 결과로 보인다는 것이다.

샤히는 제국의 왕실에서 온 표현이지만, 샤히 파니르는 그 왕실의 주방에서 나온 요리일 수 없다. 주재료인 토마토가 인도에서나 중동의 이슬람 문화권에서나 현대 작물이기 때문이다. 사실적이지 않은 것은 이야기가 된다. 첫 번째 샤히 파니르에 대한 기록은 없지만 전설은 있다. 무굴 제국의 요리사가 말라이 코프타malai kofta를 준비하다가 벌어진 일이다. 코프타는 완자 튀김이고, 말라이는 우유를 끓였을 때 생기는 지방층이다. 말라이를 넣고 만든 그레이비에 파니르와 으깬 감자를 빚어서 튀긴 것을 올리면 말라이 코프타가 완성된다. 멀티태스킹으로 바빴던 궁중 요리사는 황제가 먹을 말라이 코프타의 그레이비에 파니르 한 조각을 떨어뜨리는 실수를 하고 만다. 순간 잔뜩 겁을 먹었지만 마음을 다스리고 나서 맛을 봤더니 의외로 괜찮아서 실험적으로 수라상에 올렸고, 왕도 좋아하는 고정 메뉴가 됐다는 게 이 전설의 전말이다.[275] 왕의 실제 밥상이 아닌 19~20세기 이후 북인도에 나타났을 이 음식을 마니나 자인 같은 오늘날의 아이들이 거부하긴 어려울 것이다. 여기엔 아이들에게 강요되는 콩이나 푸른 야채가 들어가지 않는다. 인도에서 파니르 싫어하는 아이는 거의 없고, 그레이비는 크림 덕분에 묵직하고 부드럽다. 한 유튜버는 레스토랑 스타일로 '실키한' 그레이비를 만들려면 각 재료를 끓여 블렌더로 곱게 간 뒤에 체에 걸러 내라는 팁을 준다.[276]

기록된 음식 역사를 추적한 여러 학자들 덕분에 무굴

의 음식은 유형화되고 개념화되어 '무굴라이 퀴진' 혹은 '무갈 퀴진Mughal cuisine'으로 통한다. 이를 연구한 한 박사에 따르면 세련된 소비자 집단을 대상으로 하는 일련의 요리 관행이 있었고, 맛에 대한 공통적인 이해를 바탕으로 조리법을 공식화할 수 있었기에 무굴의 음식은 '퀴진'의 엄격한 의미에 부합한다.[277] 그러나 오늘날 북인도에서 무굴라이 퀴진의 소비자는 특정하고 세련된 사람이 아니다. 라즈마나 달 같은 식물성 그레이비보다야 조금 비싸지만 다바에 가면 먹을 수 있는 것이다. 음식에 대한 인식도 전과 같지 않다. 그건 이름을 떠올리는 순간부터 육중한 고기와 지나치게 많은 양념이 그려지는 탐욕의 음식이다.[278] 뉴델리 식당 무갈나마Mughalnama의 운영자는 밀레니얼 고객의 선호를 충족할 수 있도록 기름·버터·향신료를 덜 써서 음식을 만든다는 것을 강조한다.[279] 정작 무굴 제국에선 의사까지 참여해 밸런스 있는 식단을 꾸렸다지만 현대 인도에서 무굴라이란 맛은 있으되 자극적이고 살찌는 음식으로 여긴다는 것이다. 왕실의 음식은 아니지만 그만큼 고급스럽다고 여겨 왕의 이름을 붙인 샤히 파니르도 마찬가지다. 베지 메뉴인데도 꽤 묵직했다. 만들면서도 똑같이 느꼈다. 가벼운 음식이 아니다.

손은 좀 가지만 만들기 어려운 음식은 아니다. 재료도 절반 이상은 구하기 쉽다. 일단 파니르가 있어야 한다. 북인도 일부 식당은 파니르를 치즈라고 부르기도 하지만, 치즈를 더 많이 소비하는 서양의 기준을 따르자면 파니르는 발효 과정이 없기 때문에 치즈와 성격이 다른 것으로, 혹은 비숙성 치즈인 코티지치즈로 분류된다. 묵히는 작업이 필요하지 않으니 집에서도 금방 만들 수 있다. 부글부글 끓는 우유에 레몬즙이나 식초를 조금 넣으면 하얀 커드와 유청이 분리되는데, 막 나온 커드는 순두부처럼 흐물흐물하니 면포에 올려 유청을 빼고 두부처럼 굳히면 된다. 샐러드에 얹어 먹는 이탈리아의 리코타 치즈를 만드는 방법과 같다.

차이가 있다면 리코타 치즈는 우유 외에 크림과 설탕 및 소금을 써서 맛을 보다 풍성하게 만드는 것이 권장되지만 파니르는 간단하게 우유와 레몬즙만 쓴다는 것이다. 카잘은 인도에선 레몬이 싸니까 레몬을 쓰고 한국에선 식초를 쓰는데, 어떤 지역에선 요구르트에서 나온 유청을 쓴다고 한다. 무엇이 되었든 우유를 굳힐 수 있는 산 성분을 쓰면 된다. 간이 없기 때문인지 북인도에서 파니르는 신선한 재료처럼 인식된다. 카레로 먹을 땐 감자나 고기 대신에 그레이비에

샤히 파니르shahi paneer

샤히는 제국의 왕실에서 온 표현이지만, 샤히 파니르는 그 왕실의 주방에서 나온 요리일 수 없다. 주재료인 토마토가 인도에서나 중동에서나 현대 작물이기 때문이다. 65루피.

식당정보 Green Chilli Dhaba | S.C.O, 55, Pakhowal Rd, Feroz Gandhi Market, Jila Kacheri Area, Model Gram, Ludhiana, Punjab 141001

띄운다. 야채와 함께 꼬치에 끼워 마살라를 바르고 탄두르에 구우면 맛있는 파니르 티카가 완성된다. 작게 썰어서 밥이나 면을 볶을 때 넣기도 한다. 별 맛이 없어 양념이 늘 필요하기 때문에 누군가는 파니르야말로 인도에서 가장 과평가된 재료라고 말하기도 한다.

파니르든 리코타 치즈든 따뜻할 때 더 맛있다. 막 만들었을 때다. 좀 됐다가 샐러드에 쓰려고 했는데 만들자마자 맛봤더니 "막 나온 두부처럼" 맛있어서 그 자리에서 다 먹고 말았다는 한 블로거가 떠올랐다. 오래전에 내가 처음으로 리코타 치즈를 만들어보려고 검색하다가 발견한 귀여운 글이다. 시간이 흘러 그와 비슷한 파니르를 검색하다가 자신을 "참을성 없는 10대"라고 회상한 글을 봤다.[280] 파니르 심부름을 다녀오는 길을 그렇게 묘사한 것인데, 당장 먹고 싶었다는 뜻이다. 루디아나에서 함께 있을 때 카잘이 갓 나온 파니르를 사 온 날이 있었다. 따뜻하고 부드러워 과연 자제력을 빼앗는 맛이었다. 그러나 요리에 쓰려면 좀 참는 게 좋다. 좀 굳어야, 혹은 냉장고에 식혀둬야 자르기도 수월하고 음식에 넣었을 때 모양이 훼손되지 않는다. 이렇게 파니르를 직접 만들고 인내심까지 발휘하는 동안 여기가 인도라면 냄비에 우유를 끓일 일도 면포를 빨고 말릴 일도 없을 텐데 싶어졌다. 만드는 사람도 물론 있지만 사서 쓰는 사람도 많다. 그건 동네 유제품 전문점에 가면 우유·요구르트·라씨·마칸·기 등과 함께 항상 있을 만큼 흔한 것이니까. 여행을 끝내고 서울로 돌아온 나로서는 요리 하루 전에 준비하는 게 보다 현명한 일이다.

유튜브 레시피[281]를 참고해 그레이비를 만들었다. 팬에 기름과 각종 향신료를 넣고 볶다가 양파와 토마토를 넣으면 된다. 인도 카레 레시피 대부분은 기름에 각종 향신료를 볶는 것으로 시작하는데, 이건 알리오 올리오를 하면서 올리브 오일에 마늘부터 볶는 것, 백종원 대표가 이런저런 요리를 하면서 가장 먼저 파기름을 만드는 것과 비슷하게 느껴진다. 기름부터 향긋해야 음식 맛이 좋아진다는 걸 아는 현자가 각 대륙마다 있었던 것이 분명하다. 덕분에 작은 주방이 인도 향으로 꽉 찼다. 인도 사람들이 쓰는 향신료의 절반밖에 안 넣었는데도. 나는 정향과 팔각 등을 생략하고 커민·월계수잎·시나몬·카다멈·통후추만 썼다. 가장 일을 많이 하는 친구는 커민으로 느껴진다. 다른 걸 다 빼고 커민만 넣어도 얼추 인도의 향이 난다. 그런데 이어서 양파와 토마토를 넣자 어떤 기시감이 들었다. 이건 내가 손님 오는 날에 토마토소스를 만드는 과정과 같지 않은가. 어디서든 재료를 음식으로 발전시키는 발상이란 비슷한 것일까. 물론 명백한 차이도 있다. 이런 재료를 써서 비슷하게 요리해도 이런 강렬한 향이 나는 음식은 인도와 그 주변에만 있는 것이다.

저마다 그레이비를 만드는 방식이 다르다. 카잘은 샤히 파니르의 그레이비를 만들 때 토마토와 양파 외에 포피 시드poppy seed를 쓴다. 양귀비의 씨앗이다. 양귀비는 꽃을 피우고 열매를 맺었을 때 환각 성분을 추출할 수 있지만 씨앗만 먹었을 때는 '그 효과'가 거의 없다. 유럽에서는 예로부터 지금까지 베이킹의 재료로 많이 쓴다. 북미에서도 포피 시드 머핀을 많이 먹는다. 서구 이상으로 많이 먹는 나라가 인도다. 다만 활용하는 방법이 다르다. 씨앗 성분의 40% 이상이 지방이라서 기름을 짜서 쓰기도 한다. 향이 강하지 않아서 말려서 그레이비의 재료로 쓰기도 하는데, 몸을 차게 해주는 효과가 있다고 믿어서 더운 지방에서 많이 먹는다. 포스토 치킨posto chicken과 포스토 알루posto aloo는 포피 시드에 각각 치킨과 감자를 섞어 만든 벵골 요리다. 펀자브 사람인 카잘은 포피 시드와 치킨을 그리 이상적인 조합이라고 생각하지 않는다. 둘 다 느끼한 재료이기 때문에 치킨 대신 감자를 써야 맛의 균형이 산다고 여긴다. 궁금하지만 나로서는 구하기 좀 어려운 것이니 건너뛸 수밖에.

토마토가 뭉근해지자 유튜버의 지시대로 블렌더로 갈고 체에 걸러 고운 그레이비를 만들고는 요구르트와 크림, 그리고 강황을 넣었다. 이걸 하려고 강황을 사러 나갔다. 집 앞에 중국 식료품 전문점이 있어 거기부터 가봤지만 없다고 한다. 예상과는 달리 강황은 동네 슈퍼마켓에 있었다. 그것도 매우 친숙한 오뚜기 라벨을 달고서. 성분 표시를 보니 100% 인도산이다. 밥 지을 때 쓰고 생선 구울 때 쓰라는 친절한 가이드도 있다. 어쩐지 중국은 한국보다 강황을 더 먹을 나라일 것 같아서 이런 쇼핑 코스를 밟은 것인데, 인도 카레에 있는 심황(강황과는 다른 것이지만 비슷하게 생겼다) 성분이 코로나 바이러스 감염을 예방해준다는 루머 때문이었을까. 사실은 알 수 없고, 내가 사는 나라가 의외로 강황 강국이라는 뜬금없는 발견만 했을 뿐이다.

오뚜기 강황은 일을 잘했다. 토마토와 양파, 유제품으로 구성된 그레이비에 쨍한 노란빛을 입혔다. 그러나 샤히 파니르의 그레이비는 주황색이다. 곱게 간 카슈미르산 고춧가루(매운맛은 고춧가루치고 약하지만 색을 입히기에 좋은 재료다)를 써야 그 색이 나온다는데, 당장 구하기 쉽지 않아 파프리카 가루로 얼버무렸지만 인도산 고춧가루만큼 강렬한 색을 내진 못했다. 결국 완성된 것은 노란 샤히 파니르다. 수제 파니르를 띄우기는 했지만 인도 사람이 보면 절대로 샤히 파니르라고 말할 수 없는 것. 이틀에 걸쳐 만들었지만 오뚜기 카레와 비슷해 보이는 것이다. 밀전병까지 할 엄두는 안 나서 식빵만 몇 장 구웠다. 인도 사람 누구도 그런 방식으로 샤히 파니르를 먹지 않는다. 난이나 로티랑 먹는다. 샤히 파니르는 후예들 사이에서 나왔지만 난은 무굴 제국의 황제들이 호의호식하던 시절에도 먹던 것이다.

망한 카레라고 단정하지 않으려고 한다. 원본의 가치는 불변이되 해석마저 의미 없는 일이라고 생각하고 싶지는 않다. 원조와 많이 다르긴 해도 토마토와 묵직한 크림이 만났는데 맛이 없을 수는 없다. 나의 카레와 카잘의 카레가 같을 수는 없다. 인도 카레를 모방한 일본 카레가 인도의 것과 같을 수 없고, 그걸 토대로 만든 한국 카레 또한 요소가 비슷한 것이지 결과가 같지는 않다. 보다 쉽게 손에 잡히는 재료로, 이국의 맛과 향을 수용 가능한 범위로 조정한 결과가 아닐까 생각한다. 세상 모든 카레가 똑같다면 나는 애초에 인도 음식에 호기심을 갖지도 못했을 것이다.

나는 샤히 파니르를 파고들면서 우리는 어린 날부터 이런 차이에 대해서 배워왔다는 걸 새삼 알게 되었다. 차별이 아닌 차이를 인식할 때 우리는 앞으로 조금 더 나아갈 수 있다는 것도. 마니와 자인이라는 친구를 소개한 인도의 6학년 사회 교과서를 다시 열고자 한다. "다양성은 삶의 양념과 같습니다. 똑같은 일을 하고, 똑같은 음식을 먹고, 똑같은 책을 읽고, 똑같은 옷을 입는다면 삶은 매우 지루할 것입니다. 모두가 다른 것을 추구했기 때문에 우리는 발명품을 만들었고 새로운 땅을 찾았습니다."[282]

일요일의 아침

촐레 바투레
chole bhature

- -
병 아 리 콩 과   도 톰 한   밀 전 병

◎ ◎ ◎ 한동안 매주 일요일 아침마다 촐레 바투레를 먹으러 나갔다. 촐레와 바투레는 세트다. 촐레는 펀자브어로 병아리콩이자 병아리콩으로 만든 음식이다. 바투레는 로티보다 훨씬 도톰하고 푹신하고, 로티를 튀긴 푸리만큼이나 기름진 밀전병이다. 이것이 펀자브 사람들의 일요일 아침 식단이라고 하기에 나도 매번 따라해본 것이다. 여기에 라씨까지 곁들이면 더 완벽한 밥상이 된다. 그건 촐레 바투레를 하는 식당이라면 어김없이 갖추고 있는 것이다. 정석대로 먹는 것을 권하고 싶어진다. 맛있지만 좀 느끼한 바투레가 새콤달콤한 라씨 덕분에 쑥 내려간다.

일요일을 펀자브 사람처럼 보내는 것은 어려운 일이 아니었다. 델리·루디아나·암리차르까지 북인도 어딜 가든 촐레 바투레만 하는 식당은 금방 눈에 띄었고 어딜 가나 일요일 아침이면 입구부터 주차된 오토바이로 붐볐다. 여기서 아침이란 여덟 시부터 열한 시까지를 말하니 사실 브런치에 가깝다. 언젠가 적은 것처럼 인도의 점심은 두세 시 이후부터 시작된다. 한편 어떤 다바에서는 '선데이 스페셜'로만 촐레 바투레를 했다. 그런데 왜 일요일일까. 왜 아침일까. 인터넷으로 만난 여러 북인도 사람들은 일요일 아침을 촐레 바투레와 그저 묶기만 할 뿐 아무도 명확한 이유를 설명해주지 않았다. 누구도 의문을 느낄 수 없을 만큼 그냥 몸에 오래 익은 습관이라는 뜻일까.

현실의 북인도 친구에게 물었다. 왜 펀자브 사람들은 일요일 아침마다 촐레 바투레를 찾을까. 카잘은 기름진 바투레 때문이라고 생각한다. 인도 사람들이 아무리 튀김이나 부침을 좋아해도 보통 간식으로 먹지 매일 아침부터 찾지는 않는다. 하지만 일요일은 예외가 허용되는 날이다. "아침부터 기름진 걸 먹으면 몸이 무겁잖아요. 먹고 나면 졸리고요. 평일엔 그럴 수 없죠. 일을 못 하니까요. 일요일은 그래도 괜찮지 않나요? 아침 넉넉하게 먹고 푹 자도 되잖아요." 인도는 일반적으로 주 6일 근무를 한다. 야시의 루디아나 사업장에

촐레 바투레|chole bhature

촐레와 바투레는 세트다. 펀자브 사람들의 일요일 아침 식단이다. 여기에 라씨까지 곁들이면 더 완벽한 밥상이 된다. 촐레 바투레를 하는 식당이라면 어김없이 갖추고 있는 것이다. 탈리 80루피, 라씨 50루피.

식당정보 Oberoi Special Chana Bhatura | Surya Shopping Arcade, 1-LGF, National Rd, Bhai Wala Chowk, Ghumar Mandi, Ludhiana, Punjab 141001

서 일하는 직원들도 일요일이면 다 쉰다. 카잘은 그런 이유에서 일요일 아침에 펀자브 사람들이 마음 편하게 촐레 바투레를 먹는다고 생각한다. 다른 펀자브 친구에게 묻는다면 다른 답이 나올지도 모른다.

병아리콩 천국

한국에서 병아리콩이 백태나 흑태만큼 흔하지는 않지만 그래도 마트에 가면 늘 있다. 렌틸과 함께 뉴요커 같은 사람들이 먹는 건강한 작물이라 소개된 뒤로 벌크로 파는 것도 봤고, 몇 시간 불렸다가 밥에 넣고 지으라는 다분히 한국적인 가이드라인을 겉면에 붙여둔 상품도 봤다. 나도 몇 해 전에 처음 사봤다. 하룻밤 동안 불리고 삶아서 뉴요커처럼 샐러드에 넣었고, 올리브오일 잔뜩 넣고 갈아서 중동에서 많이 먹는 소스인 후무스hummus도 했다. 자주 먹기엔 좀 번거로웠다. 유럽과 북미에서 많이 먹는 통조림과 달리 마른 병아리콩은 꽤 딱딱하다. 크기가 좀 있고 마른 상태로 전 세계로 유통되기 때문에 긴 시간 물에 불리지 않고는 무엇도 만들 수 없다.

카레부터 간식까지 다양하게 병아리콩을 활용하는 인도

에서도 조리 규칙은 똑같다. 카잘 역시 병아리콩 요리를 할 때면 최소 대여섯 시간을 불린다. 하지만 어떤 시즌엔 불리지 않을 수도 있다. 암리차르 시내를 걷다가 난생처음으로 초록색 병아리콩을 봤다. 참 아름답다고 생각했다. 늘 어디서 어떻게 왔는지 모를 노랗고 바짝 마른 것만 보다가 상인의 카트를 가득 채운 싱싱한 것을 마주하니 눈앞에 넓고 푸른 콩밭이 펼쳐진 것만 같았다. 그렇게 싱싱한 것도 그레이비에 넣어 카레로 만드는데, 완두와 마찬가지로 말리지 않은 신선한 콩이라서 안 불리고 바로 쓸 수 있다. 이건 겨울에만 나오는 것이다. 병아리콩은 인도 전역에서 10~11월에 재배를 시작해 2~4월에 수확하는데(보다 더운 남부로 갈수록 일찍 심는다),[283] 조금 일찍 딴 콩이다.

병아리콩을 쪼갠 것도 있다. 찬나 달이라고 부른다. 병아리콩보다 많이 먹는 것으로 달을 만들 때 쓰는데 크기가 작기 때문에 불리지 않아도 된다. 덕분에 조리 시간도 단축하고 연료를 아낄 수 있지만 물론 조금이나마 불리는 게 효율적이다. 찬나 달보다 입자가 훨씬 작은 것이 있다. 베산이다. 병아리콩 가루다. 마치 밀가루처럼 제과와 제빵에 널리 사용되는 것이다. 앞서 샤히 파니르를 소개하면서 무굴 제국의 샤 자한 황제가 여생의 마지막 식재료로 요리사의 조언을 참고해 병아리콩을 골랐다는 전설을 옮긴 바 있다. 그냥 쓸 수도, 자르거나 분쇄해서 쓸 수도 있으며 주식부터 간식까지 활용의 폭이 넓기에 똑똑한 요리사가 권했을 것이다.

병아리콩은 힌디어로 찬나다. 병아리콩으로 만든 그레이비도 찬나라고 부른다(음식이 되면 찬나 마살라라고 부를 수도 있다). 펀자브 사람들은 콩 자체든 요리든 촐레라는 펀자브어 표현을 쓴다(역시 요리되면 촐레 마살라라고 부를 수 있다). 동서남북을 언제나 자의적으로 구분하는 서구 관점에서 병아리콩은 '동방 세계(The East)'에서 왔다고 해서[284] 이집트콩(Egyptian pea)이라고 부르기도 하는데, 그 표현이 무색하게도 이 시대 병아리콩의 진정한 강국은 인도다. 국제연합식량농업기구에 따르면 2012~2014년 병아리콩을 가장 많이 생산한 나라는 인도다. 연간 약 880만 톤으로, 세계 시장 점유율 67.3%를 차지하는 수치다. 2위는 호주다. 인도의 10%도 안 되는 80만 톤가량을 생산해 94%를 수출하는 나라다. 반면 인도는 총 생산량의 3%만 수출한다.[285] 즉 인도는 병아리콩을 어마어마하게 생산하고 소비하는 나라다. 오늘날 인도 병아리콩의 절반 이상은 마디아프라데시·마하라슈트라·라자스탄 같은 중부 지방에서 나오지만(2015~2016년 기준 세 지역의 생산 점유율 67%)[286] 50년 전만 해도 펀자브와 하리아나 같은 북부가 주 생산지였다. 거긴 병아리콩을 찬나가 아니라 촐레라고 더 많이 부르는 사람들의 땅이다.

인도에서 병아리콩은 약 80%가 껍질을 벗긴 채로 절단되거나 분쇄된다.[287] 그럼 찬나 달이 된다. 달을 만들 때 주로 쓰고, 튀기면 남킨namkeen이라 부르는 간식이 된다. 찬나 달을 곱게 빻으면 베산이 된다. 파코라 같은 튀김부터 각종 과자에까지 광범위하게 쓰는 노란빛 가루다. 베산은 때때로 그레이비의 재료가 될 수도 있다. 그럴 일은 없겠지만 만약 인도에서 병아리콩이 사라진다면 가장 먼저 타격을 받는 곳은 북인도의 노점과 저렴한 식당일지도 모른다. 카잘은 집에서 달은 거의 매일 먹어도 촐레는 일주일에 한두 번만 한다. 시간을 두고 불려야 하는 불편 때문에 북인도 가정에선 병아리콩보다 찬나 달을 더 많이 쓰는데, 식당 또한 마찬가지 이유에서인지 순수한 병아리콩으로 만든 요리는 한두 가지 음식에만 집중하는 곳에서 더 많이 한다. 촐레 바투레만 하는, 일요일마다 불난 호떡집이 되는 북인도의 식당이 대부분 그렇다. 이런 식당은 다바로 불리지 않으며 대체로 다바보다 음식값이 싸고, 테이블은 있어도 의자가 없는 경우가 많다. 역시 서서 먹는 노점에서도 병아리콩을 많이 쓴다. 양념에 버무린 병아리콩을 샌드위치처럼 빵 사이에 끼워 먹는 촐레 쿨차는 북인도의 보편적인 노점 음식이다. 다만 쿨차의 범위는 매우 넓다. 버터나 기름 가득한 바삭한 밀전병도 쿨차라고 부른다. 어떤 쿨차가 됐든 거의 항상 병아리콩과 먹기에 촐레 쿨차라고 묶어 말하는데, 이는 암리차르에서 유명하다. 병아리콩은 골가파에도 들어간다. 이처럼 병아리콩은 간식과 주식에 두루 쓰이는 콩이다.

호떡 같은 밀전병

북인도에서 촐레는 바투레 외에 푸리나 쿨차 같은 기름진 밀전병과 궁합이 좋다고 인식된다. 그런 것은 카잘 같은 가정 요리사가 매일 허용할 수 있는 주식이 아니다.

바투레부터 말하자면 메다로 만들기 때문에 색이 하얗다. 카잘이 아타로 거의 매일 만드는 연갈색 로티와 재료부터 다르고 색도 다르다. 바투레 반죽을 만드는 법은 빵을 만드는 것과 비슷하다. 백밀가루에 요구르트·이스트·베이킹파우더 등을 넣고 부풀어 오를 때까지 몇 시간 기다린다. 발효가 따르기에 한국인의 눈에는 호떡과 비슷해 보일 만큼 두께가 있고 푹신하다. 그렇게 두툼하고 부드러운 것을 튀기거나 부치는데, 부치는 곳이라면 미리 부쳐놨다가 주문이 들어오면

바투레 bhature

바투레는 로티보다 훨씬 도톰하고 푹신하고, 로티를 튀긴 푸리만큼이나 기름진 밀전병이다. 반죽을 발효해서 쓰기에 한국인의 눈에는 호떡과 비슷해 보일 만큼 두께가 있고 푹신하다.

식당정보 Oberoi Special Chana Bhatura | Surya Shopping Arcade, 1-LGF, National Rd, Bhai Wala Chowk, Ghumar Mandi, Ludhiana, Punjab 141001

다시 기름으로 반짝이는 팬에서 부쳐서 내간다. 정말 호떡이랑 비슷하지 않나?

카잘도 가끔 집에서 바투레를 만드는데, 먹어보니 식당에서 파는 것과 좀 다르다. 카잘은 촐레 바투레를 하기로 결심한 일요일이면 인도의 시계를 따라서 열한 시 전에 먹기 위해 눈뜨자마자 반죽부터 한다. 이스트는 넣지 않는다. 요구르트만 넣고 부풀어 오르기를 기다린 뒤에 먹기 직전에 튀기는데, 카잘이 말하기론 식당에선 이스트를 써서 전날 반죽해뒀다가 흥건한 기름에 굴린다고 한다. 그렇게 만드니 가정에서 하는 것과 비교해 더 몸에 나쁠 수는 있지만 더 맛있는 것이 나온다. 어쩌면 일요일 아침이라는 약속은 건강을 생각해 북인도 사람들이 따르는 규칙일지도 모른다.

촐레의 짝은 바투레가 아니라 푸리가 될 수도 있다. 역시 기름진 밀전병인데 바투레와 달리 발효 과정이 따르지 않는다. 로티와 비슷하게 반죽해 기름통에 넣은 것이다. 납작한 반죽을 기름통에 던지면 반죽 사이로 뜨거운 공기가 차서 곧 공갈빵처럼 부풀어 오른다. 북인도에서 입구에 설치한 대형 기름 솥에서 바로바로 축구공만 한 푸리를 건져 올리는 것으로 객을 압도하는 식당이 있다면 거의 항상 촐레가 함께 나올 것이다(추가로 감자 카레인 알루 사브지가 나올 확률이 높다). 푸리는 숙성이 따르지 않아 바투레보다 빨리 반죽을 끝낼 수 있으니 집에서도 많이 한다. 손님이 올 때 특히 많이 한다. 그야말로 일요일의 음식 같은 것이다. 인도 청춘 드라마 「우리 둘이 날마다」에는 이를 잘 보여주는 에피소드가 있다. 델리 출신으로 뭄바이에 정착한 주인공 드루브가 본가에 갔을 때 그의 어머니가 환영의 음식으로 푸리를 한다. "푸리는 정말 오랜만에 만들어." 그 가족이 푸리와 함께 무엇을 먹는지도 잘 보여준다. "저도 촐레 푸리를 진짜 몇 년 만에 먹네요." 명절에 집에 찾아가서 밥상 앞에서 식구들과 나누는 대화와 비슷하다.

그것만 비슷한 것이 아니다. 드루브는 곧 결혼을 종용하는 어머니와 다툰다. 이어지는 모자간의 화해는 푸리만큼 친숙하고 기름진 집밥을 통해 이루어진다. "내일 파라타 만들어주세요. 감자, 양파 넣은 거랑 콜리플라워 넣은 거요."[288] 야채 파라타는 그가 뭄바이를 향해 본가를 떠나는 날 어머니가 챙겨주는 음식으로 등장한다. 뭄바이에서도 먹을 수야 있지만 고향에서 먹던 것과 같지는 않을 것이다. 그를 이해하기 위해 뭄바이의 파라타 문화를 찾아보다가 음식·여행·라이프스타일 콘텐츠를 제공하는 한 매체가 엄선한 뭄바이 파라타 맛집 리스트를 발견했다. 한계부터 설명하고 시작하는 겸손한 콘텐츠다. "불행히도 뭄바이는 델리 같은 파라타 골목을 자랑하진 않지만 그게 뭄바이에서 파라타를 먹을 수 없다는 뜻은 아닙니다."[289] 파라타는 그가 새로운 일자리를 얻어 남부 벵골루루로 갔을 때도 필요했다. 이주한 다음 날 애인 카브야가 전화를 걸어 아침으로 뭘 먹었는지를 묻자 그는 파라타라고 말한다. "왜? 도사를 먹지?" "변화된 게 너무 많아서 뭔가 익숙한 게 필요했어."[290]

루디아나 시내를 걷다가 잠깐 서점에 들렀을 때 그달에 나온 「리더스 다이제스트」를 발견하고 반가운 마음으로 집어 들었다. 특집으로 인도 각 지역의 대표 음식을 소개한 장문의 기사가 실렸기 때문인데, 델리의 음식으로 선정된 것은 촐레 바투레였다. 기자는 그 맛을 예찬하면서도 그건 델리에 정착한 펀자브 난민의 음식이라고 썼다.[291] 수많은 사람과 함께 음식까지 이동한 이 역사는 넷플릭스 다큐멘터리 「길 위의 셰프들」에도 꽤 자세하게 나온다. 몇 차례 적은 것처럼 펀자브는 파티션 이후로 격한 종교 분열을 겪은 땅이다. 누군가는 자의로 고향을 떠났지만 누군가는 쫓겨났다. 어떤 힌두교도는 피바람을 피해 델리까지 갔다. 그 고된 길에 그들만의 음식도 함께 내려왔다. 델리에서 촐레 바투레 식당을 운영하는 다르믄데르 마칸은 말한다. "할아버지가 만든 요리법이에요. 할아버지는 분단 때 델리로 오셨죠. 처음엔 수레에서 시작했어요." 촐레 바투레는 펀자브에서 왔지만 이제는 델리 전역에서 종교에 상관없이 누구나 먹는다는 문화역사학자 라나 사프비의 설명도 이어진다. "진짜 델리 음식이 된 거죠."[292]

집에서 촐레 푸리와 야채 파라타를 먹고 자란 「우리 둘이 날마다」의 드루브도 델리 출신이다. 그건 내가 델리는 물론 펀자브에 머물면서 아주 흔하게 보고 항상 맛있게 먹은 것이다. 나는 이 작품이 북인도의 가풍과 캐릭터를 잘 묘사했다고 생각해 카잘에게 얘기를 꺼냈더니 카잘은 흥분하면서 펀자브와 델리는 맛이 다르다고 한다. 델리에서 펀자브 음식을 먹을 수야 있지만 펀자브에 와서 먹는 게 훨씬 맛있다고. 델리 사람들은 모르지만 펀자브 사람들은 맛을 구별할 수 있다고 덧붙이면서. 그 차이를 정확하게 느낄 수 없는 나는 맛에 대한 펀자브 사람들의 지역적인 자부심을 확인할 때마다 웃음이 난다. 돌이켜보면 그건 카잘 가족뿐 아니라 암리차르에서 만난 산주 가족에게도 아주 확실하게 있는 것이었다. 산주 가족은 내게 암리차르에 왔으니 꼭 두 가지를 먹어야 한다고 말했다. 하나는 그들 가족이 내게 나눠준 촐레 쿨차다. 그리고 다른 하나는 황금 사원 근처에서 파는 아주 유명한 파라타다. 암리차르에 오는 순례자들이 항상 들르기에 늘 붐비는 곳이다. 일요일이 다가오기에 추천할 만한 촐레 바투레 식당을 물었을 때는 숙소 밖으로 나가면 바로 보인다고 답했다. 내가 먹은 북인도 음식은 이처럼 사람을 통해 보다 명확하게 기억된다.

그건 동네마다 달라요

펀자비 카디
Punjabi kadhi

튀 김 을   올 린   카 레

◎ ◎ ◎ "인도 음식은 지역마다 정말 달라서 하나로 규정한다는 건 유럽이 하나라고 하는 것과 같아요. 한 시간만 차를 타고 달려도 다른 언어를 구사하는 사람들을 만나거든요. 각자 다른 신에게 기도를 하고 다른 방식으로 옷을 입죠. (⋯) 인도 음식이 뭐냐고 인도 사람 열 명한테 물으면 다 다른 답을 할 거예요."293

이는 넷플릭스 다큐멘터리 「어글리 딜리셔스」에 등장하는 파드마 락슈미가 인도 음식을 개괄한 것이다. 파드마 락슈미는 이 다큐 시리즈를 이끄는 셰프 데이비드 장을 집으로 초대해 생선으로 카레를 하고, 손으로 밥을 흘리지 않고 먹는 방법을 가르쳐준다. 미국을 포함해 전 세계 사람들이 인도 음식으로 아는 건 대체로 펀자브 음식이라면서 그건 별로라는 농담도 덧붙인다. 파드마 락슈미의 부모는 남서부 케랄라 출신으로 1970년대에 미국에 정착했다.

지역감정이 과하면 독이 되지만 지역 간의 문화 차이를 섬세하게 이해하려는 노력도 필요하다. 나도 인도의 음식에 다가가기 시작한 뒤로 인도는 주라는 행정구역이 연결된 것이 아니라 여러 개의 나라로 구성된 땅이라고 생각할 때가 많다. 락슈미의 비유대로 마치 유럽처럼. 카잘은 가끔 그런 인도에 신물이 난다. 저마다 달라서 뭐든 합의가 어렵기 때문이다. "무슬림은 우르드어로 글을 쓸 때 오른쪽에서 왼쪽으로 쓰거든요. 생각도 반대예요. 뭘 바꾸자고 하면 무슬림은 이래서 안 된다고 해요. 힌두는 또 저래서 안 된다고 하고요. 여기에 시크도 끼어들죠."

그런 차이는 결국 독자적인 문화를 만든다. 먹는 것이 달라지고 먹는 방식이 달라진다. 카잘은 인도 사람들은 해외여행 이상으로 자국 여행을 좋아한다고 말한다. 인도 안에서만 이동을 해도 문화가 확 달라져 충분한 자극을 얻기 때문이다. 케랄라 출신 락슈미와 다르게 펀자브 출신 카잘이 초대 음식으로 생선 요리를 할 일은 절대로 없을 것이다. 손으로 밥을 먹지 않는 문화권에서 살았고, 사실 밥도 잘 안 먹는다. 케랄라와 펀자브의 거리는 약 3,000km다. 논스톱으로 달린다고 해도 차로 50시간이 넘게 걸린다. 비행기를 탄다면 최소 세 시간 이상을 계산해야 하는데, 2020년 현재로서 직항은 없다.

옆 동네 밥상 구경

펀자브와 케랄라처럼 한참 동떨어진 세계라면 음식의 이름부터 재료의 구성까지 밥상을 둘러싼 모든 것이 달라질 수 있지만, 거리를 그보다 좁혀도 세세한 문화 차이는 자주 읽힌다. 카디라는 카레는 인도의 다양성이 얼마나 촘촘한지를 잘 보여주는 예시다. 카디는 펀자브를 비롯해 그 아래로 이어지는 라자스탄·구자라트·마하라슈트라를 비롯해 파키스탄의 신드에서 특히 많이 먹는데, 카디 앞에 지역명을 넣어주는 것이 보편적이다. 똑같은 이름을 가지고 비슷한 맛을 낸다고 해도 지역마다 재료를 쓰는 방식이 조금씩 달라 결과도 조금씩 다르기 때문이다. 한 매체는 카디를 이렇게 정리한다. "모든 집에는 이 요리를 만드는 독특한 방법이 있다."[294] 여기서 모든 집은 인도 중북부 지방에 한정된다.

펀자브에서 먹는 카디는 다양한 향신료 외에 요구르트와

펀자비 카디Punjabi kadhi

카디는 지역마다 만드는 방식이 조금씩 다르다. 펀자브에서 먹는 카디는 다양한 향신료 외에 요구르트와 병아리콩 가루인 베산을 섞어 묵직한 그레이비를 만든다. 그리고 파코라 를 띄워서 먹는다. 사진 속엔 난이 있지만 보통 밥과 함께 먹는다. 90루피.

식당정보 Bansi Vaishno Dhaba | Jagjit Nagar, Railway Crossing, Shastri Nagar, near Model Town, Ludhiana, Punjab 141001

병아리콩 가루인 베산을 섞어 묵직한 그레이비를 만든다. 그리고 파코라를 띄워서 먹는다. 펀자비 카디는 색이 노랗다. 토마토를 넣지 않으며, 여러 가지 향신료 가운데 색을 내는 역할을 강황이 거의 다 하기 때문이다. 펀자비 카디는 내게 좀 각별한데, 카잘이 내게 처음으로 만들어준 카레였다. 나는 그때 인도 음식을 잘 몰랐지만 카디만큼은 명확하게 기억됐다. 색깔이 참 아름다웠다. 강황과 요구르트를 섞어 만든 그레이비 덕분에 쨍한 레몬 빛이 났다. 그레이비 안에선 튀김이 굴러다녔다. 색도 참 예쁘고 맛도 참 좋은 카레라는 기억을 안고 그로부터 몇 년이 흘러 펀자브의 식당에서 카디를 몇 차례 주문했을 때, 카잘이 만든 것과 같은 맛과 색을 불행히도 누리지 못했다. 달과 다르지 않은 평범한 노란색이었고, 묵직한 카잘의 그레이비와 달리 물처럼 흥건했으며, 어떤 곳에서는 튀김을 주지 않았다. 슬퍼하며 카잘에게 이유를 물으니 식당에선 요구르트를 아끼기 때문이라고 한다. 재료를 아끼는 또 다른 방법은 요구르트 대신 라씨를 쓰는 것이다. 여기서 라씨는 요구르트 셰이크가 아니라 요구르트를 회전시켜 얻은 유청을 말한다. 물보다는 점성이 있으니 때때로 그레이비를 만들 때 쓰는 것이다.

2015년 인도를 방문한 버락 오바마 전 미국 대통령은 모디 총리와 함께 점심으로 구자라티 카디를 먹었다. 그날 먹은 음식이 사진으로 공개되지 않았기에 나는 궁금하다. 그는 레몬빛 카디를 먹었을까, 아니면 하얀 카디를 먹었을까. 카디는 펀자브 이상으로 구자라트에서 많이 먹는 것이다. 구자라트 사람들도 여러 가지 향신료 외에 요구르트와 베산을 섞어서 그레이비를 만들지만, 강황을 넣지 않는 경우가 많다. 그러면 하얀색 카디가 나온다. 그건 아마도 카잘의 집에서 좀처럼 나오지 않을 음식이다. 카잘과 함께 사는, 역시 펀자브 출신이라서 노랗거나 붉은 그레이비를 평생 먹어왔던 야시가 생각하기에 하얀 음식은 보기만 해도 맛이 없는 것이다. 어떤 펀자브 사람에게 하얀 카레는 이처럼 식욕을 전혀 돋우지 않지만, 구자라트 사람들은 가장 맛있는 카디는 자신의 고향에 있다고 믿는다. 펀자브 사람들이 일요일의 브런치로 촐레 바투레를 먹을 때 구자라트 사람들은 카디 차왈을 먹는다. 카디와 밥의 조합이다. 오바마가 모디와 오찬으로 구자라티 카디를 먹은 날도 2015년 1월 25일 일요일이다.

구자라트와 펀자브 사이에 있는 라자스탄에서도 카디를 많이 먹는데, 라자스타니 카디는 아래쪽인 구라자트보다 위쪽인 펀자브 방식에 가깝다. 요구르트·베산·강황으로 구성한 레몬빛 그레이비에 튀김을 띄워서 먹는다. 카디는 라자 스탄 및 구자라트와 국경을 두고 있는 파키스탄 신드로 가면 또 확 달라진다. 신드는 7세기 이슬람 세력이 이동에 박차를 가했을 때 초기부터 정복한 땅이다. 1947년 파티션 이후에는 펀자브와 마찬가지로 힌두교도 다수가 떠나온 땅이며, 그 땅에 영혼을 두고 있는 사람들을 신드족이라고 부른다. 당연히 음식도 따라왔다. 신디 카디는 신드족의 독자적인 요리 가운데 하나다. 색은 노랗지만 다른 지역의 카디보다 매콤한 편이며, 오크라·감자·연근처럼 씹을 수 있는 것이 들어가는 경우가 많다.

카디의 공통 요소 가운데 하나는 신맛이다. 이 톡 쏘는 맛은 보통 요구르트에서 나오고, 그래서 카잘은 카디가 여름에 좋은 음식이라고 믿는다. 다른 지역이 요구르트를 쓸 때 신드 사람들은 타마린드를 우린 물을 쓴다. 그 신맛을 적당히 가라앉히기 위해 어떤 사람들은 설탕이나 재거리를 소량 넣기도 하는데, 이것 또한 카디가 다른 카레와 구분되는 특징이다. 그레이비에 설탕을 섞는 것은 인도에서 일반적인 조리법이 아니다. 그 때문인지 구자라트에는 좀 변종처럼 느껴지는 망고 카디가 있다. 신맛과 단맛이 모두 나는 과육을 넣고 만든 것이다. 코코넛이 아니고서야 과일을 넣고 그레이비를 만드는 것은 인도에서 흔한 일이 아니다(더러는 과일치고 단맛이 약한 잭푸르트를 쓰기도 한다). 이런 식으로 나무 열매를 카레의 재료로 활용하는 것은 남인도의 문화다. 그런 남인도에도 카디와 조리법이 비슷한 음식이 있지만 이름이 확 다르다. 쿠잠부kuzhambu라고 부르는 타마린드 기반의 카레다. 요구르트를 넣으면 모르 쿠잠부mor kuzhambu가 된다. 여기엔 베산이 아닌 쌀가루와 코코넛이 들어간다.

콩가루 날리는 음식

카디가 북인도의 다른 카레와 구분되는 또 다른 특징은 밥과 함께 먹는다는 점이다. 앞서 라즈마 차왈 항목에서 언급했던 것처럼 북인도에선 쌀보다 밀가루를 더 많이 먹지만 밥과 궁합이 더 좋다고 여기는 카레가 좀 있다. 밥과 함께 먹는다 해서 라즈마 차왈이라고 부르는 것처럼 카디 또한 카디 차왈이라 부르는데, 카잘은 라즈마와 같은 이유에서 카디도 밥이랑 같이 먹는다고 생각한다. 라즈마를 만들려면 강낭콩을 불리는 데만 꽤 긴 시간을 쓰고, 카디를 제대로 하려면 파코라까지 해서 그레이비에 넣어야 한다. 다 하고 나면 로티를 만들 힘이 없다. 번거로운 일이니 때에 따라 생략될 수도 있지만 그러면 매우 아쉬운 것이다.

카잘은 몇 해 전 게스트 하우스를 운영했다. 투숙객한테 밥도 잘 챙겨줬다. 대부분 삼성전자에 단기 파견을 나온 중남부 사람들이라 그들의 입맛을 고려해 그때 중남부 음식을 많이 익혔다. 요일별로 다른 것을 했기에 고향의 음식도 만들곤 했다. 가장 대표적인 것이 목요일마다 준비하던 펀자비 카디다. 그건 출신이 어디인가에 상관없이 투숙객 모두가 환영하는 음식이었다. "목요일마다 늘 줄이 길었어요. 얼마 없는 북부 사람들은 어릴 때 할머니가 만들어준 것이랑 똑같은 맛이 난다고 칭찬을 했어요. 남부 사람들은 파코라 때문에 좋아했죠. 거긴 북쪽보다 튀김을 많이 먹거든요." 카잘도 같은 이유에서 어린 날부터 카디를 좋아했다. 할머니가 카디를 만들 때면 파코라만 스무 개를 넘게 튀겼다. "열 개 하느니 스무 개 하는 거죠." 그러면서 한국 사람들이 김장하는 날 축제 하듯 돼지고기 삶는 것과 비슷하지 않느냐고 덧붙인다. 한국 생활 10년이 넘은 카잘은 한국 문화 이해도가 높은 편이다.

카디는 상당량의 병아리콩이 들어 있는 음식이다. 병아리콩을 곱게 간 베산을 그레이비에 넣는다. 그리고 카디에는 튀김이 필요하다. 그래서 카디는 답카 카디dapka kadhi 혹은 카디 파코라kadhi pakora라고 부르기도 한다. 답카나 파코라를 띄워서 먹기 때문인데, 파코라가 각종 야채 튀김에 가깝다면 답카는 튀김옷에 가깝다. 베산과 물을 섞어 반죽한 것을 작은 경단 모양으로 튀기는 것이다. 답카에도 야채를 쓰긴 하지만 소량이고, 야채 대신 밥이나 달이 들어갈 수도 있다. 파코라든 답카든 둘은 튀김이고(다진 고기나 파니르로 완자를 만들어 튀긴 코프타가 들어갈 경우 코프타 카디라고 부른다), 한국식 튀김과 다르게 튀김옷을 밀가루가 아닌 베산으로 만든다. 만약 베산의 가격이 폭등한다면 파코라집은 물론 인도 거리의 스위트숍 사장은 근심이 많아질 것이다. 튀김 말고도 달콤한 디저트를 대부분 베산으로 하기 때문이다. 인도에선 하얀 밀가루인 메다보다 베산을 더 많이 먹는다. 2011~2012년 기준 인도에서 메다의 1인당 월평균 소비량은 약 44g, 베산은 62.5g이다.[295]

베산과 비슷한 것을 2020년 현재 한국에서도 구할 수 있다. 시장에선 병아리콩 가루라는 보다 직관적인 표현으로 통용된다. 원료는 인도산이 아니며 볶은 콩을 분쇄한 것이지만 어쨌든 온라인 시장에 좀 있고, 판매자들은 선식처럼 우유나 요구르트에 타 먹으라고 권하고 있다. 즉 한국에선 건강식이다. 베산을 그램 플라워gram flour라고 부르는 서구권에서도 건강을 강조해 영업하기는 마찬가지다. 그들은 선식이 아니라 '글루텐 프리' 팬케이크 레시피를 첨부한다는 차이가 있을 뿐이다. 아직 낯선 재료를 소개하려면 이처럼 친근하고 쉬운 방식으로 설득을 해야 하는 모양이다.

인도에서 베산은 주식부터 간식까지 구석구석 깃들어 있다가 축제 시즌인 디발리에 폭발적으로 소비된다. 삼라트Samrat라는 식품 브랜드는 자사의 베산을 이렇게 영업한다. "축제 기간에는 집에서 음식을 해야죠. 친척과 라두ladoo를 나누고, 티타임을 도클라dhokla와 함께하는 것으로 잊을 수 없는 추억을 만들어보세요."[296] 라두는 경단과 비슷한 간식이고 도클라는 스펀지케이크나 백설기와 비슷한 아침 식사다. 모두 카잘의 안산 집에서 먹어본 것인데 북인도 전통 음식은 아니다. 이는 내 친구 카잘이 손님을 반기는 방식이다. 한 번 이상 먹인 것을 기억하고 새로운 음식을 대접하는 것.

신도 사랑한 버터

달 마카니
dal makhani

흑 녹 두 와 버 터 로 만 든 카 레

◎◎◎ 북인도 어디에나 베지 음식만 하는 식당은 많았다.
반면 딱 고기만 파는 식당은 못 봤다. 논베지 식당은 항상
베지 메뉴를 같이 한다. 베지 식당에 달 마카니는 있지만 무
르그 마카니(버터 치킨)는 없다. 논베지 식당에선 둘 다 한다.

예로 든 두 가지 음식으로 메뉴를 구성한 첫 번째 식당
은 앞서 몇 차례 만난 모티 마할이다. 파티션 이후 구 펀자
브 지방에서 델리로 이주한 난민이 운영한 식당에서 버터 치
킨을 발명한 뒤로 베지의 수요를 계산하고는 고기를 콩으로
바꿔서 달 마카니를 소개한 것이다. 둘은 거의 같은 그레이
비를 쓴다. 각종 향신료와 버터로 볶은 야채, 토마토와 크림
이 주요 구성 성분이다. 그레이비는 같되 버터 치킨에는 이

름 그대로 치킨이 들어간다면 달 마카니에는 달, 즉 콩이 들어간다. 주가 되는 콩은 우라드라고 부르는 흑녹두고 보조적으로 약간의 강낭콩이 들어갈 수 있다.

베지 인구가 많은 북인도에서 버터 치킨을 완강하게 거부할 사람은 많지만 달 마카니는 그렇지 않다. 카잘은 자신의 어린 날을 달은 싫어하고 달 마카니만 좋아하던 시절로 기억한다. 콩으로 만드는 베지 음식이라는 점은 같지만, 달과 달 마카니는 쓰는 콩이 다르다. 앞서 달 항목에서 설명한 대로 달에 들어가는 콩은 반으로 쪼개거나(칠카) 편으로 썬(둘리) 것이 보편적이라 금방 조리할 수 있는 반면 달 마카니는 흑녹두라는 훼손되지 않은(사붓) 콩을 쓴다. 최소 서너 시간 이상 불려야 하는 것이다. 이어서 뭉근해지도록 푹 끓여야 한다. 그레이비의 구성은 같지만 버터 치킨과 달 마카니는 색과 맛이 같지 않은데, 색의 차이는 핵심 재료 때문이다. 작고 노란 콩으로 만드는 달과 비교해 우라드, 즉 검정색 녹두를 쓰는 달 마카니가 훨씬 진한 빛이 난다. 맛의 차이는 콩 때문이기도 하지만 조리 시간 때문이기도 하다. 콩은 오래 끓여야 부드럽고 맛있다. 이처럼 달 마카니는 시간이 많이 걸리는 데다 버터 치킨처럼 버터와 크림이 잔뜩 들어가기 때문에 집에서는 자주 만들기 꺼려지는 음식이다.

달 마카니|dal makhani

주재료는 흑녹두다. 그리고 크림과 버터가 많이 들어간다. 파티션 이후 구 펀자브 지방에서 델리로 이주한 난민 요리사가 버터 치킨을 발명한 뒤로 고기를 콩으로 바꿔서 소개한 메뉴다. 290루피.

식당정보 Moti Mahal Restaurant | 3704, Netaji Subhash Marg, Old Dariya Ganj, Daryaganj, New Delhi, Delhi 110002

마카니는 인도에서 먹는 하얀 버터인 마칸의 형용사형이다. 달 마카니는 이름 속에 마칸이 있지만, 처음에는 마칸으로 시작했을지 몰라도 불과 몇십 년 사이에 인도 사람들의 입맛과 시장이 바뀐 탓인지 식당에선 전통적인 마칸보다 서양식 버터를 쓰는 경우가 더 많다. 집에서 만든다면 버터 대신 식물성 기름을 쓸 수도 있지만 그러면 인도 사람 입장에서 달 마카니가 아니라 달과 비슷한 것이 된다.[297] 크림을 요구르트로 대체하거나 버터의 양을 줄여 보다 건강한 버전으로 만들 수도 있지만 그렇게 만든 달 마카니는 역시 인도 사람 입장에서 "아름답지" 않다.[298] 기름기 넘치는 재료 구성 때문에 달 마카니를 샤히 달shahi dal이라고 보는 시각도 있다.[299] 샤히 파니르가 그런 것처럼 달 마카니도 토마토와 유지방으로 가득한 묵직한 그레이비가 만족의 핵심이기 때문이다. 이런 과시적인 요리는 북인도의 결혼식 같은 연회에 빠지지 않는다.[300]

압력솥의 힘

"인도인들이 소를 도살하지 않는 건 그 자체로 신성한 존재라서기보다 여러 가지 경제적인 이유로 중요하기 때문이죠. 고기와 우유뿐만 아니라 똥도 제공해주니까요." 넷플릭스 다큐멘터리 「어글리 딜리셔스」에 등장하는 비크람 닥터는 쉽고 간결한 말로 인도의 문화를 잘 설명해주는 음식 작가다. 그는 소와 카레라는 인도 문화의 두 기둥의 연관성에 대해서도 꽤 설득력 있는 이유를 제시한다. "카레가 그렇게 상징적인 음식이 된 이유 하나는 조리에 쓰이는 연료에 있어요. 숯이나 가스 같은 건 근래에야 사용되는 거고 원래는 나무나 소똥을 썼어요. 소똥은 흔하고, 건조시킨 소똥은 아주 서서히 타요. 고온은 아니지만 서서히 지속적인 열을 냅니다. 뭔가를 바로 끓일 정도는 안 되지만 오래 끓이는 음식에 아주 적합하죠."[301]

북인도 카레의 대표적인 재료인 콩은 달 항목에서 설명한 것처럼 펄스 형태로 가공해야, 즉 바싹 말려야 오래 보관할 수 있다. 하지만 딱딱하다. 딱딱한 콩은 비크람 닥터가 설명한 대로 긴 조리 시간과 많은 열을 필요로 한다. 어쩌면 그 시간과 비용을 단축할 수 있도록 콩을 쪼개 칠카나 둘리로 만드는 문화가 일찍부터 인도에 자리 잡았을지도 모른다. 그런 여러 가지 콩을 먹는 인도 사람들은 콩의 맛에도 예민한데, 카잘만 해도 쪼갠 콩과 그렇지 않은 콩의 맛이 다르다는 걸 구별할 수 있다. 달 마카니에 들어가는 흑녹두나 강낭콩처럼 큰 콩이 더 맛있다고 느낀다. 이는 시간이 만든 맛 때문인지도 모른다. 원형의 콩은 불려서 쓰기 때문에 수분이 많고, 익기까지 시간이 상대적으로 오래 걸린다. 오래 끓일수록 부드러워지고 맛있어진다. 「마스터셰프 인디아」에 도전했던 셰프 사다프 후세인도 그게 맛의 비결이라고 인정한다. "달 마카니는 천천히 요리할수록 결과가 좋은 음식입니다."[302] 느리게 만든 그 맛은 카잘과 후세인뿐 아니라 인도 사람들 대다수가 아는 것이다. 모티 마할의 설립자이자 첫 번째 요리사인, 지금은 세상에 없는 쿤단 랄 자기의 관심사는 느리게 만드는 요리에 관한 것이었다는 기록이 있다. 그런 요리사가 선보인 달 마카니는 몇 시간 동안 요리하지 않으면 맛이 좋을 수가 없는 대표적인 음식이다.[303] 그런 이유에서인지 달 마카니는 다음 날 끓일 때 더 맛있다고도 한다.[304] 항상 그렇지는 않지만, 효율이 떨어지는 음식에 더 훌륭한 맛이라는 보상이 따를 때가 많다.

달 마카니는 파티션 이후에 대중화된 음식이니 역사가 100년도 채 되지 않는다. 그 짧은 세월에 조리 방식에도 상당한 변화가 있었다. 원형대로 요리하자면 우라드를 불리고 끓이기까지 최대 24시간이 걸릴 수 있다.[305] 하지만 이제 그렇게 만드는 사람은 많지 않을 것이다. 이 문제를 극적으로,

무려 서너 시간으로 단축한 것은 도구다. 인도 가정의 작은 주방과 수많은 요리사의 일터에 보급된 압력솥이다. 그건 안산의 주방에 두 개를 두고 있는 카잘이 인도 어느 가정에나 최소 두 개는 있다고 확신하는 것, 자신의 부모가 사는 말레르코틀라 본가에는 일곱 개나 있는 것, 나아가 블로그부터 유튜브까지 오늘날 인터넷 계정을 통해 너그러운 마음으로 자신의 가정에서 나온 요리 비법을 나누려는 여러 인도 사람들이 대체로 한 번 이상 언급하거나 자연스럽게 사용법을 보여주는 것이다.

미국에서 활동하는 셰프 팔락 파텔은 단언한다. "인도 사람에게 압력솥이란 통과의례와 같은 것이다. 그게 없다면 인도 사람이 아니다."[306] 역시 미국에서 활동하는 로르나 J. 사스는 압력솥 요리 레시피를 모은 책 『요리 압력(Cooking Under Pressure)』(1989)을 출간하면서 머리말에 썼다. "사리(인도의 전통적인 여성용 복장) 대신 압력솥을 챙겨준 엄마에게 감사한다. 엄마가 우선순위로 여기는 그것이 없었다면 이 책은 나오지 못했다."[307] 요리로 유명해진 사람만 발언권이 있는 것은 아니다. 나는 압력솥을 "생명의 은인"이라고 예찬하는 인도 네티즌도 봤다.[308] 오늘날까지도 달을 비롯해 달 마카니와 라즈마는 물론 그 밖에 수많은 인도 음식이 여기서 나온다. 카잘도 달 마카니를 비롯한 콩 요리의 조리법을 압력솥으로 설명한다. 흑녹두를 익힐 때는 휘슬이 네 번쯤 비명을 질러야 한다. 그보다 무른 녹두는 두 번만 울면 되고, 녹두의 껍질을 벗기고 쪼갠 뭉 달이라면 휘슬이 울기도 전에 익는다.

압력솥은 1679년 프랑스 물리학자 드니 파팽이 발명해 1918년 스페인에서 특허를 얻은 제품이다. 1920~1930년대부터 유럽과 미국을 중심으로 요리책과 함께 판매되기 시작했는데, 위험성(특유의 요란한 소리와 열로 주방이 터질 것 같은 공포)과 조리 적합도(스튜는 잘 만들지만 파스타는 권장되지 않는다) 때문에 그들 사이에선 긴 인기를 누리지 못했다고 한다. 압력솥에 대해 더 많은 이야기를 들려줄 수 있는 사람들은 국물 요리 말고도 밥이 많이 필요한 아시아 어딘가에 있을 것이다. 이를테면 한국이나 일본처럼, 혹은 인도처럼. 그 역할을 쿠쿠가 대체하기 전까지, 나는 취학 전부터 저녁마다 알루미늄 압력솥의 휘슬이 울리는 소리와 쌀이 익어가는 냄새 속에서 자랐다. 언제부터 그걸 썼느냐고 나보다 오래 산 가족에게 물었더니 결혼 전부터 내 외할머니의 집에 '풍년 압력솥'이 있었다는 엄마의 기억이 답으로 돌아왔는데, 이는 1970년대 중반의 이야기다. 부유한 가정이 아닐지언정 '밥맛'

을 따질 수 있는 주식 문화로 인해 입소문으로 빠르게 전파된 것이다. 이제는 풍년이 아닌 'PN'으로 통하는 기업에 따르면 1973년 한국 최초 압력솥이 나왔다.[309] 인도는 그보다 훨씬 빨랐다. 인도에서 가장 유명한 압력솥 브랜드는 프레스티지TTK Prestige다. 영국 기업과의 기술 협력으로[310] 파티션 직후인 1949년부터 압력솥 제조를 시작한 회사다.[311] 압력솥은 "인도에서 그것을 살 여유가 있는 사람들 사이로"[312] 서서히 스며들었다. 시간과 자원(물)을 절약해주는 이 유용한 도구와 인도인의 삶을 동일시한 팔락 파텔은 말한다. "그게 없다면 열두 시간 동안 찬나 달을 만들고 있을 것이다." 팔락 파텔을 인터뷰한 메그나 라오도 압력솥에 대한 최초의 기억을 가정에서 찾는다. "그건 엄마의 혼수였다."[313]

시간의 흐름 속에서 도구도 진화했다. 요새는 압력솥과 인도 시장을 검색하면 생김새가 다르고 기능은 강화된 신제품이 더 많이 나온다. 길게 말하자면 일렉트릭 프레셔 쿠커electric pressure cooker, 그보다는 인스턴트 포트instant pot라고 더 많이 부르는 전기솥이다. 한국으로 치자면 쿠쿠나 쿠첸 같은 전기밥솥과 비슷한 원리라서 가스가 아닌 전기를 쓰고, 슬로우 쿠커보단 빨라도 압력솥보다 조리 시간은 때때로 더 걸릴 수 있다. 그러나 예약 기능이 있어 퇴근한 직후에 바로 카레를 먹을 수 있으며 여러 가지 모드가 있어 밥과 요구르트는 물론 이들리 및 도사의 반죽까지 버튼만 누르면 바로 만들 수 있다고 광고하는 도구다. 그건 확실히 편하다. 하지만 그 편리함을 누린다는 건 과거의 압력솥으로 밥상을 연출해왔던 인도 사람들에게 복잡한 감정이 따르는 일인 것 같다. 두 달 동안 이 전기솥을 써본 한 사용자도 이것으로 최고의 비르야니를 만들었으며 소음도 없었기에 효용에 대해서는 충분히 인정하지만, 너무 일을 잘해서 기분이 좀 나빠졌다는 후기를 썼다. "마침내 우리는 우리를 잃어버렸다. 비디오·워크맨·CD처럼 인도의 압력솥이 망각의 세계로 사라진다는 것은 슬픈 일이다."[314] 페이스북의 '인디언 푸드' 그룹이 물은 결과에 따르면 184명의 응답자 가운데 118명(64%)이 전기솥을 샀는데도 기존의 압력솥을 계속 사용한다고 답했다.[315] 전기솥은 카잘의 집만 해도 아직 필요를 느끼지 않는 것이지만(카잘은 인도엔 누전과 감전 사고가 많아 전기를 더 위험하다고 생각한다고 말한다) 결국 지금보다 더 많은 인도 가정에 자리를 잡을지도 모른다. 하지만 그렇다고 압력솥의 미덕까지 송두리째 사라지진 않을 것이다. 크리스텐 샴브로트가 「뉴욕 타임즈」에 기고한 글에 따르면 압력솥 특유의 습한 환경은 인도 음식을 위한 것이다.[316]

가까이 오면 안 된다고, 휘슬이 멈출 때까지 꼭 기다렸다가 뚜껑을 열어야 한다고, 안 그러면 집이 터진다고 늘 엄마가 겁을 주면서 경고했던 탓일까. 거기서 나오는 밥을 먹고 컸는데도 나는 여전히 압력솥이 좀 무섭다. 카잘이 그 압력솥으로 눈앞에서 머튼 카레를 하고 풀라오를 할 때도 호기심에 주방을 어슬렁거리면서도 어쩐지 겁이 나서 거리를 두곤 했다. 그런 이유에서 서구 시장에선 오래 인기를 끌지 못했지만 사실 그 압력솥으로 매일 밥을 차리는 인도 사람들이야말로 그 위험성에 대해 가장 잘 안다. 주방을 벗어나면 테러의 도구가 될 수 있다는 걸 봤기 때문이다. 압력솥은 이슬람 무장 세력이 2000년 프랑스 스트라스부르 성당에서 처음 테스트했던 테러용 무기다. 그 끔찍한 방식의 테러가 2006년 7월 11일 뭄바이에서 또 발생했다. 일곱 개의 폭탄을 실은 압력솥이 열차의 화물칸에 실렸고, 11분에 걸친 폭발로 209명이 사망하고 700여 명이 부상을 입었다. 뭄바이 경찰은 체포와 조사를 통해 ISI(파키스탄 정보부), SIMI(이슬람 인도 학생 운동), LeT(파키스탄 무장 단체 'Lashkar-e-Taiba') 등을 배후로 지목했고 여러 관련자가 기소됐지만 어느 단체의 소행인지 입증할 만한 충분한 증거 수집에 실패했다.

2015년 마하라슈트라 법원이 테러에 직접 관여한 열두 명에게 유죄 판결을 내리고 폭탄을 설치한 다섯 명에게 사형을 선고한 이 사건이 참사의 끝이라면 좋겠다. 그로부터 2년이 지난 2008년 11월 뭄바이에서 호텔을 비롯한 여덟 개 장소에서 공격자 아홉 명을 포함해 총 174명의 목숨을 앗아가고 300여 명에게 부상을 입힌 테러가 있었다. 그들은 압력솥이 아닌 총기와 수류탄을 들고 나타났다. 조사에 따르면 열 명의 무장 테러범은 LeT의 지원을 통해 무기 사용 및 감시 훈련을 받았다. 사건으로부터 4년이 흘러 공격자 가운데 유일하게 생포된 아즈말 카사브가 교수형에 처해진 2012년 11월, 그의 나이는 불과 스물다섯이었다. 이 끔찍한 테러는 국내에도 개봉된 영화 「호텔 뭄바이」(2019)를 비롯해 다큐멘터리와 책 등 여러 가지 방식으로 재현됐다. 이것도 끝이 아니다. 테러는 카슈미르 같은 분쟁 지역에선 인간을 무감각하게 만드는 일상이다. 갈등을 이해하고 인도를 이해하기 위해 그 길을 따라갈 때마다 나는 늘 숨이 막힌다.

신도 사랑한 버터

인간에게 포기가 답이라고 말하는 전설적인 바위가 있다. 인도의 역사에서 7세기부터 이 바위를 옮기려는 시도가 있었지만 번번이 실패했다. 평생 영국 식민지 공무원으로 살면서 아프리카부터 인도까지 여러 지역을 자신의 통제 범위에 둔 아서 헤이브록은 총독직을 내려놓고도 계속 신경이 쓰였는지 죽기 직전에 지역의 안전을 명분으로 그 바위를 굴려보려 했다. 1908년 코끼리 일곱 마리를 동원하고도 역시 이루지 못한 일이다. 그 바위의 무게는 약 250톤, 높이는 6m, 너비는 5m인데, 그 큰 몸집을 하고서 약 45도 경사면에 자리를 잡고 있어 여전히 위태로워 보이지만 여전히 꿈쩍도 하지 않는다. 중력을 거부하는 이 불가사의한 바위는 유네스코 세계문화유산인 팔라바 왕조(275~897)의 힌두교 유적 가운데 하나로, 남인도 타밀나두 마하발리푸람Mahabalipuram에 있다. 전통적인 이름은 반 이라이 칼Vaan Irai Kal이다. 타밀어로 하느님의 돌(stone of sky god)이라는 뜻이다. 요새는 크리슈나의 버터볼(Krishna's Butterball)이라는 귀여운 이름으로 더 많이 불린다. 1969년 지역의 관광 가이드가 붙인 별명이다.

크리슈나에 다가가려면 비슈누Vishnu부터 파악해야 한다. 힌두교도가 믿는 대표적인 신 비슈누의 임무는 세상의 질서를 유지하고 인류를 보호하는 것인데, 그 신성한 일이 방해를 받게 되면 구체적인 형상을 지닌 존재가 지상에 나타나 신의 역할을 대리 수행한다. 이것을 아바타avatar, 혹은 화신(化身)이라고 부른다. 크리슈나는 비슈누의 여덟 번째 화신으로, 고대 인도의 대서사시 『마하바라타』에서 상당한 비중을 차지하는 존재다. 앞서 골가파 항목에서 만났던 캐릭터, 드라우파디와 연관이 좀 있다. 드라우파디는 판다바 가의 다섯 형제들과 결혼한 왕비다. 첫째 남편인 '유디스티라'는 사촌 가문의 '두르요다나'와 주사위 노름을 하다가 재산을 탕진하고도 모자라 형제를 다 걸고 배우자까지 건다. 그는 다 졌고, 다 잃었다. 드라우파디를 취한 두르요다나의 동생 '두샤사나'는 그녀의 사리를 벗겨 능욕하려 하는데, "신이 응답했다. 옷 하나가 벗겨지면 그 자리에서 다른 옷이 나타났다. 그것이 되풀이되었다. 두샤사나는 지쳐서 물러났다."[317] 한심하기 짝이 없는 남편(들)과 성폭력 가해자로부터 드라우파디를 지킨 신이 크리슈나다. 힌두교도는 신이 무한의 옷으로 인간을 지킨 이 이야기를 꽤 사랑하는 것 같다. 여러 국제 영화제에 소개되어 수상과 호평이 따른 「바나자」(2006)는 이 구원 서사를 노래와 춤으로 엮어 시작하는 아름답고 슬픈 영화다.

힌두교를 깊숙하게 이해하긴 어렵다. 신의 이름은 물론 역할과 교리까지 개념이 너무 많고, 그 개념에 대한 해석이 다 달라서다. 힌두교는 익히 알려진 대로 다신교다. 종교적 민음 안에서 신은 수없이 많고, 그 사이에도 스타가 있다. 화신이지만 신으로 숭배되는 크리슈나가 대표적이다. 저마다 선호하는 신이 있는 것처럼 신에 대한 이해도 종파의 가르침이나 신자 개인의 해석에 따라 다르다. 크리슈나를 사랑의 신이라고 말하는 사람이 있고 그로부터 연민과 헌신의 의미에 대해서 생각하는 사람도 있다. 어떤 사람들은 소년 시절의 크리슈나가 풀밭에서 소와 함께 성장했다는 것에 주목하고 농업과 목축을 관장한 신으로 섬긴다. 이처럼 크리슈나는 인간의 생계부터 정신적인 영역에 이르기까지 삶의 구석구석을 살피는 존재인데, 나아가 귀여움까지 독차지한다. 소를 사랑한 소년 시절은 물론 꼬마 시절의 이야기까지 널리 회자되기 때문이다. 불교의 탱화처럼 힌두 신도 회화로 많이 표현되는데, 그의 과거를 읽을 수 있는 유명한 그림이 있다. 그림 속에서 아기 크리슈나는 마치 꿀단지를 사랑하는 아기 곰 푸우처럼 항아리에 있는 하얀 것을 퍼 먹는다. 그 하얀 것은 마칸인데, 어린 시절 주방에서 어른 몰래 마칸을 훔치곤 했다는 과거를 묘사한 것이다. 과연 아이답게 장난스럽고 귀여운 이미지 덕분에 힌두교 신자들은 크리슈나에게 상당한 친근감을 느낀다. 인도에는 힌두교 사원이 셀 수 없이 많고 각 사원마다 모시는 신이 다를 수 있는데, 크리슈나를 모시는 곳이라면 사원 입구에서 늘 마칸을 판다고 카잘은 말한다. 나도 다녀왔다. 밤이라 오가는 사람이 없어 마칸을 팔진 않았지만 목장이라고 말해도 무방할 만큼 소가 많은 곳이었다. 크리슈나는 우유를 주는 젖소를 인류의 어머니로 간주한다. 풍요로운 자원과 힘으로 인간의 생존부터 농업까지 보장하는 존재이니 귀하게 여겨야 한다는 걸 일찍이 가르친 것이다.[318] 이는 간디의 철학과도 일치한다.

꼬마 크리슈나를 사로잡은 마칸은 인도의 전통적인 하얀색 버터로, 앞서 로티·버터 치킨·라씨 항목에서 접했던 것이다. 로티 같은 밀전병에 발라 먹을 수도(토스트나 팬케이크처럼), 버터 치킨이나 달 마카니 같은 카레의 그레이비에 들어갈 수도(야채나 고기를 볶을 때 기름 대신 쓸 수도, 음식 위에 띄워 풍미를 더할 수도 있다), 라씨 같은 음료 위에 올릴 수도(프라푸치노처럼) 있는 것이다. 요구르트나 크림 같은 묵직한 유제품을 빠르게 회전시키면 유지방 덩어리인 커드와 수분인 유청으로 분리된다. 그 커드를 차게 굳힌 것이 마칸이다. 북미나 유럽에 정착한 이른바 '인도계' 사람들은 마트에서 쉽게 구할 수 있는 생크림으로 만드는 것을 선호한다.[319] 내 친구 카잘은 요구르트만 가지고 만든다. 누군가는 생크림과 요구르트를 섞어서 쓴다.[320] 어떤 이는 마칸의 원형이란 하룻밤 사이에 우유를 따뜻한 곳에 두고 발효시켜서 얻은 지방층이라고 말하는데,[321] 오늘날 인도에서는 말라이라고 부른다. 시크샤는 목장에서 사 온 우유를 끓여 말라이를 만들고, 말라이를 블렌더로 돌려 마칸을 만든다. 이처럼 우유·크림·요구르트 등 원재료 선택은 다를 수 있지만 마칸의 본질은 우유에서 추출한 순수한 유지방 덩어리라는 것이다. 냉장한다 해도 보관 기간이 짧다. 더 오래 사용하고자 한다면 투명한 상태가 될 때까지 끓여서 정제해야 한다. 그건 기다. 기는 마칸과 마찬가지로 야채나 고기를 볶을 때 쓰거나 음식 위에 올려서 풍미를 더하는 것이다. 서양식 버터는 대부분 공장에서 제조되어 벽돌 모양을 하고 있지만, 똑같이 냉장고에 둬도 버터보다 무르고 금방 상하는 마칸은 집에서 만들거나 지역 유제품 가게 사장이 만들어 팔기에 보관하는 용기에 따라 모양이 달라진다. 카잘이 말해주기를 옛 인도 사람들은 마칸을 그릇에 담아 천장에 매달아놓곤 했다고 한다. 크리슈나 같은 아이는 물론 고양이가 입에 댈 것을 걱정했기 때문이다.

우리는 식용유보다 버터가 들어간 음식이 더 맛있다는 걸 잘 안다. 인도 사람들도 마찬가지다. 식물성 기름보다 얻기 어렵고 비싼 마칸이나 기를 쓸 때 음식이 보다 맛있다는 걸 안다. 그 맛은 아이들도 일찍부터 감지하는 것이다. 힌두교도의 믿음에 따르면 아기 크리슈나도 어른 몰래 그런 흐물흐물한 마칸을 손으로 퍼 먹었고, 아이답게 부주의해서 일부는 바닥에 흘렸다. 어떤 신자는 크리슈나가 바닥에 떨어뜨린 마칸이 거대한 바위가 되었다고 믿는다. 그것이 유네스코가 인정한 힌두교 유적인 크리슈나의 버터볼이다.

어떤 사람들은 그 돌이 언덕 위를 구르다가 얼어버린 것 같다고 묘사한다.[322] 그만큼 위태로워 보이는 돌을 식민지 시대의 영국인 공무원뿐 아니라 팔라바 왕조의 왕 나라심하바르만 1세(재위 630~668)도 옮기려 했지만 실패한 뒤 하늘에서 온 것을 건드려선 안 된다는 명령을 내린 바 있다. 어떤 사람들은 이 이상한 돌을 빙하기 시대에 벌어진 예외적인 현상으로 추정하는데,[323] 그건 지질학자들의 연구 영역이지 크리슈나를 숭배하는 사람들을 유혹할 만한 이야기는 아니다. 종교적 믿음 안에서 그건 지각 변동의 결과가 아니라 신이 만든 것이다.

펀자브의 겨울

사르손 카 삭
sarson ka saag

갓 으로 만든 녹색 카레

◎◎◎ "넉 달이면 기본이야 터득하지만, 제대로 배우고 싶으면 1년 동안 사계절을 모두 지내며 요리를 해봐야 해요. 그런데 나는 마음이 너무 급했죠."[324] 진작 유럽 요리 유학을 다녀온 유명한 셰프 마리오 바탈리도 이렇게 깨달았다. 내 여정의 목표는 요리 기술을 배우는 것보다 문턱이 훨씬 낮 았는데도 일찍이 똑같이 말한 친구가 가까이에 있었다. 카잘 도 인도의 음식 문화를 살펴보려면 사계절을 머물러야 한다 고 했는데, 사실 1년도 충분하진 않다. 한 달간의 펀자브 일 정을 마치고 약 세 시간의 비행으로 웨스트벵골에 도착하니 마침내 펀자브가 보이는 느낌이었다. 펀자브만 해도 겨울과 여름의 작물이 다르고 음식이 다른데 지역을 이동하면 풍토

가 달라지고 언어와 문화가 달라지며 먹는 것도 같지 않다. 본질에 다가가려면 선택과 집중도 필요하지만 차이를 경험하는 시간도 필요하다.

더 오래 머물고 더 많이 경험했다면 결과도 달라졌을까. 내가 다녀온 인도의 계절은 겨울이 전부고 그 계절의 이야기는 북인도를 벗어나지 않지만, 파카와 바람막이를 늘 챙겨 입고서 제한된 시간 동안 누리고 조사한 것들 중에도 무언가 나눌 것이 있다고 믿고 여태까지 왔다. 그간 단 한 번도 완두를 그냥 먹을 생각을 못 해봤는데, 카잘이 권해 먹어봤더니 싱싱한 겨울 완두는 날로 먹어도 달콤할 수 있다는 걸 알게 되었다. 식당에 갈 때면 거의 항상 서비스로 나오는 사이드메뉴는 365일 주어지는 양파 외에 수분 가득한 싱그러운 무였다. 시내를 걸을 때마다 땅콩 카트를 봤는데, 카잘은 따뜻한 침대 위에서 한 번에 1kg쯤 까서 먹는 것이 펀자브 사람들의 겨울 문화라면서 한 봉 쥐여줬다.

완두·무·땅콩 말고도 겨울철 북인도에서 쉽게 손에 잡히는 제철 재료는 갓이다. 북인도의 겨울에는 어딜 가나 갓을 산더미처럼 쌓아놓고 파는 상인이 있고, 여러 가정과 식당에서는 그 풍성한 잎으로 사르손 카 삭을 만든다. 갓으로 만드는 카레다. 펀자브 사람들이라면 자신들의 문법을 따라 사르손 다 삭$^{sarson\ da\ saag}$이라고 부를 수도 있다. 북쪽이라 해도 40℃가 넘어가는 여름에 이 여정을 시작했다면 존재를 알아도 접하지는 못했을 음식이다. 나아가 내 친구 카잘이 북인도 사람이 아니었다면 어쩌면 모르고 지나갔을지도 모른다. 그건 북인도만의 겨울철 별미다.

오 마이 갓

겨자는 씨앗부터 잎까지 쓰임새가 많다. 한 한의사의 용어 구분에 따르면 한국에서 겨자는 십자화과에 속하는 겨자라는 식물의 씨앗을 칭할 때 쓰고, 잎은 갓이라고 부른다.[325] 겨자의 잎인 갓을 먹는 문화는 아시아에 많다. 한국에서는 쌈으로 먹거나 김치 및 샐러드의 재료로 쓴다. 중국·대만·일본·베트남 등지에서도 탕에 넣거나 무치거나 절이거나 볶는 등 다양한 방식으로 갓을 먹는데, 서양에서는 최근에야 시금치와 케일에 준하는 건강한 먹거리로 권장되기 시작했으나 특유의 쓴맛과 매운맛 때문인지 적극적으로 쓰이지는 않는 것 같다. 예나 지금이나 서구 사회에서 겨자란 직관적으로 잎이 아니라 씨앗이다. 씨앗에 감미료를 섞어 조미료(condiment)로 가공하고, 이를 스테이크·샌드위치·핫도그

등에 곁들인다. 대표적인 것이 프랑스에서 생산하는 디종 머스터드다. 당분을 섞어 소스로 만들기도 한다. 한국에서도 쉽게 구할 수 있는 허니 머스터드가 그런 것처럼.

동서양이 많이 먹는 겨자는 인도에서도 유서가 깊은 작물이다. 서양에서 기록된 겨자의 역사는 4~5세기 로마에서 나온 요리책에서 시작되는 반면[326] 인더스 문명(기원전 3300~1300 추정)을 연구한 고고학자들의 노력으로 지금의 인도 및 파키스탄 땅에서 그 아득한 과거에 밀·보리·완두·깨·겨자를 재배한 흔적이 발견됐다.[327] 그리 일찍부터 자란 겨자를 인도 사람들은 씨앗부터 잎까지 다양하게 활용해왔다. 겨자의 꽃은 노란색이라 카잘이 겨자밭을 떠올리는 방식은 한국인에게 각인된 유채 이미지와 비슷하게 낭만적인데, 아름다운 풍경 말고도 기름(카놀라유)을 주는 유채도 겨자과다. 유채 역시 흔한 인도에서 겨자과의 여러 식물의 씨앗에서 나오는 기름은 콩과 코코넛으로 짠 기름 다음으로 많이 쓰이는 것이다.[328] 그 씨앗을 말려서 향신료로 쓸 수도 있다. 겨자의 품종도 여러 가지라 씨앗에 따라 색과 크기와 맛의 강도가 다 다르다. 색이 진할수록 독한 편이지만 뭐든 음식에 많이 쓰면 쓰거나 매워진다는 점은 같다.[329]

겨자의 잎도 많이 쓴다. 인도 전역에서 카레 및 아차르(피클)를 만들 때 쓰는 씨앗과 달리 잎은 특정한 지역에서 먹는다. 갓 특유의 쓴맛이 적당히 가실 때까지 푹 끓여서 그레이비를 만드는데, 그것이 사르손 카 삭이다. 사르손은 갓이다. 삭은 카레라는·포괄적인 영국식 표현과 무관하게 그레이비의 종류를 섬세하게 분류하는 인도에서 푸른색 잎채소를 끓여 죽처럼 만드는 음식을 뜻한다. 동부 웨스트벵골과 오디샤에서도 삭을 많이 먹지만 거기선 시금치를 주재료로 쓴다. 갓을 쓰는 것은 펀자브의 방식이다. 색만 봐서는 인도 전역은 물론 한국의 인도 음식 전문점에서 쉽게 만날 수 있는 시금치 카레와 비슷해 보인다. 시금치로 만든 그레이비에 파니르를 띄우는 경우가 많아서 팔락 파니르palak paneer라고 부르는 것. 사르손 카 삭은 그보다 풍미가 훨씬 좋다. 갓 특유의 톡 쏘는 맛과 향 때문이기도 하고, 더 긴 시간을 두고 끓여서 깊은 맛을 내기 때문이기도 하다. 그렇게 끓이지 않으면 쓰다.

사르손 카 삭은 북인도 출신이 아니라면 모르거나 뒤늦게 발견할 수 있는 음식이다. UP(인도 사람들은 우타르프라데시를 이렇게 줄여서 부르는 일에 익숙하다) 출신의 한 요리 블로거는 자신의 지역에선 인기가 없었기 때문에 맛볼 기회가 없었다가 펀자브 친구가 생겨서 레시피를 익혔다고 말한다.[330] UP

사르손 카 삭 sarson ka saag

북인도의 겨울에는 어딜 가나 갓을 산더미처럼 쌓아놓고 파는 상인이 있고, 여러 가정과 식당에서는 그 풍성한 잎으로 사르손 카 삭을 만든다. 시금치보다 훨씬 풍미가 좋은 재료 다. 70루피

식당정보 Satguru Dhabha | Ratan Lal Market, Kaseru Walan, Paharganj, New Delhi, Delhi 110055

보다 위도가 낮은 구라자트 출신의 어느 요리 열정가도 성장하면서 사르손 카 삭을 먹을 일이 없었다면서 펀자브가 자신의 고향보다 춥기 때문일 것이라고 추측한다.[331] 한편 구자라트 아래 뭄바이에 사는 어떤 사람은 사르손 카 삭의 발견을 설명하면서 씨앗이야 자주 써왔지만 잎을 사용하는 것은 생소했다고 썼다.[332] 겨자는 서늘한 기후를 좋아하는 작물이라서 한국에서 제철은 10~12월이다. 김장하면서 갓김치를 만드는 때다.[333] 그 무렵에 파종을 시작하는[334] 인도에서는 상대적으로 기온이 낮은 북부에서 잘 자란다. 2017~2018년 기준 인도에서 겨자과의 씨앗을 가장 많이 생산하는 지역은 중북부 라자스탄으로, 총 생산량의 40.8%를 차지한다. 겨자 농사를 가장 잘하는 지역은 펀자브와 라자스탄 사이에 있는 하리아나로(13.3%), 단위 면적당 생산량을 따지자면 라자스탄의 약 세 배다. 겨자는 라자스탄 아래 마디아프라데시에서도 자란다(11.7%).[335] 그보다 평균 기온이 높은 더 아래, 이를테면 뭄바이가 있는 마하라슈트라에서 타밀나두에 이르는 중남부 지방에서도 재배할 수 있을지는 몰라도 유의미한 생산량이 나오지는 않는다. 인도의 남북은 다른 겨울을 산다.

갓과 친숙한 북인도 사람들에게 사르손 카 삭에 대해서 물으면 중남부 사람들보다 훨씬 구체적인 이야기를 들려준다. 어쩌면 반대로 사르손 카 삭은 펀자브에 대해 물을 때 바로 돌아오는 대답일 수 있다. 일주일간의 델리 일정을 마치고 체크아웃을 할 때였다. 숙소 직원이 다음 행선지를 묻기에 루디아나라고 답하니 "오우 펀자브, 거기 맛있어" 한다. 그는 이어서 내게 추천한다기보다는 자신이 당장 먹고 싶다는 간절한 표정으로 각종 펀자브 음식을 나열했는데, 가장 먼저 말한 음식은 사르손 카 삭과 마키 키 로티였다. 마키 키 로티는 옥수숫가루로 만드는 노란색 로티로, 항상 사르손 카 삭과 함께 먹는 것이다. 그렇게 그립고 맛있는 음식은 만들기 번거로운 경우가 많다. 암리차르에서 만난 산주는 내가 사르손 카 삭에 대해 물었을 때 참 좋아하지만 자주 할 수 없는 것이라고 말했다. 제대로 맛을 내려면 갓을 많이 써서 오래 끓여야 하는데 그럴 시간이 자주 나지 않는다는 것이다. 카잘도 비슷한 이야기를 한다. "동네에서 누가 사르손 카 삭을 만든다고 하면 '하루 종일 주방에 있겠네' 하고 생각해요. 보통 점심에 재료를 손질하고 저녁부터 밤까지 끓이거든요. 그래야 쓴맛도 사라지고 부드러워져요."

만드는 게 어렵지는 않다. 다만 시간이 많이 걸린다. 카잘이 하는 이야길 들어보니 일단 갓을 씻는 데 시간을 꽤 많이 쓴다. 흙이 보이지 않을 때까지 여러 번 물에 헹궈야 한다. 이게 꽤 번거로운데, 시금치가 그렇듯 갓도 삶으면 숨이 죽어 한 줌이라 냄비가 가득 차도록 끓이려면 꽤 많은 양이 필요하기 때문이다. 그러고 보니 이는 내가 샐러드나 쌈을 준비할 때마다 절감하는 과정이다. 건강에는 좋지만 물 소비도 많은 데다 시간도 오래 걸려서 습관으로 굳지 못한 일. 이어서 갓을 작게 잘라야 한다. 요새는 썰기 과정을 대충 하고 줄기가 흐물흐물해질 때까지만 끓여서 블렌더로 갈지만, 전통적인 방식을 고수하는 사람들은 조리에 돌입하기 전에 물레방아처럼 생긴 도구로 갓을 자른다. 그것이 시크샤의 집에도 있었다. 페달을 돌려서 갓처럼 조직이 연한 잎채소를 잘게 다지는 것인데, 삭을 만드는 용도로 가장 많이 쓰기 때문에 삭 커터saag cutter라고 부른다. 갓을 파는 사람들 대부분이 가지고 있는 것이라 부탁하면 잘라주지만, 씻고 나서 잘라야 양분 손실이 적을 것이다. 그렇게 자른 갓을 그냥 끓이기만 해서는 맛이 잘 안 난다. 갓이 충분히 끓어 숨이 다 죽으면 카잘의 경우 그레이비를 강화하기 위해 옥수숫가루를 넣고, 옥수수 냄새는 물론 노란빛이 사라질 때까지 약불로 더 끓인다. 충분히 끓이고 나면 새로운 팬에 기름이나 버터를 두르고 양파·마늘·생강을 볶는다. 그런 뒤에 끓여둔 갓과 함께 토마토와 고추를 넣고 다시 끓이면 완성이다.

그 노동을 가정보다 자주 할 수 있는 곳은 식당이지만 모든 지역에 그런 식당이 있진 않다. 델리에 머물면서 다녀온 다바 가운데 사르손 카 삭을 하는 곳은 딱 한 군데였고, 그마저도 일주일에 한 번만 한다고 하기에 맞춰서 찾아가야 했다. 펀자브 다바에 갔더니 메뉴판 어디서나 보였지만 어디에나 겨울 한정이라는 라벨이 붙어 있었다. 카잘은 좀 번거로워도 자신과 가족의 입맛에 맞게 직접 만드는 걸 선호한다. 재료 선택부터 좀 까다롭다. 사르손 카 삭에는 갓 말고도 다른 잎채소가 보조적으로 들어갈 수 있는데, 카잘은 갓을 80%쯤 쓰고 남은 20%는 시금치(팔락), 명아주(바투아), 무청(물리) 등으로 채운다. 여기서 가장 적게 들어가는 건 무청이다. 많이 넣으면 쓰다. 20%쯤 들어가는 이 재료가 요리사에 따라 메인이 될 수도 있다. 그러면 이름이 달라진다. 물리 카 삭이 되거나 바투아 카 삭이 된다. 찬나 카 삭도 있다. 역시 겨울에 나는 병아리콩의 잎을 써서 만드는 것이다. 삭이라는 요리는 푸른 잎으로 만드는 카레이기에 어떤 것이나 색은 비슷하지만 무엇을 핵심 재료로 쓰느냐에 따라 맛이 조금씩 달라지는데, 갓 이외의 것은 집에서나 하지 식당에서는 찾기 어렵다고 카잘은 말한다. 각종 인터넷 문서도 지역에 따라 브로콜리를 갈아서 넣을 수도 있고 그 밖에 다른 잎으로 삭을 만들 수 있다고 설명하지만 펀자브 다바의 메뉴판에서 내가 발견한 삭은 오로지 사르손 카 삭이었다.

카잘은 안산 집에서 사르손 카 삭을 만들기도 했다. 인도에선 최소 세 시간을 끓였는데 종자가 달라서 그런지 시간이 절반밖에 걸리지 않았다. 둘은 색깔부터가 다르다. 한국에서 쉽게 구할 수 있는 자줏빛 갓은 영어로 코리안 레드 머스터드Korean red mustard로 표기된다. 하지만 인도에서 구할 수 있는 갓은 시금치나 고수처럼 완연한 녹색이다. 둘은 조직도 맛도 다른 모양이다. "한국에서 하니까 한 시간 반밖에 걸리지 않았어요. 맛도 당연히 다르죠. 비슷하긴 하지만 인도에서 해야 더 깊은 맛이 나요. 그게 오리지널이니까요."

카잘의 안산 집 근처에는 대형 농수산물 시장이 있다. 카잘은 홈플러스에서 팔지 않는 다양한 야채를 여기서 종종 산다. 갓도 한국에서 구할 수는 있지만 양파나 감자처럼 365일 마트에 있지는 않다. 콜리플라워·오크라·여주 같은 인도에서 흔한 야채도 마찬가지다. 한번은 카잘이 반가운 마음에 여주를 잔뜩 집었더니 시장 상인이 이거 어떻게 요리하느냐 물었다고 한다. 나도 궁금해서 물었더니 적당히 잘라서 기름에 볶아 먹을 수도 있지만, 반을 갈라서 속을 비우고 볶은 야채로 속을 채워서 먹어야 더 맛있다는 답이 돌아왔다. 서양에서 주키니나 가지를 조리하는 방식과 비슷한데, 그렇게 만든 음식을 스터프드 카렐라stuffed karela라고 한다. 카렐라가 여주다. 이것도 목차에 넣을까 물었더니 인도의 전통적인 가정 요리지 어떤 식당에서도 먹을 수 없으니 생각 좀 해보자면서 "애들도 안 먹는 음식"이라고 덧붙였다. 카잘도 어린 시절엔 먹지 않았다. 여주의 쓴맛에 눈을 뜨려면 나이를 적당히 먹어야 한다는 것이다. "다들 그런 거 있지 않아요? 어릴 적엔 못 먹다가 나중에 커서 먹게 되는 것들이 있잖아요." 나도 기억을 더듬어봤다. 내게 그런 것은 무엇이었을까. 돌이켜보니 미나리와 쑥갓이 그랬고 청양고추가 그랬다. 어린 날 역거나 쓰거나 맵다고 피하던 것들이 이제는 향긋하고 짜릿하다. 무엇보다도 갓이야말로 딱 그렇다.

옥수수 로티

카잘과 함께 루디아나에 머물 때였다. 같이 외출하고 집으로 돌아왔을 때 카잘의 표정이 확 밝아졌다. 좋은 냄새가 난다고 했다. 우리가 나간 사이에 집에 있던 시크샤가 사르손 카 삭을 잔뜩 만들어둔 것이다. 내가 여태 몰랐던 냄새를 반기는 카잘을 보면서 비슷한 감정을 환기하는 제철 음식이 있다면 무엇일까를 생각했다. 어느 계절에 본가에 갔는데 문을 열자마자 익숙하고 향긋한 냄새가 나를 반긴다면 달래 된장찌개가 좋은 예가 될까.

그날부터 사르손 카 삭이 결국 바닥을 보일 때까지 카잘은 평소와 다른 로티를 만들었다. 노란빛 마키 키 로티다. 옥수숫가루로 만드는 로티다. 한국어를 잘하는 카잘은 둘을 "짝꿍"이라고 표현한다. 일반적으로 카레의 짝꿍이 플레인 로티라면, 사르손 카 삭은 예외적으로 옥수숫가루로 만든 로티와 함께 먹는다는 것이다. 순수하게 옥수숫가루만 써서 만들 수도 있지만 카잘은 한 끼를 그렇게 만들면 다음 끼니때는 무와 페뉴그릭 같은 다른 재료를 섞는다. 인도도 한국처럼 겨울 무가 맛있다. 페뉴그릭은 인도 아대륙에서 많이 자라는 작물로, 씨도 먹고 잎도 많이 먹는다. 겨자와 마찬가지로 가을에 심어서 씨앗은 향신료로 쓰고 잎은 고수처럼 허브로 활용한다. 호로파(葫蘆巴)라는 한자 이름이 있다. 한국에서도 씨앗을 구할 수 있다. 대부분 인도산이고, 이를 수입해 파는 업자들은 보리차처럼 끓이거나 물에 섞어서 마시라고 권한다.

옥수숫가루는 로티 말고도 사르손 카 삭의 그레이비에 들어갈 수 있다. 이처럼 사르손 카 삭은 갓과 옥수수의 활용도가 높은 음식이다. 작물이 나오는 시기를 따져보면 옥수수가 갓을 기다리는 것만 같다. 인도에서 옥수수는 중남부 지방에 특히 집중되어 있긴 하지만 전역에서 자라고, 겨자씨를 파종하는 9~10월에 수확하는 경우가 많다.[336] 옥수수 초강대국 미국에 비할 바는 못 되지만 농업 국가인 인도는 옥수수 생산량도 높아 2018년 기준 세계 10위권이다(1위 미국은 인도의 열 배 이상이다).[337] 직접 소비량은 적은 편이다. 생산한 옥수수의 약 80%를 인도네시아·말레이시아·베트남 같은 아시아 국가로 수출한다. 남은 20%도 절반 이상을 가축의 사료를 만드는 데 쓰고, 닭과 소를 충분히 먹이고 남은 것을 인간이 먹는다. 가루로 빻고 전분을 만들거나 그냥 먹는다.[338] 인도 옥수수 맛은 대단히 좋다. 거리에서 삶아서 파는 것을 하나 집었더니 수분이 참 많고 달콤했다. 여느 나라와 같이 인도에서도 옥수수를 쪄서 먹지만 토핑은 좀 화려하다고 해야 할까. 레몬즙을 짜고 소금과 가람 마살라를 뿌려서 준다. 과연 인도다운 방식이다. 그렇게 먹는 옥수수를 카잘도 좋아하고, 겨울에 더 맛있다고 말한다. 그런 이유에서 펀자브 사람들은 겨울에 사르손 카 삭과 마키 키 로티를 같이 먹게 되었을 것이라고 카잘은 생각한다.

옥수숫가루는 밀가루와 달리 글루텐이 없기 때문에 물과

마키 키 로티|makki ki roti

옥수숫가루로 만드는 노란색 로티로, 항상 사르손 카 삭과 함께 먹는 것이다. 순수하게 옥
수숫가루만 써서 만들 수도 있지만 카잘은 한 끼를 그렇게 만들면 다음 끼니때는 무와 페
뉴그릭 같은 다른 재료를 섞는다.
카잘의 집

섞어 반죽을 해도 꽤 푸석푸석하다. 맛도 그렇다. 진짜 건강한 맛이다. 이 건강한 재료로 로티를 만들려면 숙련된 기술이 필요하다. 물을 섞어 반죽을 만든다 해도 밀가루로 만드는 로티처럼 밀대로 쉽게 밀리지 않는다. 바닥에 한번 붙으면 잘 안 떨어진다. 떼어내려고 애쓰면 반죽이 다 부서진다. 그러니 양손으로 침착하게 반죽을 굴려서 꾹꾹 누르면서 넓고 얇게 펴야 하는데, 카잘은 깨끗한 비닐봉지 위에 반죽을 올리고 여러 번 눌러서 납작한 원형을 만든다. 비닐 위에서 반죽을 다뤄야 모양의 훼손 없이 떼어내기 쉽다. 카잘은 한국식 나이로 올해 마흔이다. 카잘은 자신보다 나이가 적은 세대는 아예 마키 키 로티를 집에서 만들지 않는다면서 밖에서 먹거나 "어머니나 시어머니가 해주는 것"을 먹는다고 말한다. 마키 키 로티는 익히는 데도 시간이 오래 걸린다. 재료의 성질이 밀가루와 달라 로티처럼 얇게 만들기 어렵기 때문에 약불에 오래 익혀야 한다. 그 번거로운 일을 카잘이 다 했다.

내가 카잘과 루디아나에서 같이 보낸 시간은 일주일이다. 그 사이에 머튼 카레와 풀라오를 비롯해 머터르 파니르(완두와 파니르를 넣고 만든 카레로, 완두가 나오는 겨울에 더 맛있다)와 사르손 카 삭에 이르는 겨울철의 별미까지 다양한 음식을 나눴다. 다 같이 나가 식당에 가고 이런저런 길거리 음식을 먹다가도, 때가 되면 재료를 사서 주방으로 돌아왔다. 카잘은 싱싱한 당근과 무를 손질하면서 그런 걸 안 먹는 야시카와 하빈이 대신에 내 입에 넣어주었고, 압력솥의 휘슬이 요란하게 우는 동안 밀대를 꺼내 우리가 카레와 함께 먹을 로티를 열 장 넘게 만들곤 했다. 고향에 와서도 계속 밥을 차리는 카잘은 때때로 피곤해 보였지만 나와 이범학이 맛있다고 말할 때면 표정에 다시 생기가 돌았다. 야시는 저녁이면 술을 꺼내 권했다. 인도는 지역마다 술이 다르니 이건 펀자브에서만 먹을 수 있는 것이라면서. 우리가 함께 보낸 시간에 야시카와 하빈이는 대체로 조용했다. 늘 그들 손에는 스마트폰이 있었으니까. 그렇게 북인도 가정의 삶에 내가 참여한 일주일은 길었을까 짧았을까. 놓친 것이 많을지도 모른다. 나는 내가 여태 얻은 것에 대해서 썼다.

일주일 일정을 마치고 카잘 가족이 떠난 뒤부터 나와 이범학은 매일 우버로 택시를 불러 루디아나 시내로 나갔다. 대중교통은 없지만 차로 15분쯤 걸리는 가까운 거리다. 가정 바깥에서 펀자브 음식을 체험하고, 곧장 카페로 가서 한 시간쯤 지나면 끊기는 인터넷 종량제와 씨름하면서 내가 먹은 게 무엇인지를 돌아보다가 시크샤가 걱정할까 봐 해 지기 전에 돌아왔다. 홀로 남아 집을 지키는 시크샤는 80대 노인이다. 무릎이 좋지 않아 운신의 폭이 넓지 않다. 우리가 함께한 시간 동안 시크샤의 외출은 딱 하루였고 그나마도 무릎에 주사를 맞으러 갈 때였다. 사르손 카 삭은 늘 멀리 가지 못하는 시크샤가 가족을 기다리면서 만든 음식이다. 그리고 돌아온 카잘이 마키 키 로티로 화답한 음식이다. 카잘이 떠나고 일주일이 지나자 나와 이범학도 떠날 때가 되었다. 루디아나를 떠나기 전날 야시카에게 "우리 내일 떠나요"를 펀자브어로 어떻게 말하는지 물었다. 발음이 어려웠다. 사계절을 펀자브에서 보냈다면 조금 더 수월했을까. 밥상의 용어는 좀 익혔다. 말은 어렵다. 글은 항상 그렇듯 완전할 수 없다. 그래도 우리는 마음을 나눌 수 있다. 다음 행선지로 향하는 택시가 집 앞에 도착했을 때였다. 시크샤가 나를 꼭 껴안자 눈물이 나올 것만 같았다.

주

1 Constitution of India (Full Text) india.gov.in

2 Languages Included in the Eighth Schedule of the Indian Constitution rajbhasha.gov.in

3 Our History punjab.co.uk

4 National Sample Survey Office, Government of India "Household Consumption of Various Goods and Services in India 2011–12"(2014) mospi.nic.in

5 United States Department of Agriculture "Wheat Exports by Country in 1000 MT, 2019" indexmundi.com

6 Directorate of Economics and Statistics, Ministry of Agriculture "Top 10 Wheat Producing States : 2015–2016" mapsofindia.com

7 B.C. Curtis "Wheat in the world" fao.org

8 Wheat apeda.gov.in

9 Gurjeet Bains "Why is Punjab food so popular all over India and the world?" quora.com

10 Vir Sanghvi "Punjab on a platter" hindustantimes.com 2018–04–01

11 TNN "Dhabas, India's culinary signposts" timesofindia.indiatimes.com 2014–11–04

12 Ranee Sahaney "Punjabi cuisine today is a melange of Indo–Mughal–Persian–Afghani nuances"

outlookindia.com 2018–07–05

13 About Us kesardadhaba.com

14 Tejal Rao "A Taste of Home for California's Punjabi Truck Drivers" nytimes.com 2019–08–26

15 National Sample Survey Office, Government of India "Household Consumption of Various Goods and Services in India 2011–12"(2014) mospi.nic.in

16 「어글리 딜리셔스」 시즌 2, 2화 무한의 카레 netflix.com

17 HT Correspondent "Biryani, butter chicken, dal makhani most searched Indian food globally" hindustantimes.com 2020–02–02

18 Prashant Bharadwaj, Asim Khwaja, Atif Mian "The Big March: Migratory Flows after the Partition of India" research.hks.harvard.edu 2008–08–39

19 Prashant Bharadwaj, Asim Khwaja, Atif Mian "The Big March: Migratory Flows after the Partition of India" research.hks.harvard.edu 2008–08–39

20 Divya Narayanan "What Was Mughal Cuisine? Defining and Analysing a Culinary Culture"(2016) crossasia-journals.ub.uni–heidelberg.de

21 Madhulika Dash "Food Story: How Naan and Kulcha became India's much–loved breads" indianexpress.com 2014–11–13

22 Merlin Chacko "What's the Difference Between 'Old' and 'New' Delhi?" blog.karlrock.com 2017–07–04

23 Want to show the world that there's no such thing as a curry: Chef Gaggan

Anand hindustantimes.com 2017–09–25

24 Gravy encyclopedia.com

25 gravy merriam–webster.com

26 gravy dictionary.com

27 gravy dictionary.cambridge.org

28 Gravy simple.wikipedia.org

29 gravy dictionary.com

30 Alan Davidson 『The Oxford Companion to Food』(1999) 'Curry' 중에서

31 『스파이시 인도: 향, 색, 맛의 향연, 역사와 문화로 맛보는 인도 음식 이야기』홍지은 지음, 따비, 2017 21~22쪽

32 The Art of Cookery Made Plain and Easy en.wikipedia.org

33 Curry wikipedia.org

34 Kevin Carter "Spices in the 18th Century English Kitchen" savoringthepast.net 2012–11–15

35 Sophie Jamieson "Monks discover chicken curry recipe in 200–year–old cookbook" telegraph.co.uk 2016–01–13

36 Murraya koenigii missouribotanicalgarden.org

37 Rani Arundale 『India'S Unsurpassed Cuisine: The Art of Indian Curry Cooking』(2016) 'Timeless Curry Powder (Kari Podi)' 중에서

38 First British advert for curry powder, 1784 bl.uk

39 Chris Bartlett "The Origin and History of Japanese Curry Rice" taiken.co 2015–10–21

40 Makiko Itoh "Curry — it's more 'Japanese' than you think" japantimes.co.jp 2011–08–26

41 Curry History asianinspirations.com.au

42 오뚜기 ko.wikipedia.org

43 제품연혁 ottogi.co.kr

44 국립국어원 온라인가나다 "'카레' 외래어 표기" ko.dict.naver.com 2010–03–28

45 국립국어원 온라인가나다 "카레 / 카레" korean.go.kr 2019–04–28

46 Makiko Itoh "Curry — it's more 'Japanese' than you think" japantimes.co.jp 2011–08–26

47 제품연혁 ottogi.co.kr

48 Garam Masala en.wikipedia.org

49 masala lexico.com, masala collinsdictionary.com

50 Terqa A Narrative terqa.org

51 『스파이스: 향신료에 매혹된 사람들이 만든 욕망의 역사』잭 터너 지음, 정서진 옮김, 따비, 2017 24~25쪽

52 Amanda H. Podany 『Brotherhood of Kings: How International Relations Shaped the Ancient Near East』(2010) 115쪽

53 Spice en.wikipedia.org

54 『CRC Handbook of Medicinal Spices』(2002) 7쪽

55 Steve Weber, Arunima Kashyap, David Harriman "Does size matter: The role and significance of cereal grains in the Indus civilization"(2010) researchgate.net

56 Steve Weber, Arunima Kashyap "The Vanishing Millets of the Indus Civilization"(2013) researchgate.net

57 Andrew Lawler "The Mystery of Curry" slate.com 2013–01–29

58 Funzoa "Aloo Song | Potato Song | Funzoa Mimi Teddy | Funny

Vegetable Song | Tasty Potatoes Served on Beats" youtube.com 2016-10-23

59 Mahesh Prasad 『India's Foreign Trade: From Antiquity to Date』(2011) 86쪽

60 History of the potato en.wikipedia. org

61 Rebecca Earle "Food, Colonialism and the Quantum of Happiness" (2017) warwick.ac.uk

62 Julia Fine "In India, the British Hyped Potatoes to Justify Colonialism" atlasobscura.com 2019-04-09

63 Anil Paralkar "How potatoes and chillies conquered Indian cuisine" firstpost.com

64 Potato Consumption Per Capita in India helgilibrary.com

65 성경의 원전은 히브리어로 쓰여 있다. 이를 번역한 영문 성경도 여러 가지 버전이 있고 각 버전마다 표현이 조금씩 다르다. 참고한 판은 다음과 같다. NABRE(The New American Bible, Revised Edition, 2011.03.09) Genesis chapter 25:27~34

66 개역개정판 창세기 25:34

67 호기심 박사 "성경에 보면 형 에서가 동생 야곱에게 장자권?" kin.naver.com 2013-06-16

68 Nisha "Punjabi Dal Makhani with tips & suggestions" themagicsaucepan. com

69 What are pulses? fao.org 2015-10-15

70 Lentil tridge.com

71 Sandhya Keelery "Area harvested for lentils production across India 2012-2016" statista.com 2020-04-07

72 Vir Sanghvi "The modern dal makhani was invented by Moti Mahal" virsanghvi.com 2010-03-13

73 『그저 좋은 사람』줌파 라히리 지음, 박상미 옮김, 마음산책, 2009 32쪽

74 Vasundhara Rathi "Rajma Chawal gives you the feeling of home" thehindu.com 2018-11-28

75 『Cooked: 요리를 욕망하다』(2016) 시즌 1, 2회 물 netflix.com

76 Diya Kohli "From the vales of Jammu and Kashmir" livemint.com 2018-09-23

77 Anjan Sachar "Shilpa Shetty Kundra on why rajma-chawal is all the superfood you need" elle.in 2015-12-11

78 Pilaf en.wikipedia.org

79 Vir Sanghvi "Biryani: Ek Khoj" hindustantimes.com 2019-02-02

80 『6인의 용의자』비카스 스와루프 지음, 조영학 옮김, 문학동네, 2009 219쪽

81 Vikas Swarup 『Six Suspects』(2008) 163쪽

82 『6인의 용의자』비카스 스와루프 지음, 조영학 옮김, 문학동네, 2009 486쪽

83 Vikas Swarup 『Six Suspects』(2008) 363쪽

84 FSS(Packaging & Labelling) Regulations, 2011 fssai.gov.in 2011-08-01

85 『신성한 게임』(2018~2019) 시즌 1, 1화 게임의 시작 netflix.com

86 Jonathan Allen "Vegetarian Hindus can sue Indian restaurant over serving meat" reuters.com 2017-07-21

87 Sex Ratio in India census2011.co.in

88 Balram Paswan, S.K. Singh, Hemkhothang Lhungdim, Chander Shekhar, Fred Arnold, Sunita Kishor, Abhishek Singh, Dhananjay W. Bansod, Manoj Alagarajan, Laxmi Kant Dwivedi, Sarang Pedgaonkar, Manas R. Pradhan "National Family Health Survey (NFHS-4) 2015-16" rchiips.org

89 Swagata Yadavar "Most Indians non-vegetarian; Punjab has fewest meat eaters" sify.com 2018-05-22

90 Soutik Biswas "The myth of the Indian vegetarian nation" bbc.com 2018-04-04

91 Priyanka Agarwal "Kitchen Language: What is a tandoor?" guide.michelin.com 2017-04-19

92 Masonry oven en.wikipedia.org

93 Oven en.wikipedia.org

94 Tandoor bread en.wikipedia.org

95 Vandana Mathur "History Of Tandoor, Tandoori Cooking" thefoodfunda.com 2018-09-26

96 Super Admin "Efforts on to revive tradition of Sanjha Chulahs in Punjab"oneindia.com 2009-07-08

97 Prashant Bharadwaj, Asim Khwaja, Atif Mian "The Big March: Migratory Flows after the Partition of India" research.hks.harvard.edu 2008-08-39

98 Tandoori Cuisine motimahal.in

99 Shivani Singh "'Vadiya Khao': Refugees taught Delhi how to eat out in style" hindustantimes.com 2017-08-14

100 Shivani Singh "'Vadiya Khao': Refugees taught Delhi how to eat out in style" hindustantimes.com 2017-08-14

101 Anoothi Vishal "Partition Changed India's Food Cultures Forever" thewire.in 2017-08-14

102 Vir Sanghvi "The Story of Tandoori Chicken" eazydiner.com 2015-02-05

103 Vir Sanghvi "Momos, tandoori chicken & other refugee foods" virsanghvi.com 2017-07-10

104 Vir Sanghvi "Those were the days" hindustantimes.com 2020-03-29

105 Monish Gujral 「Moti Mahal's Tandoori Trail」(2004) 'A Legend and the Man' 중에서

106 Moti Mahal Delux en.wikipedia.org

107 Our Locations motimahal.in

108 About Us motimahal.in

109 Vir Sanghvi "Punjab on a platter" hindustantimes.com 2018-04-01

110 The man behind the iconic dishes of Daryaganj daryaganj.com

111 Vir Sanghvi "The battle of the Butter Chickens" hindustantimes.com 2019-08-11

112 Vir Sanghvi "Who really invented Butter Chicken?" virsanghvi.com 2019-08-10

113 PankajJ Vohra "Partition brought Moti Mahal, a landmark in India's culinary history, to central Delhi" sunday-guardian.com 2015-06-15

114 Shivani Singh "'Vadiya Khao': Refugees taught Delhi how to eat out in style" hindustantimes.com 2017-08-14

115 William C. Hunter 「The 'Fan Kwae' at Canton Before Treaty Days 1825-

1844』(1882) 33~34쪽

116 Team Express Foodie "The intrepid life of the Chicken Country Captain" expressfoodie.com 2016−07−20

117 Sarah Lohman 『Eight Flavors: The Untold Story of American Cuisine』 (2016) 90쪽

118 Bridget White−Kumar "Grandma's Country Captain Chicken" anglo-indianfood.blogspot.com 2013−08−02

119 Sukanya Ghosh "Country Captain Chicken Curry − An Anglo Indian Recipe from History" saffronstreaks.com 2018−08−01

120 Indrani "Country Captain Chicken ∼ A British Era Chicken dish" recipejunction.in 2013−11−14

121 Team Express Foodie "The intrepid life of the Chicken Country Captain" expressfoodie.com 2016−07−20

122 EatTreat "Story of India's First Butter Chicken | Exploring Moti Mahal | Served #01" youtube.com 2018−05−17

123 tikka merriam−webster.com

124 Chicken tikka wikipedia.org

125 The Future of World Religions: Population Growth Projections, 2010−2050 pewforum.org 2015−04−02

126 Vir Sanghvi "Momos, tandoori chicken & other refugee foods" virsanghvi.com 2017−07−10

127 Aruna Thaker, Arlene Barton 『Multicultural Handbook of Food, Nutrition and Dietetics』(2012) 74쪽

128 Bangladeshi London bbc.co.uk 2005−05−27

129 Curry wikipedia.org

130 Indian cuisine gets a mmm…make-over this curry week about. sainsburys.co.uk 2016−10−10

131 Is It Or Isn't It? (The Chicken Tikka Masala Story) menumagazine.co.uk

132 Glasgow 'invented' Tikka Masala news.bbc.co.uk 2009−07−21

133 Is It Or Isn't It? (The Chicken Tikka Masala Story) menumagazine.co.uk

134 Chicken Tikka Masala wikipedia.org

135 Is It Or Isn't It? (The Chicken Tikka Masala Story) menumagazine.co.uk

136 Ministry of Agriculture and Farmers Welfare Department of Animal Husbandry, Dairying and Fisheries "Estimates of production, yield rates and share of animals in meat production 2013−14"(2014) data.gov.in

137 R. Banerjee, P.K. Mandal, S. Bose, M. Banerjee, B. Manna "Quality Evaluation of Meat, Skin and Wool from Garole Sheep−a Promising Breed from India"(2019) scialert.net

138 Arvind Moudgil "Uttarakhand sitting on 100 quintals of unsold sheep wool" hindustantimes.com 2015−09−27

139 Wool & Woollen Textiles Industry of India gktoday.in

140 Subramaniam Mohana Devi, Vellingiri Balachandar, Sang In Lee, In Ho Kim "An Outline of Meat Consumption in the Indian Population − A Pilot Review"(2014) ncbi.nlm.nih.gov

141 OECD (2020), Meat consumption (indicator) (Accessed on 22 February

2020) data.oecd.org

142 Department of Irrigation, Government of Punjab "Canal Administration" irrigation.punjab. gov.in

143 Manu Moudgil "Bihari bait for Punjabi fish" indiawaterportal.org 2016-03-20

144 Anju Agnihotri Chaba, Anju Agnihotri Chaba "For 6th year, Punjab tops in fish production" indianexpress.com 2012-11-21

145 Department of Fisheries Ministry of Fisheries, Animal Husbandry & Dairying Govt. of India, New Delhi "Handbook on fisheries statistics 2018 – Department of Fisheries" (2018) dof.gov.in

146 NFDB(National Fisheries Development Board) "About Indian Fisheries" nfdb.gov.in

147 Food and Agriculture Organization of the United Nations "The State Of World Fisheries And Aquaculture" (2018) fao.org

148 Food and Agriculture Organization of the United Nations "Fishery and Aquaculture Country Profiles: The Republic of India"(2019) fao.org

149 Helgi Analytics "Fish Consumption Per Capita in India"(2013) helgilibrary.com

150 Ram Singh, P. K. Pandey, Shyam Salim, M Krishnan "Evolving fisheries business in India with GIS" (2016) geospatialworld.net

151 Balram Paswan, S.K. Singh, Hemkhothang Lhungdim, Chander Shekhar, Fred Arnold, Sunita Kishor, Abhishek Singh, Dhananjay W. Bansod, Manoj Alagarajan, Laxmi Kant Dwivedi, Sarang Pedgaonkar, Manas R. Pradhan "National Family Health Survey (NFHS-4) 2015-16" rchiips.org

152 Manu Moudgil "Bihari bait for Punjabi fish" indiawaterportal.org 2016-03-20

153 Manu Moudgil "Fish frenzy in the land of butter chicken!" indiawaterportal.org 2014-10-16

154 Manojit Debnath, M.C. Nandeesha, Abhijit Paul and Manidip Roy "Economics of aquaculture feeding practices: Punjab, India"(2007) fao. org

155 PTI "Amritsari fish: A gourmet irresistible" hindustantimes.com 2016-01-09

156 「파이널 테이블」(2018) 시즌 1, 5화 인도 netflix.com

157 Kunal Vijaykar "Mumbai's streets have a lot on their platter" dnaindia. com

158 Fatema "Places Where You Can Stuff Your Mouth With The Best Phuchkas In Town" lbb.in 2019-11-15

159 Mayank Austen Soofi "Delhiwale:Where Panipuri is served with 5 different kinds of flavoured water" hindustantimes.com 2016-02-26

160 Trends Desk "Vadodara municipality bans pani puri for monsoon; move evokes mixed response" indianexpress.com 2018-07-29

161 Think Change India "Manipal students plan to make it big with

their golgappa vending machine"
yourstory.com 2017-09-18

162 Hriday Ranjan "How decades of
street food diet increased my
immunity" newindianexpress.com
2020-03-12

163 『마하바라타』R. K. 나라얀 엮음, 김석희
옮김, 도서출판 아시아, 2014 69쪽

164 『마하바라타』R. K. 나라얀 엮음, 김석희
옮김, 도서출판 아시아, 2014 77쪽

165 Jaganathan Abhinav "Why are Indian
girls crazy about pani puri?" quora.
com 2013-06-01

166 Unemployment continues to be
top worry for Indians and global
citizens, 3 months in a row: Ipsos
What Worries the World Survey
ipsos.com 2019-09-13

167 Ministry of Labour & Employment,
Government of India "4th Annual
Employment-Unemployment Survey
Report 2013-14" labour.gov.in

168 Government of India, Ministry of
Labour & Employment, Labour
Bureau, Chandigarh "Report on
Fifth Annual Employment -
Unemployment Survey (2015-16)"
labourbureaunew.gov.in

169 Government of India, Ministry of
Labour & Employment, Labour
Bureau, Chandigarh "Quarterly
Report on Employment Scenario in
selected sectors (As on 1st January,
2017)" labourbureaunew.gov.in

170 Government of India, Planning
Commission, New Delhi "Labour
Laws And Other Labour Regulations"
(2007) planningcommission.nic.in

171 R Jagannathan "PM Modi Interview

2: "If States Are Creating Lakhs
Of Jobs, Can Centre Be Creating
Joblessness?"" swarajyamag.com
2018-07-02

172 Government of India, Ministry
of Statistics and Programme
Implementation, National Statistical
Office "Periodic Labour Force Survey
(PLFS) July 2017 - June 2018"(2019)
mospi.gov.in

173 Shikha Sharma "India's Self-
Employed Are In Deep Shit, Here
Are Some Numbers To Prove It"
youthkiawaaz.com 2019-10-04

174 PTI "PM Modi promising
'pakoda jobs' to people: CPI(M)"
indianexpress.com 2018-01-31

175 twitter.com/pchidambaram_in 2018-
01-28

176 Amy Kazmin "Narendra Modi's jobs
claim proves a political hot pakora"
ft.com 2018-02-26

177 Indiatimes "Students Wearing Degree
Robes Sell 'Modi Pakora' Near
PM's Speech Venue In Bengaluru,
Detained" indiatimes.com 2018-02-
05

178 Jovita Aranha "Inspired by Pakoda
Speech, Vadodara Man Runs Stalls,
Now Sells 300Kgs in 4 Hours"
thebetterindia.com 2018-06-20

179 Gopi Maniar "PM Modi's pakoda
selling advice changed life of
Congress worker in Vadodara"
indiatoday.in 2018-06-19

180 Government of India, Ministry
of Statistics and Programme
Implementation, National Statistical
Office "Periodic Labour Force Survey

(PLFS) July 2017 – June 2018"(2019) mospi.gov.in

181 FE Online "Punjab shocker: 'Pakodawala' surrenders Rs 60 lakh to I−T department after raid" financialexpress.com 2018−10−17

182 「하산 미나즈의 금의환향」(2017) netflix.com

183 Sanchari Pal "TBI Food Secrets: Unravelling the Fascinating History of the Samosa, India's Favourite Street Snack" thebetterindia.com 2017−01−04

184 Ramsha Tausalkar "These are 15 different types of samosas available across India" pinkvilla.com 2018−02−28

185 Rakhi Bose "Where's the Aloo? Broccoli Corn Samosa for Donald Trump is Giving Netizens a Bad Taste" news18.com 2020−02−24

186 FP Special Forces "Trumped by broccoli samosas: Brussels sprouts bhajiyas to kale kebabs, dishes that didn't make it to menu for US President's visit" firstpost.com 2020−02−25

187 What's Supposed To Be In A Samosa? npr.org 2020−05−20

188 Sadaf Hussain "Samosa Does Not Have An Indian Origin: History Of The Samosa" foodandstreets.com 2018−02−18

189 Nidhi Bansal "The story of (my) Samosas" plantbasedindianliving.com 2018−09−06

190 Vir Sanghvi "Is samosa really healthier than a vegetable burger?" hindustantimes.com 2018−04−08

191 Chandra Bhushan "The politics of samosa−versus−burger" financialexpress.com 2018−04−25

192 DNA Web Team "Missionaries try to lure Agra slum dwellers to convert to Christianity with samosas" dnaindia.com 2018−03−10

193 Somali militia bans snack as anti−Islamic upi.com 2011−07−26

194 Timings Of Kesar Da Dhaba traveltriangle.com

195 monty_22 "Great for making lassi, not washing clothes" mouthshut.com 2009−08−02

196 JTBC Content Hub "[다큐클래식] 7 일간의 아시아 2회−태국 제비 열풍 / 뭄바이 런치보이 / Asia in a week #2−swallow of Thailand, Mumbai Lunch Boy" youtube.com 2014−04−09

197 Our Portfolio mumbaidabbawala.in

198 Rajentra Nargundkar 「Services Marketing 3E」(2010) 31쪽

199 David Pilling "Dabbawalas: Mumbai's lunchbox carriers" ft.com 2015−07−31

200 Annada Rathi "How 200,000 Homemade Lunches Get Delivered in Mumbai Every Weekday" food52.com 2017−10−12

201 Beena Parmar "Mumbai's dabbawalas up delivery charges by ₹100" thehindubusinessline.com 2014−07−02

202 Esprit de jugaad hindustantimes.com 2007−08−11

203 Mychannel25 "HSBC − Washing machine" youtube.com 2008−09−24

204 Mark Ulyseas 「Seductive Avatars of

Maya: Anthology of Dystopian Lives』
(2016) 'Emily' 중에서

205 Vivek Singh 『Vivek Singh's Indian
Festival Feasts』(2017) 99쪽

206 Yogurt wikipedia.org

207 Dr JV Hebbar "Curds Benefits,
Side Effects As Per Ayurveda"
easyayurveda.com

208 Sanjoy Hazarika "An Indian Drink
to Cool Summer's Fire" nytimes.com
1989-08-09

209 Lassi: The drink, not the dog…
kasaindian.com 2016-05-24

210 Laura Siciliano-Rosen "Lassi"
britannica.com

211 National Dairy Development
Board "Milk production across
Countries"(2019) nddb.coop

212 Views of Mahatma Gandhi on Cow
protection(1927) dahd.nic.in

213 Cow Protection: Cow-Slaughter(1921)
mkgandhi.org

214 Alison Saldanha "99.38% Indians
Now Live In Areas Under Cow-
Protection Laws" indiaspend.com
2017-04-14

215 Cow protection movement
en.wikipedia.org

216 Naghma Sahar "A century of
giving up beef: Muslims demand
nationwide ban on cow slaughter"
orfonline.org 2019-08-12

217 『슬럼독 밀리어네어』 비카스 스와루프 지
음, 강주헌 옮김, 문학동네, 2007 91쪽

218 Violent Cow Protection in India hrw.
org 2019-02-18

219 Abhimanyu Kumar "The lynching
that changed India" aljazeera.com

2017-10-05

220 Qassab in India joshuaproject.net

221 Roshan Kishore, Ishan Anand
"Who are the beef eaters in India?"
livemint.com 2015-10-20

222 Soutik Biswas "The myth of the
Indian vegetarian nation" bbc.com
2018-04-04

223 Constitution of India (Full Text)
india.gov.in

224 Swati Mathur, Subodh Ghildiyal
"Union minister: Stick to SC, avoid
the term 'Dalit'" timesofindia.
indiatimes.com 2018-09-05

225 Violent Cow Protection in India hrw.
org 2019-02-18

226 Aftab Alam "Deconstructing Uttar
Pradesh's Meat Politics" thediplomat.
com 2017-04-27

227 Annie Gowen "Cows are sacred to
India's Hindu majority. For Muslims
who trade cattle, that means growing
trouble" washingtonpost.com 2018-
07-16

228 Roshan Kumar "Modi targets 'Pink
Revolution'" telegraphindia.com
2014-04-03

229 Sanya Dhingra "India's beef exports
rise under Modi govt despite
Hindu vigilante campaign at home"
theprint.in 2019-03-26

230 Every Third Indian Cop Thinks Mob
Violence Over Cow Slaughter Is
'Natural': New Survey indiaspend.
com 2019-08-28

231 PTI "Modi skirted real issue
appealing to Hindus, Muslims
to fight poverty: Congress"
economictimes.indiatimes.com

2015-10-08

232 Archit Watts "Murrah buffalo sets record with 26.33kg milk" tribuneindia.com 2016-01-17

233 『슬럼독 밀리어네어』 비카스 스와루프 지음, 강주헌 옮김, 문학동네, 2007 135쪽

234 Vikas Swarup 『Q & A』(2005) 90쪽

235 Bovine Cattle in India – Cow & Buffalo The Distinguishing Characteristic tastydairy.com 2018-07-12

236 Press Information Bureau, Government of India, Ministry of Agriculture & Farmers Welfare "Milk Production and per capita Availabilty of Milk in the County"(2016) pib.gov.in

237 Yashi Marwaha "The World Just Discovered Beaten Coffee And Dalgona Coffee Is Trending; Recipe Inside" idiva.com 2020-03-30

238 『우리 둘이 날마다』(2016~2019) 시즌 3, 8화 이주 2 netflix.com

239 Our Special Correspondent "Gujarat top tea drinker" telegraphindia 2018-08-29

240 Ambarish Ghosh "Tea culture: A transformation is brewing in India" thestatesman.com 2019-05-17

241 Basanta Kumar Sarma 『Industrial Landscape of North-East India』(1993) 58쪽

242 Bishnupriya Gupta "The History of the International Tea Market, 1850-1945"(2008) eh.net

243 English East India Company, in China encyclopedia.com 2020-02-24

244 Gilbert, Richard M 『Caffeine, the most popular stimulant』(1986) 24쪽

245 Lizzie Collingham 『Curry: A Tale of Cooks and Conquerors』(2006) 194쪽

246 Deborah Chu "How the East India Company Sabotaged China's Tea Trade" theculturetrip.com 2018-03-08

247 Sarah Besky 『The Darjeeling Distinction: Labor and Justice on Fair-Trade Tea Plantations』(2013) 75쪽

248 Bishnupriya Gupta "The History of the International Tea Market, 1850-1945"(2008) eh.net

249 Masala chai en.wikipedia.org

250 Philip Lutgendorf "Making tea in India: Chai, capitalism, culture" (2012) researchgate.net

251 Lizzie Collingham 『Curry: A Tale of Cooks and Conquerors』(2006) 194쪽

252 Lizzie Collingham 『Curry: A Tale of Cooks and Conquerors』(2006) 196쪽

253 Mahatma Gandhi 『Key to Health』(1942~1944) 'Chapter 06: Tea, Coffee & Cocoa' 중에서

254 Anna Aksenovich "More Than a Tea Habit: The History of Chai in India" utsynergyjournal.org 2019-03-09

255 Amitava Sanyal "Mahatma Gandhi and his anti-tea campaign" bbc.com 2012-05-07

256 Anjana Sharma 『Records, Recoveries, Remnants and Inter-Asian Interconnections: Decoding Cultural Heritage』(2018) 267쪽

257 India in Pixels "Cha, if by the land, Tea, if by the sea," youtube.com 2020-04-20

258 Naved Ahmad "AMU's Secularism, As Seen Through a Shared Plate of Kadhi-Chawal'" thequint.com 2018-05-14

259 Statista Research Department "Tea production in Asia Pacific 2017, by country" statista.com 2019-08-02

260 Tea Board "Executive Summary of Study on Domestic Consumption of Tea in India"

261 Tea Board "Executive Summary of Study on Domestic Consumption of Tea in India"

262 Islam in India en.wikipedia.org

263 Abu Zafar "Islam and Muslims in India" most.gov.tw

264 Chitra Balasubramaniam "Step Back in Time" thehindu.com 2019-07-18

265 「길 위의 셰프들」(2019) 시즌 1, 3화 인도 델리 netflix.com

266 「셰프의 테이블」(2019) 시즌 6, 3화 아스마 칸 netflix.com

267 R. Winters, J. P. Hume, M. Leenstra "A famine in Surat in 1631 and Dodos on Mauritius: a long lost manuscript rediscovered"(2017)

268 Deccan famine of 1630-32 en.wikipedia.org

269 Shah Jahan en.wikipedia.org

270 Satish C. Bhatnagar 「Via Bhatinda: A Braid of Reflected Memoirs」(2013) 127쪽

271 Aamir Yasin "Cholay — an economical dish fit for a king" dawn.com 2015-04-13

272 Annemarie Schimmel 「The Empire of the Great Mughals: History, Art and Culture」(2004) 191쪽

273 Pooja Bhatia, Gita Duggal, Joyita Chakrabarti, Mary George 「Milestones Social Science - 6 (History, Geography, Social and Political Life)」 176쪽

274 Paneer en.wikipedia.org

275 Raj "History and Origin of Shahi Paneer And Recipe pf Shahi Paneer at Home" guidebooktolife.com 2019-01-16

276 CookingShooking "Shahi Paneer Recipe — Restaurant Style Cottage Cheese Curry" youtube.com 2018-07-28

277 Divya Narayanan "What Was Mughal Cuisine? Defining and Analysing a Culinary Culture"(2016)

278 Anoothi Vishal "Medieval Mughlai: New translation of Nuskha-e-Shahjahani" economictimes.indiatimes.com 2019-05-11

279 ANI-NewsVoir "Mughalnama: changing the contours of Mughlai cuisine in India" aninews.in 2018-01-05

280 Aditya Raghavan "Paneer and the origin of cheese in India" thehindu.com 2016-07-30

281 CookingShooking "Shahi Paneer Recipe — Restaurant Style Cottage Cheese Curry" youtube.com 2018-07-28

282 Pooja Bhatia, Gita Duggal, Joyita Chakrabarti, Mary George 「Milestones Social Science - 6 (History, Geography, Social and Political Life)」 175쪽

283 Chickpea (Chana) commoditiescontrol.com

284 『Plant Inventory: 1915-1917』 37쪽

285 Vikas Rawal "The Global of Economy Pulses"(2019) fao.org

286 Commoditiescontrol Bureau "India 2015-16 Chana Production Likely Down At 59 Lakh Tonnes" commoditiescontrol.com 2016-03-07

287 Liz "All you wanted to know about Chickpea" myfavouritepastime.com 2018-04-26

288 『우리 둘이 날마다』(2016~2019) 시즌 3, 5화 수직 주택 netflix.com

289 15 Best Paratha Places In Mumbai For 2020 curlytales.com

290 『우리 둘이 날마다』(2016~2019) 시즌 3, 2화 하필 오늘 netflix.com

291 Rahul Verma "India On A Platter: The Best And Most Popular Dishes From North India" readersdigest.co.in 2020-02-05

292 『길 위의 셰프들』(2019) 시즌 1, 3화 인도 델리 netflix.com

293 『어글리 딜리셔스』 시즌 2, 2화 무한의 카레 netflix.com

294 Lifestyle Desk "Kadhi: Why you shouldn't avoid it this winter" indianexpress.com 2019-12-19

295 National Sample Survey Office, Government of India "Household Consumption of Various Goods and Services in India 2011-12"(2014) mospi.nic.in

296 Samrat Quality Besan samratindia.in

297 Jennifer Bain "Punjabi dal a rich and satisfying vegetarian meal" thestar.com 2014-11-19

298 Sia "Dal Makhani Recipe How to make Dal Makhani" monsoonspice.com 2019-02-05

299 Vir Sanghvi "Punjab on a platter" hindustantimes.com 2018-04-01

300 Dal Makhani History: Punjabi Recipe That Changed The Face Of Black Lentils Forever rentiofoods.in 2020-02-04

301 『어글리 딜리셔스』 시즌 2, 2화 무한의 카레 netflix.com

302 Sushmita Sengupta "How To Make Restaurant-Style Dal Makhani: 9 Expert Tips And Tricks" food.ndtv.com 2018-07-11

303 Vir Sanghvi "Punjab on a platter" hindustantimes.com 2018-04-01

304 Cookbook:Dal Makhani en.wikibooks.org

305 Dal Makhani en.wikipedia.org

306 Meghna Rao "An Ode to the Pressure Cooker" thejuggernaut.com 2019-10-14

307 Lorna J. Sass 『Cooking Under Pressure』(1989) xi쪽

308 Urmila Singh "Why are pressure cookers so common in India?" quora.com 2018-06-29

309 대한민국 압력솥의 역사, PN풍년 pn.co.kr

310 Company History - TTK Prestige Ltd. economictimes.indiatimes.com

311 Product Evolution ttkprestige.com

312 Meghna Rao "An Ode to the Pressure Cooker" thejuggernaut.com 2019-10-14

313 Meghna Rao "An Ode to the Pressure Cooker" thejuggernaut.com 2019-10-14

314 Sachin Rajgire "Why I replaced

Instant Pot with Indian pressure cooker?" greatindiaescape.com 2016-04-19

315 Meghna Rao "An Ode to the Pressure Cooker" thejuggernaut.com 2019-10-14

316 Krysten Chambrot "Madhur Jaffrey's Pressure Cooker Dal (Dal Makkhani)" cooking.nytimes.com 2019

317 『마하바라타』 R. K. 나라얀 엮음, 김석희 옮김, 도서출판 아시아, 2014 112쪽

318 Cows and cow protection krishna.com

319 Chawla's Kitchen "Homemade Butter, Dhaba Style White Butter recipe" youtube.com 2014-04-12

320 Rajshri Food "How To Make Makhan At Home" youtube.com 2016-12-27

321 Indian Food〉Makhan reddit.com 2019-08

322 DHWTY "Krishna Butter Ball: 250 Ton Boulder that Defies the Laws of Physics" ancient-origins.net 2016-06-07

323 Krishna's Butter Ball atlasobscura.com

324 『앗 뜨거워』 빌 버포드 지음, 강수정 옮김, 해냄, 2007 21쪽

325 나현균 "갓과 겨자 그리고 와사비" ikpnews.net 2016-05-08

326 Mustard (condiment) en.wikipedia.org

327 Indus civilization britannica.com

328 Mustard apnikheti.com

329 Mustard Seed (rai/sarso) secretindianrecipe.com

330 Maayeka "Sarson Ka saag Recipe, How To Make Sarson Ka Saag"

maayeka.com 2018-11

331 Rumin Jehangir "Sarson Ka Saag (Mustard Greens), A Delicious Punjabi Winter Dish" chitchaaatchai.com

332 Anushruti "Sarson Ka Saag Spiced Mustard Greens With Spinach" divinetaste.com 2017-03-23

333 『텃밭 백과: 유기농 채소 기르기』 박원만 지음, 들녘, 2007 '갓' 중에서

334 KJ Staff "Mustard Farming: Popular Varieties, Land Preparation, Sowing, Weed Control, Irrigation, Harvesting & Post-Harvesting" krishijagran.com 2011-11-19

335 Ministry of Agriculture "2017-18 Indian Production of Rapeseed & Mustard" apeda.in

336 Samiksha S "The Cultivation and Harvesting of Maize in India (Maize Products Uses)" yourarticlelibrary.com

337 United Nations, Food and Agriculture Organization, Statistics Division (FAOSTAT) "Maize production in 2017, Crops/Regions/Production Quantity from pick lists"(2018) fao.org

338 Manish Upreti "Maize Productivity and Use of Crop Protection Products in India" kleffmann.com

인도 한 접시 - 펀자브에서 먹고 얻은 것

2020년 6월 25일 초판 1쇄 발행

발행	산디
글	이민희, 카잘 샤르마
편집	다미안
디자인	소요 이경란

출판신고 2017년 5월 15일 제2017-000125호
전화   02 336 9808
팩스   02 6455 7052
sandi@sandi.co.kr
instagram.com/sandi.books
twitter.com/sandi_books

ISBN 979-11-90271-06-6
값 16,500원

이 도서의 국립중앙도서관 출판예정도서목록(CIP)은 서지정보유통지원시스템 홈페이지(http://seoji.nl.go.kr)와 국가자료공동목록시스템(http://www.nl.go.kr/kolisnet)에서 이용하실 수 있습니다. (CIP제어번호: CIP2020022826)